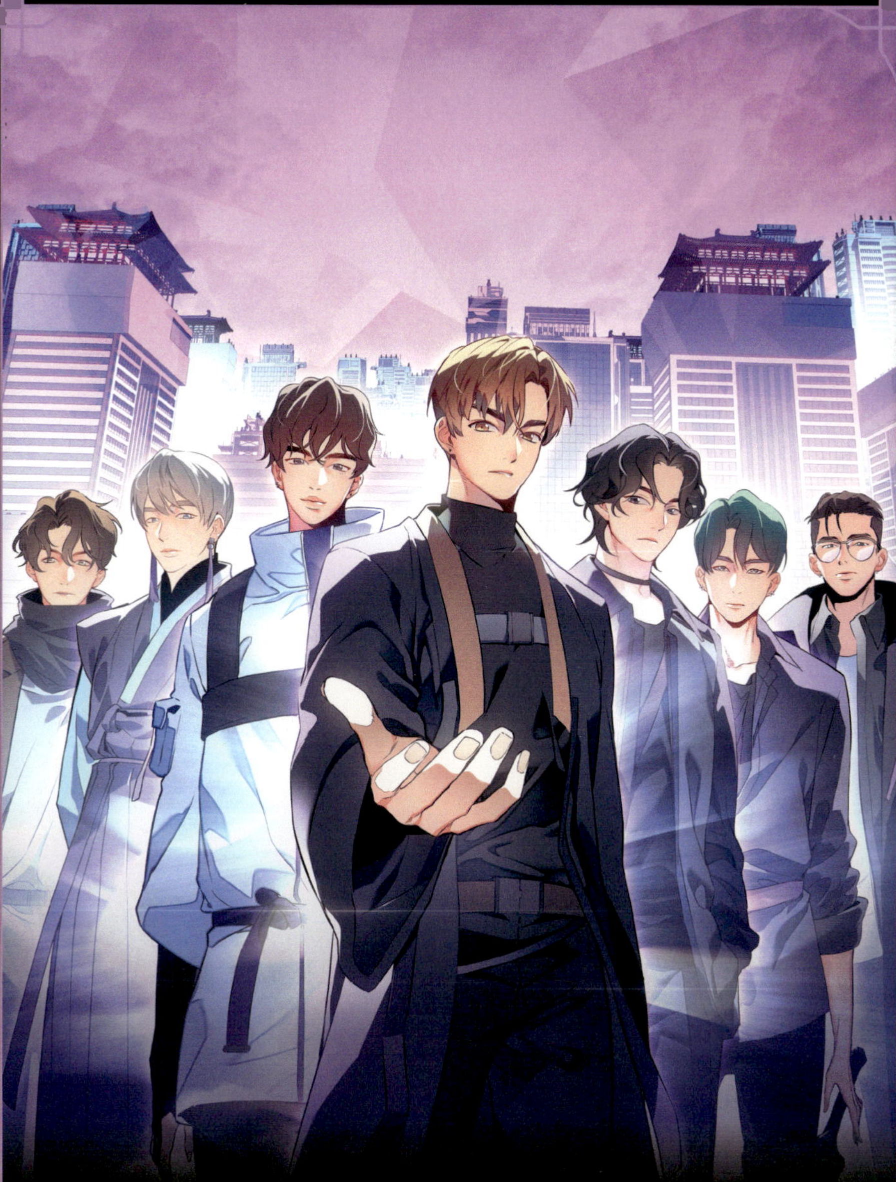

7FATES

CHAKHO

WITH BTS

7FATES

CHAKHO

WITH BTS

PROLOG

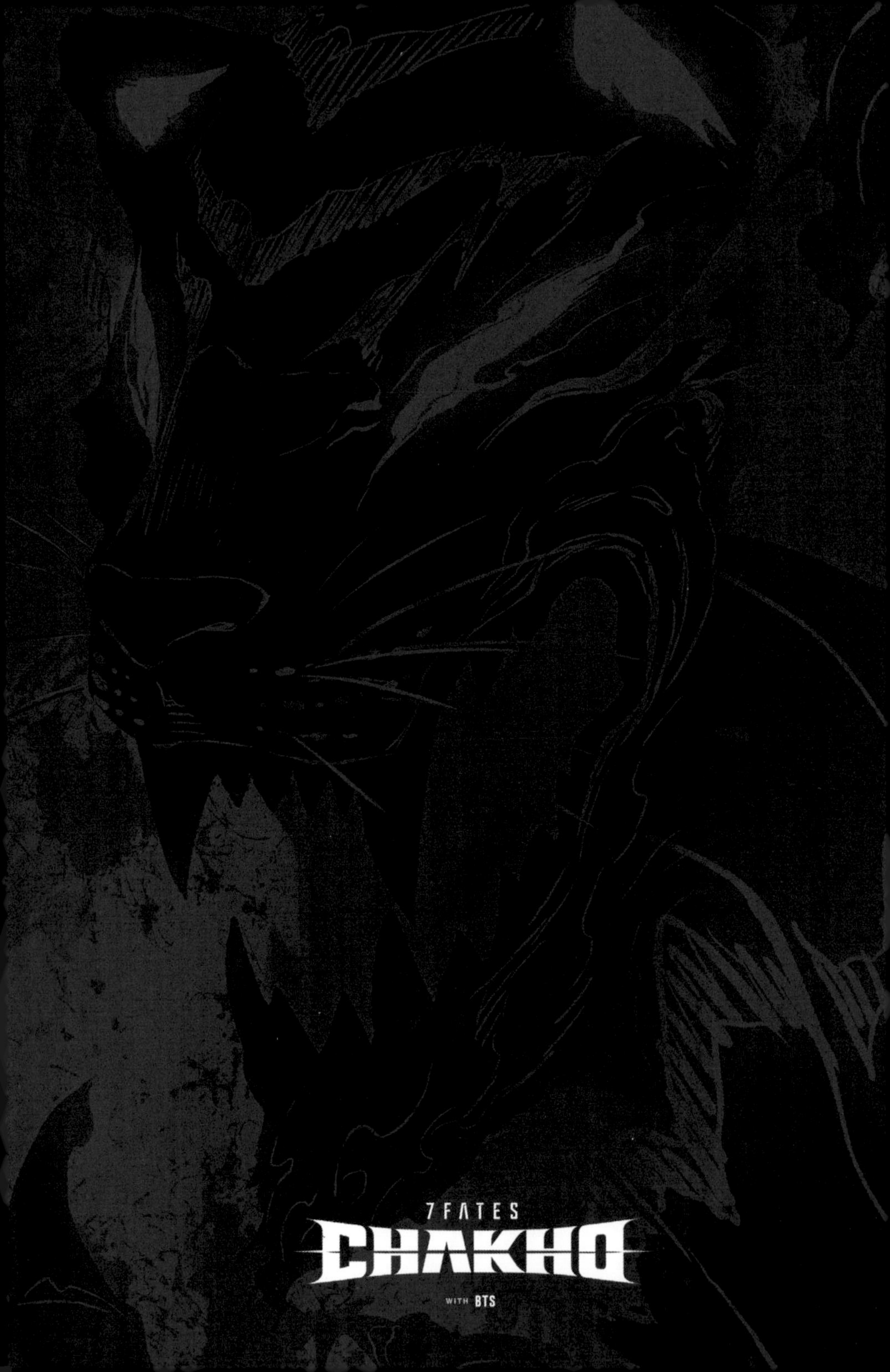
7FATES
CHAKHO
WITH BTS

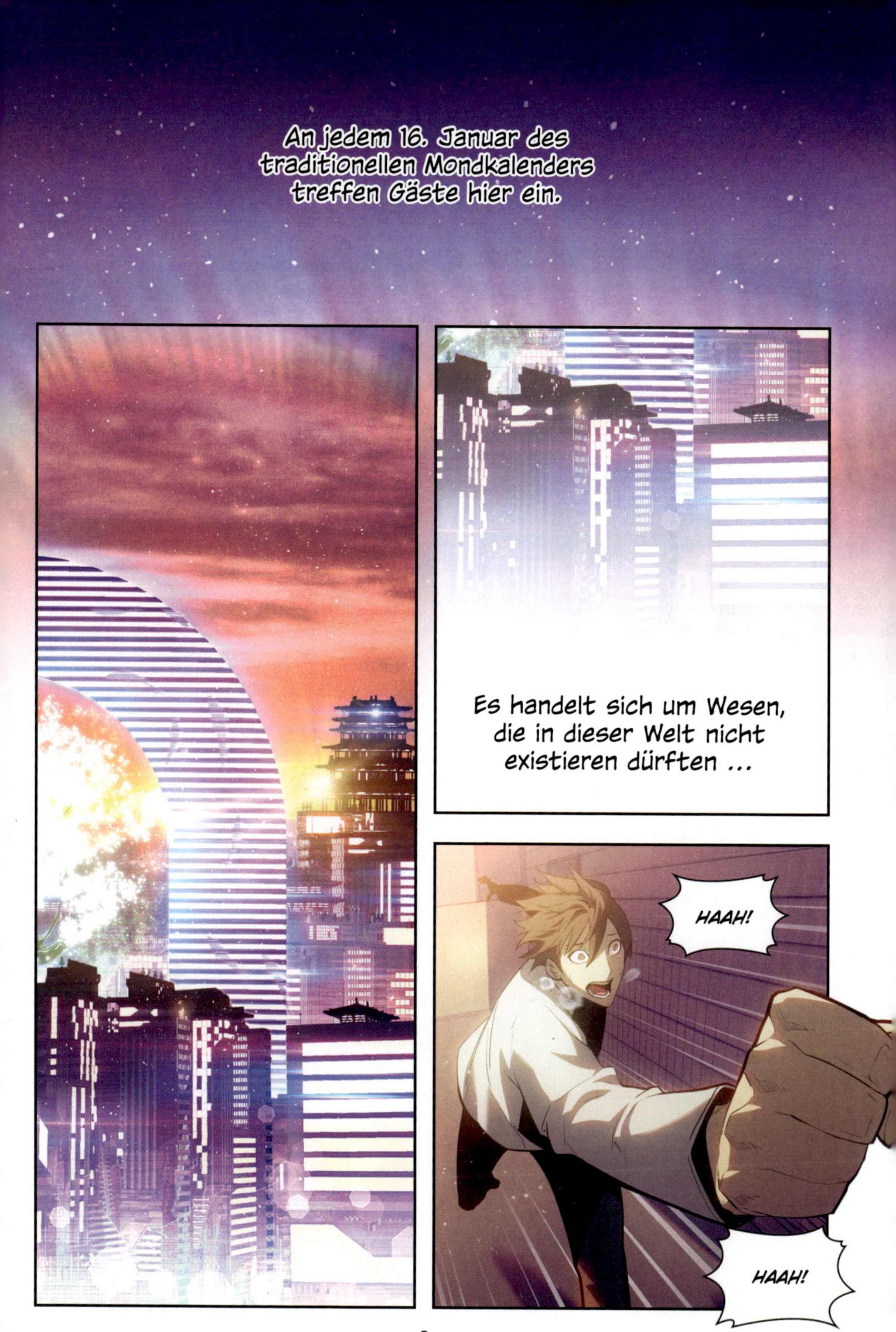
An jedem 16. Januar des traditionellen Mondkalenders treffen Gäste hier ein.
Es handelt sich um Wesen, die in dieser Welt nicht existieren dürften ...
HAAH!
HAAH!

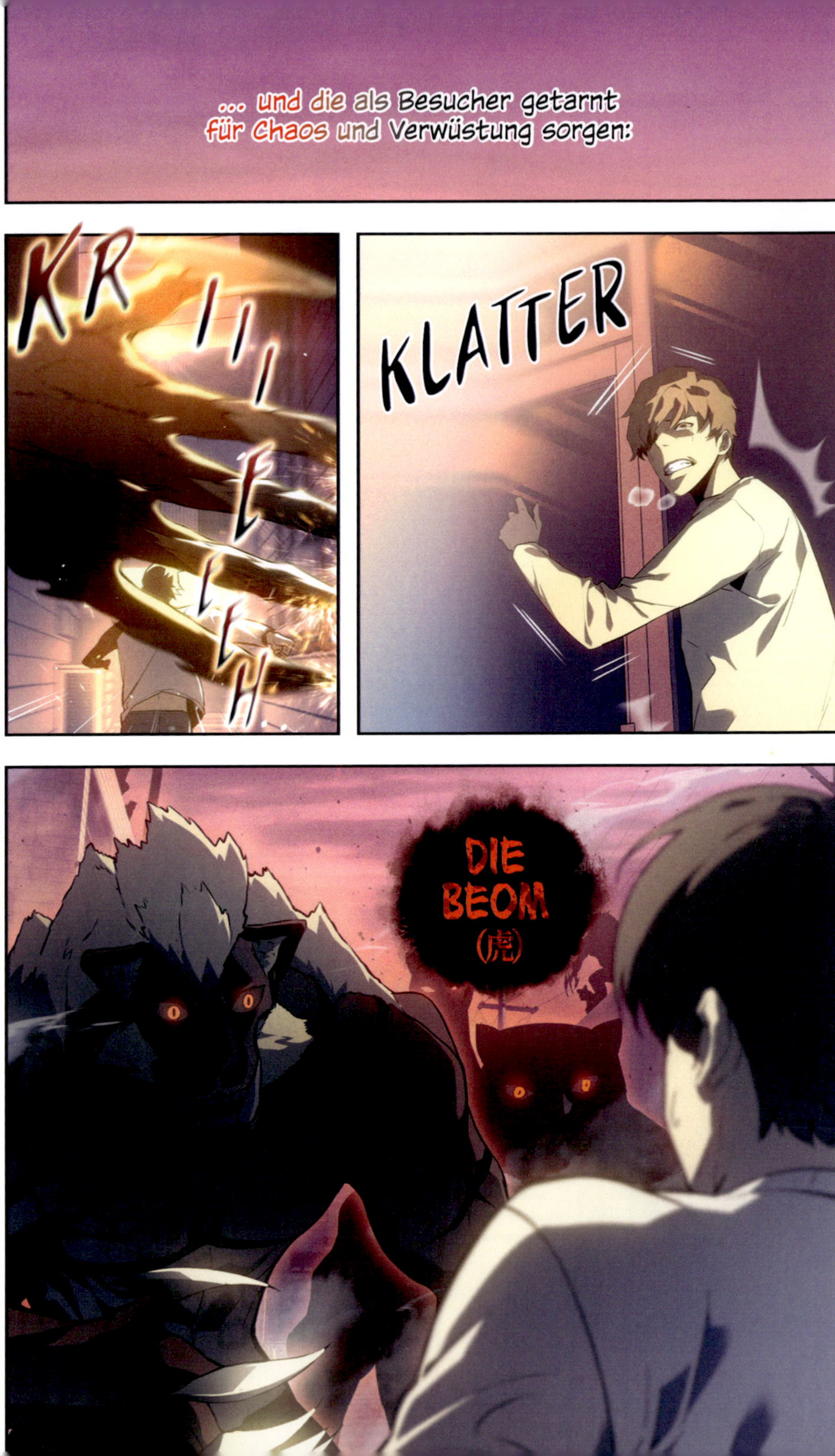
... und die als Besucher getarnt für Chaos und Verwüstung sorgen:
KRIIIEEEH
KLATTER
DIE BEOM (虎)

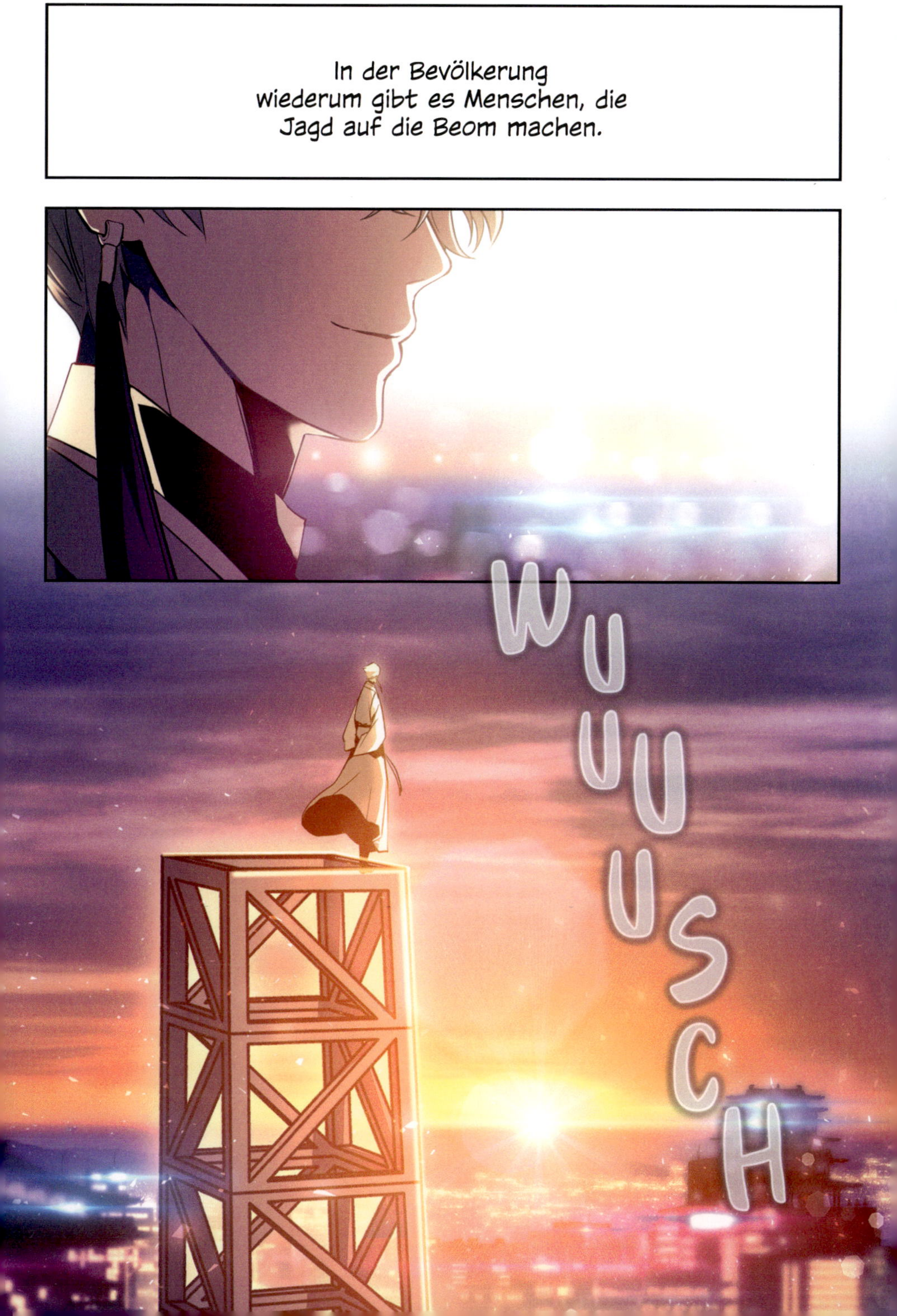

In der Bevölkerung wiederum gibt es Menschen, die Jagd auf die Beom machen.
WUUUUSCH

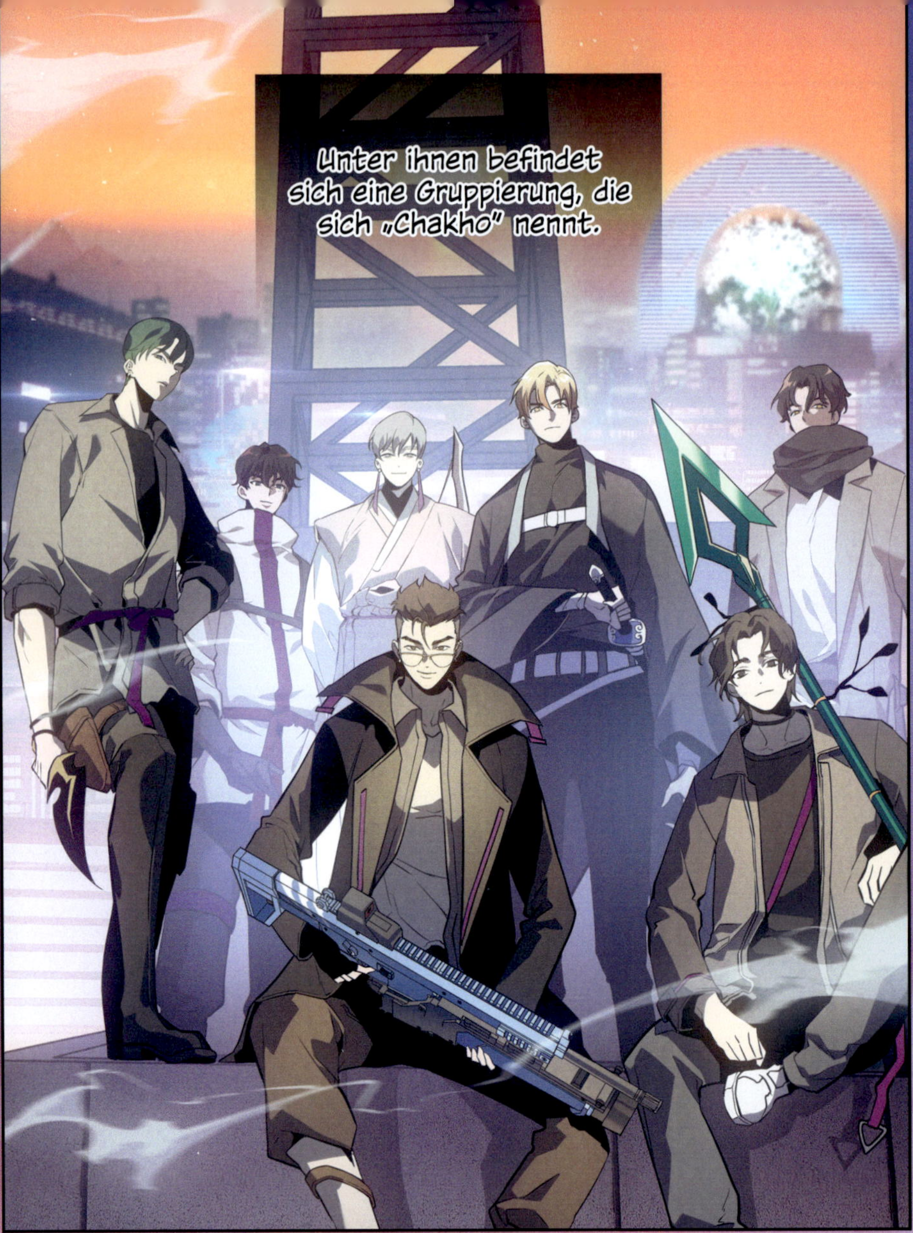
Unter ihnen befindet sich eine Gruppierung, die sich „Chakho" nennt.

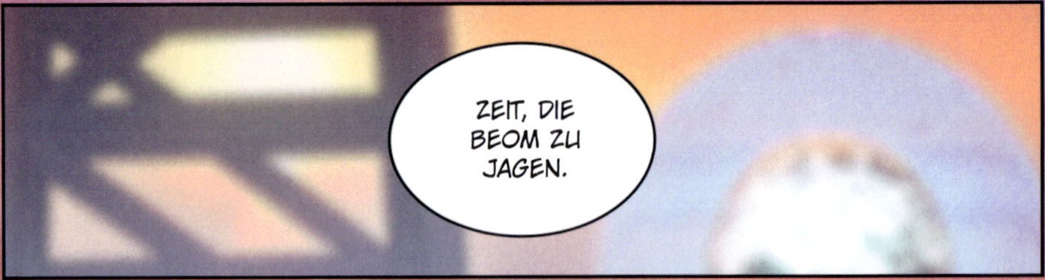
ZEIT, DIE BEOM ZU JAGEN.

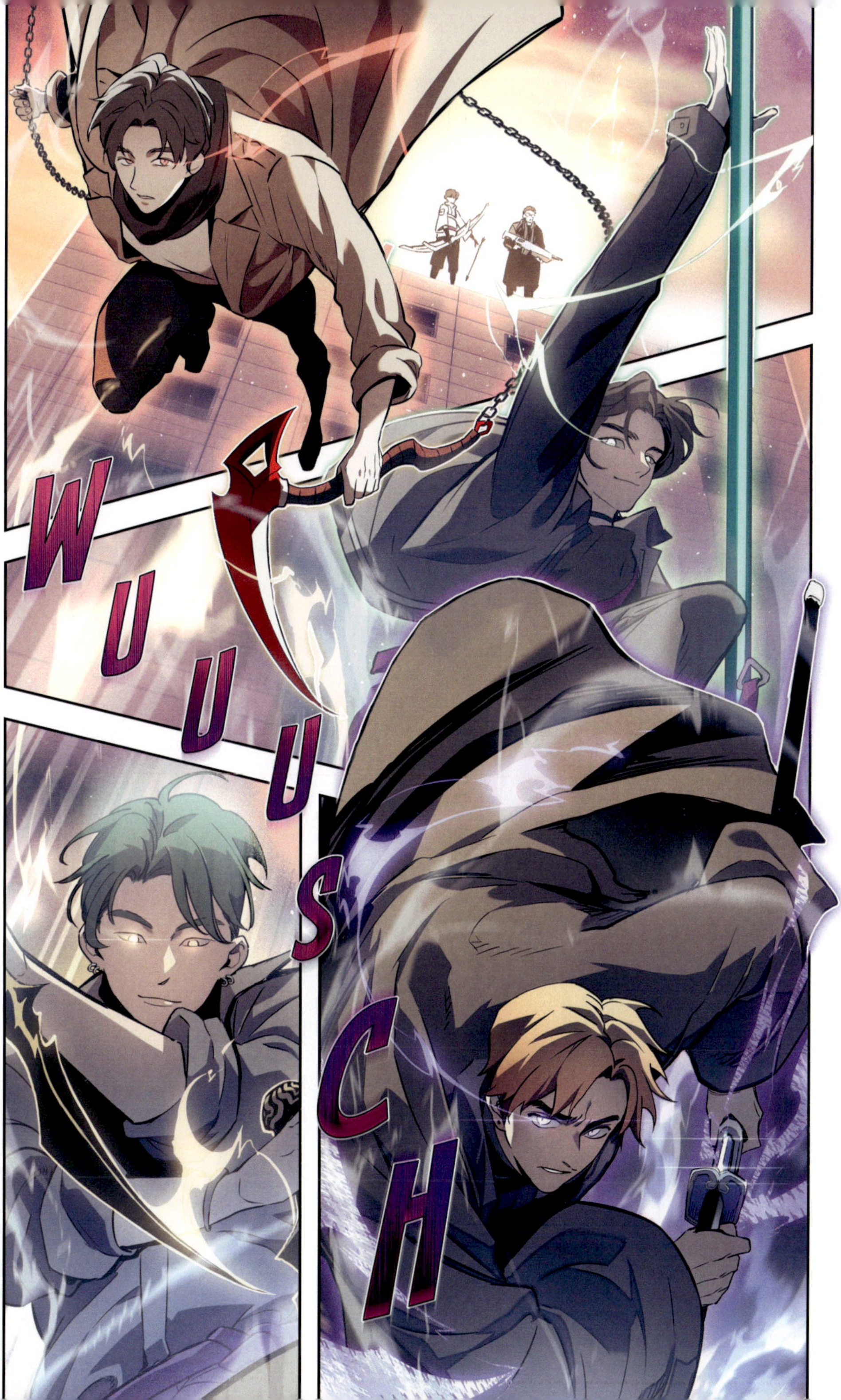
WUUUSCH

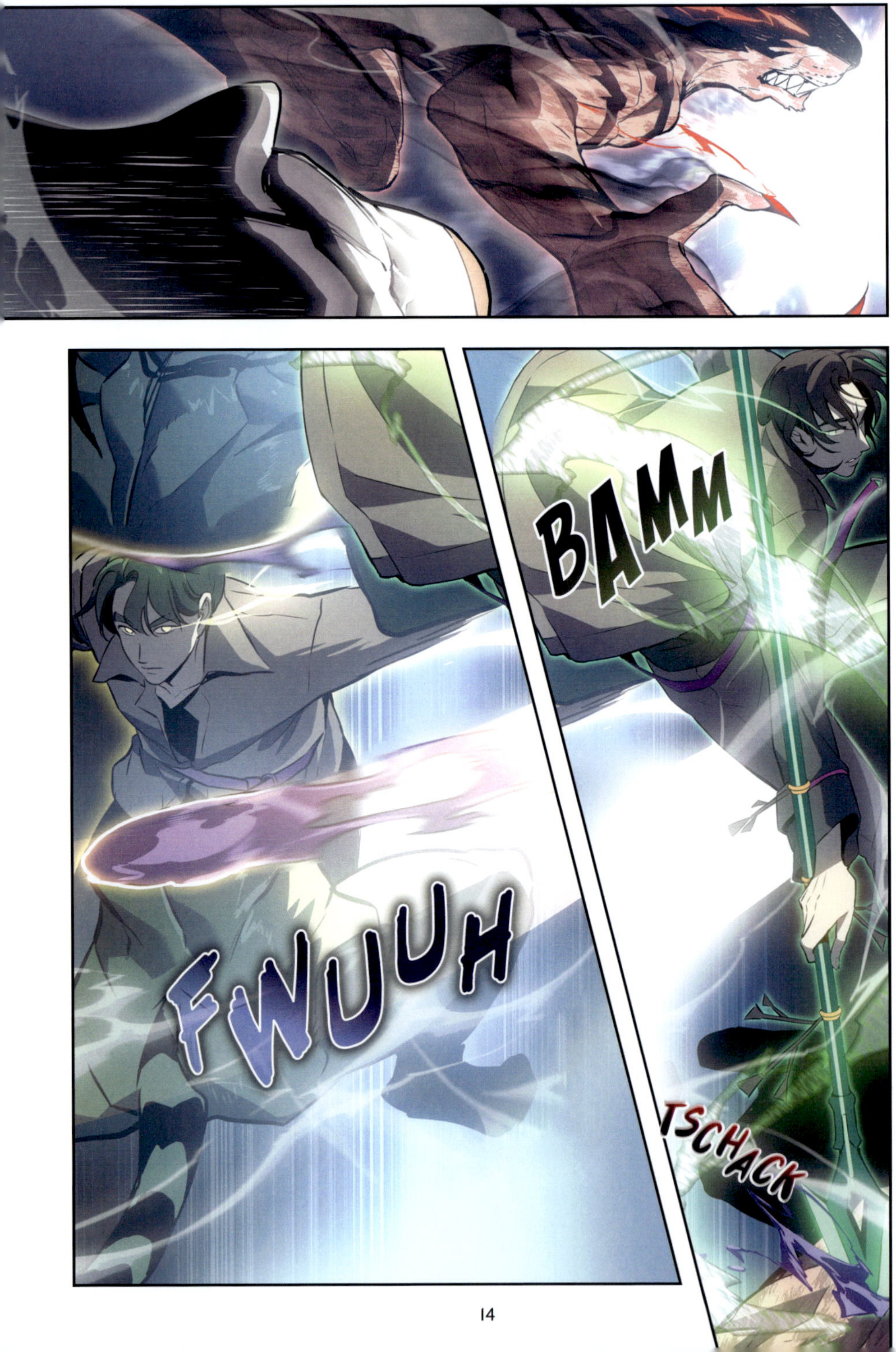
FWUUH
BAMM
TSCHACK

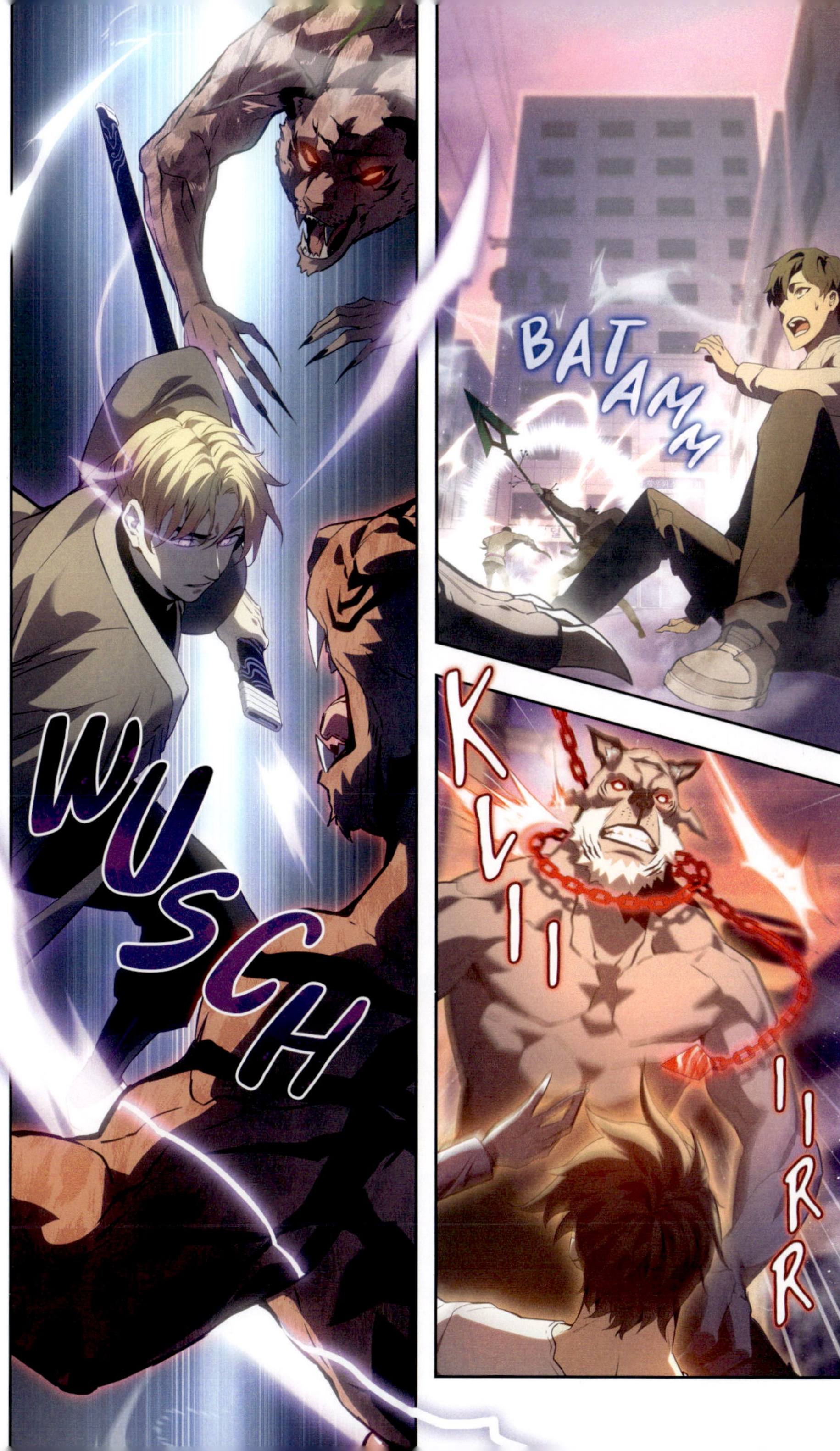
WUSCH
BATAMM
KLIIIIRR

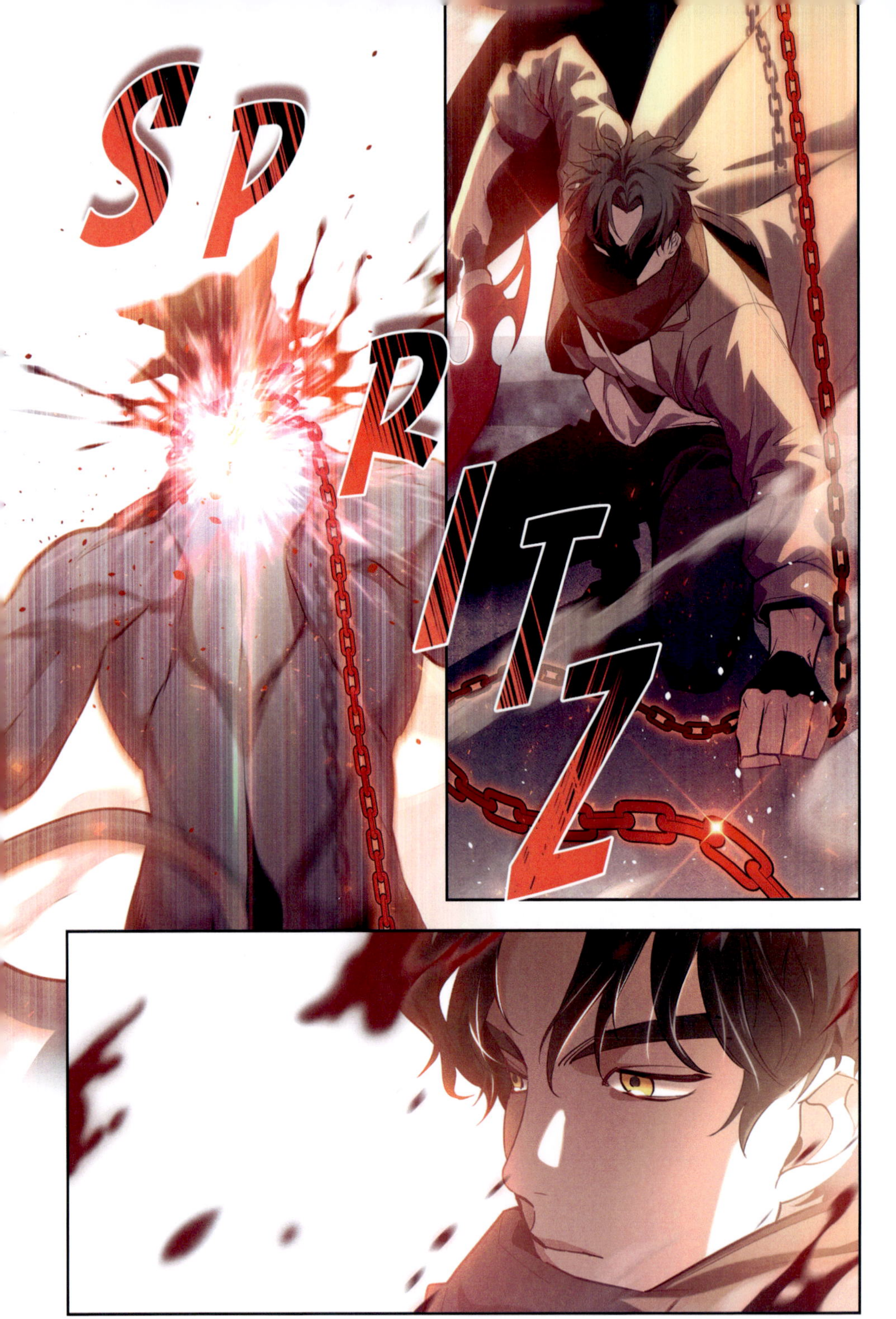
SPRITZ

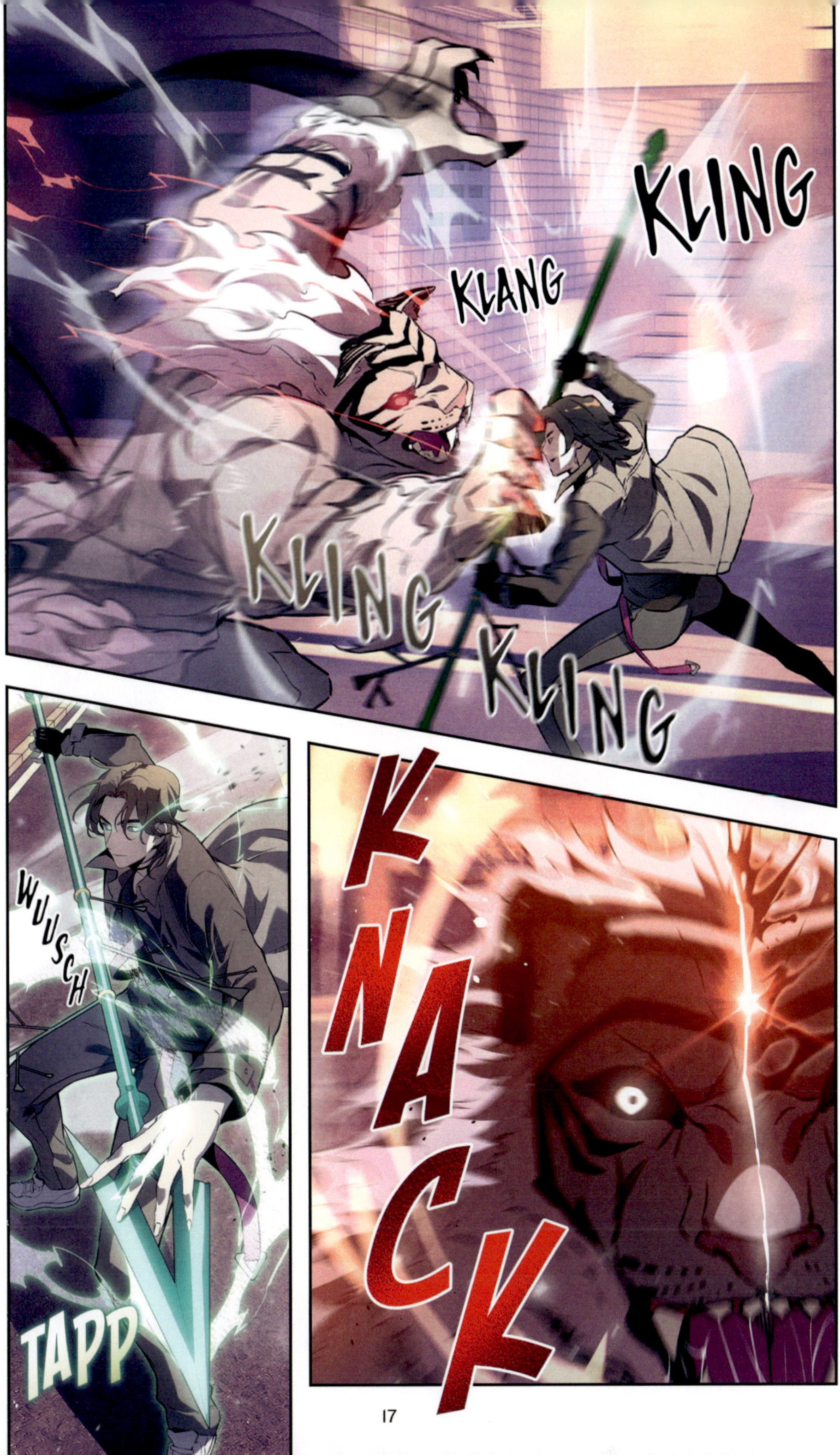
KLING
KLANG
KLING
KLING
KLING
WUUSCH
TAPP
KNACK

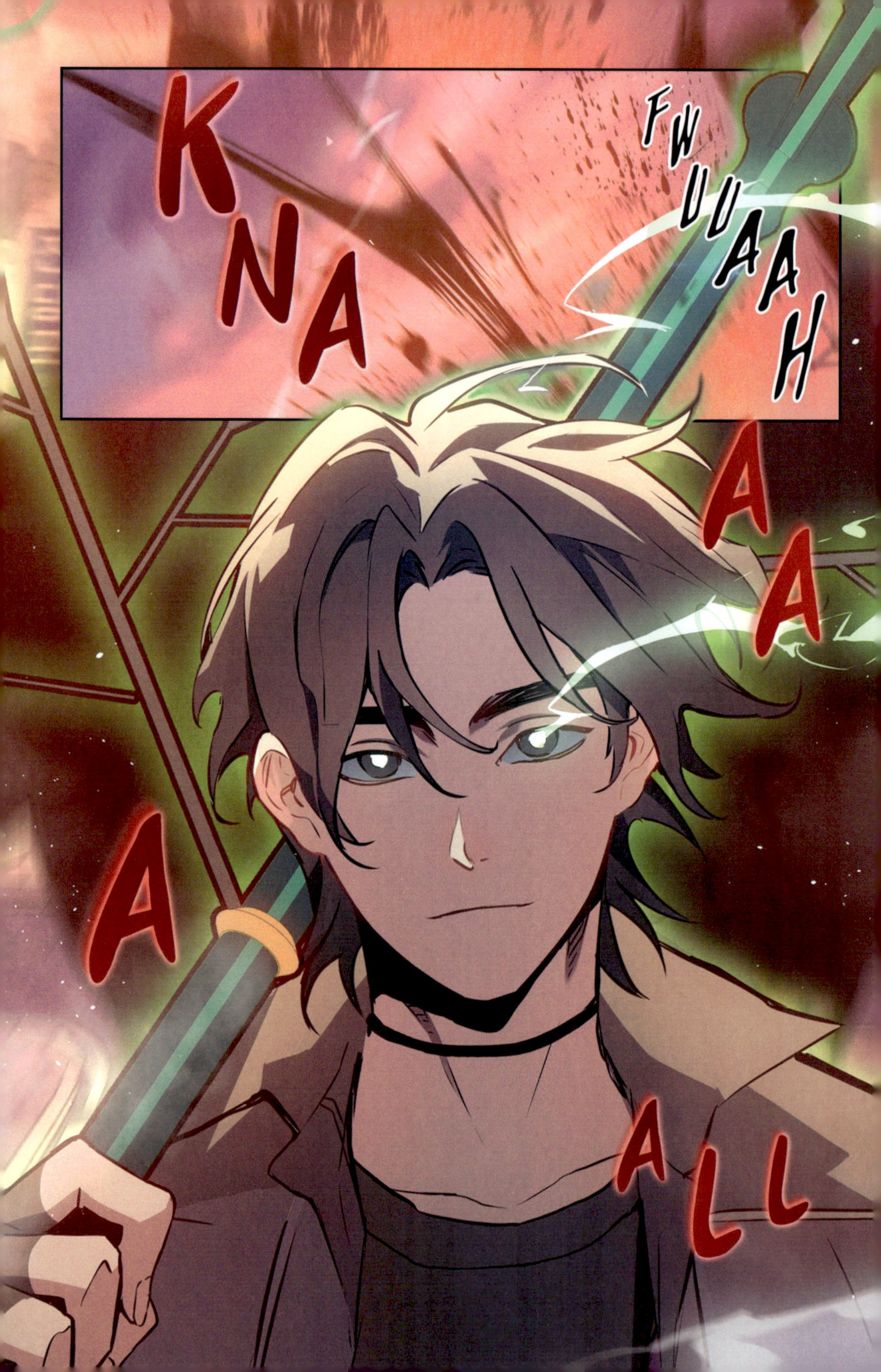
KNA
FWUUAAH
AAA
ALL

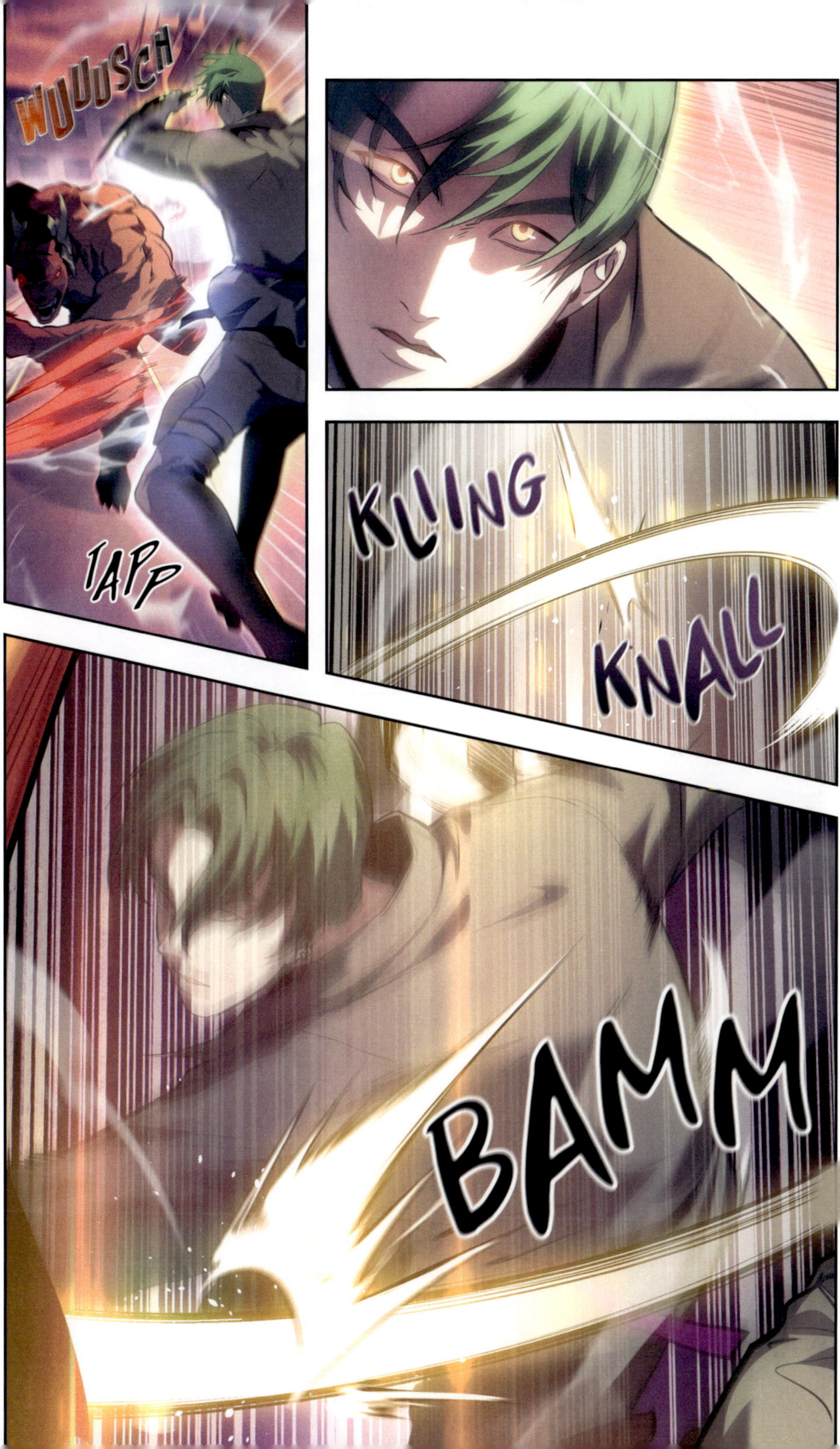
WUUUSCH
TAPP
KLING
KNALL
BAMM

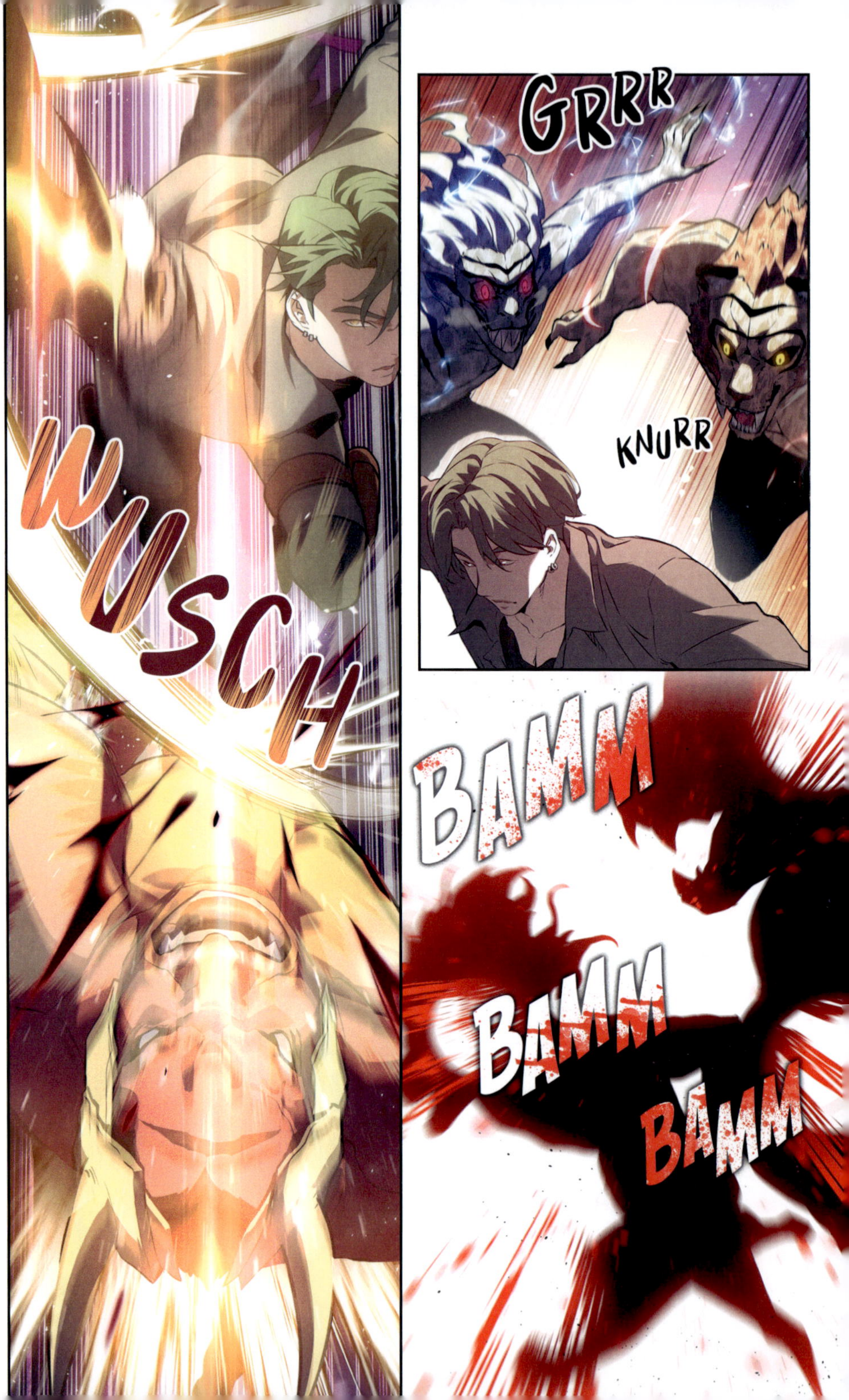
WUSCH
GRRR
KNURR
BAMM
BAMM
BAMM

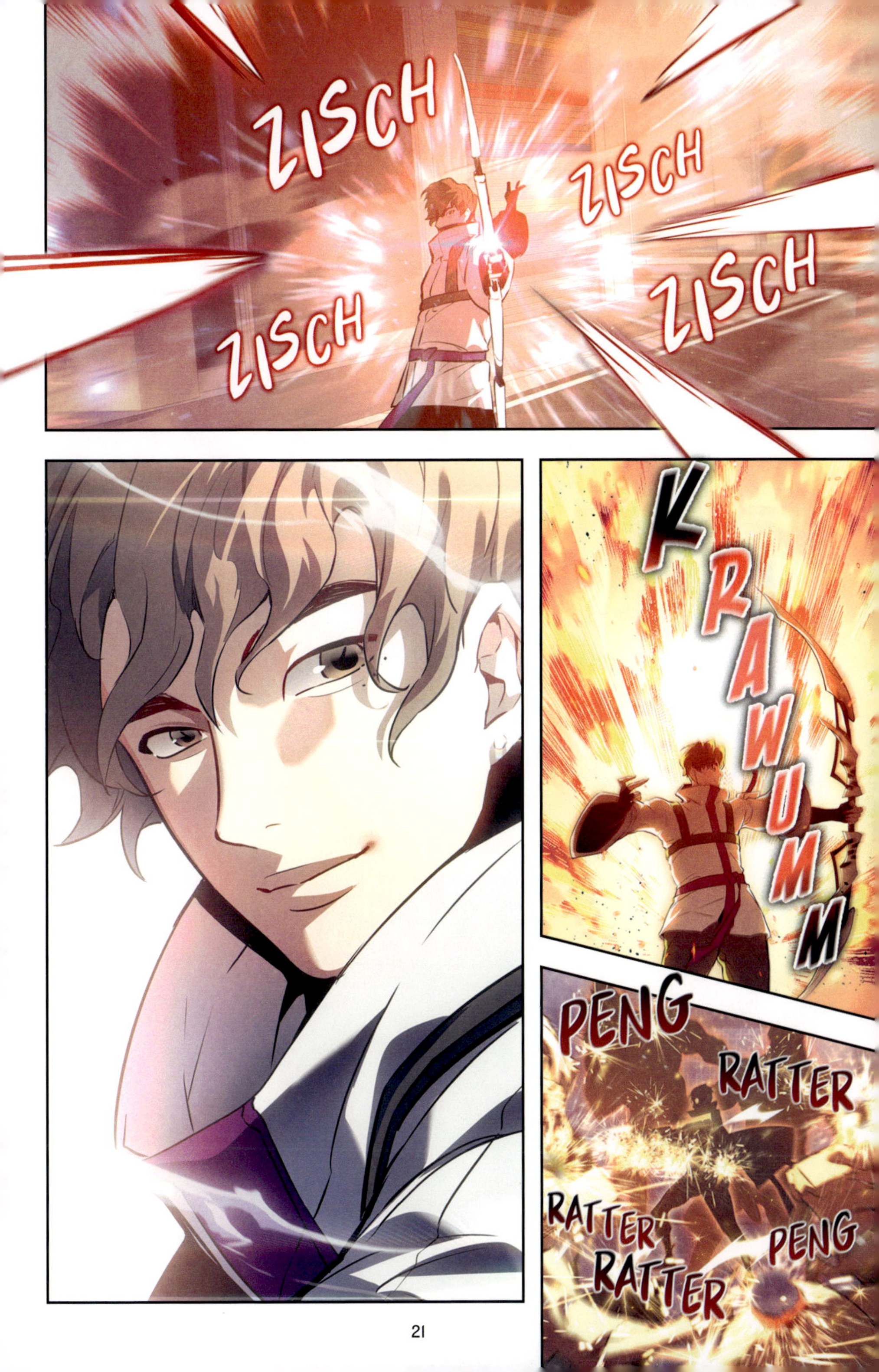
ZISCH
ZISCH
ZISCH
ZISCH
KRAWUMM
PENG
RATTER
RATTER
RATTER
PENG

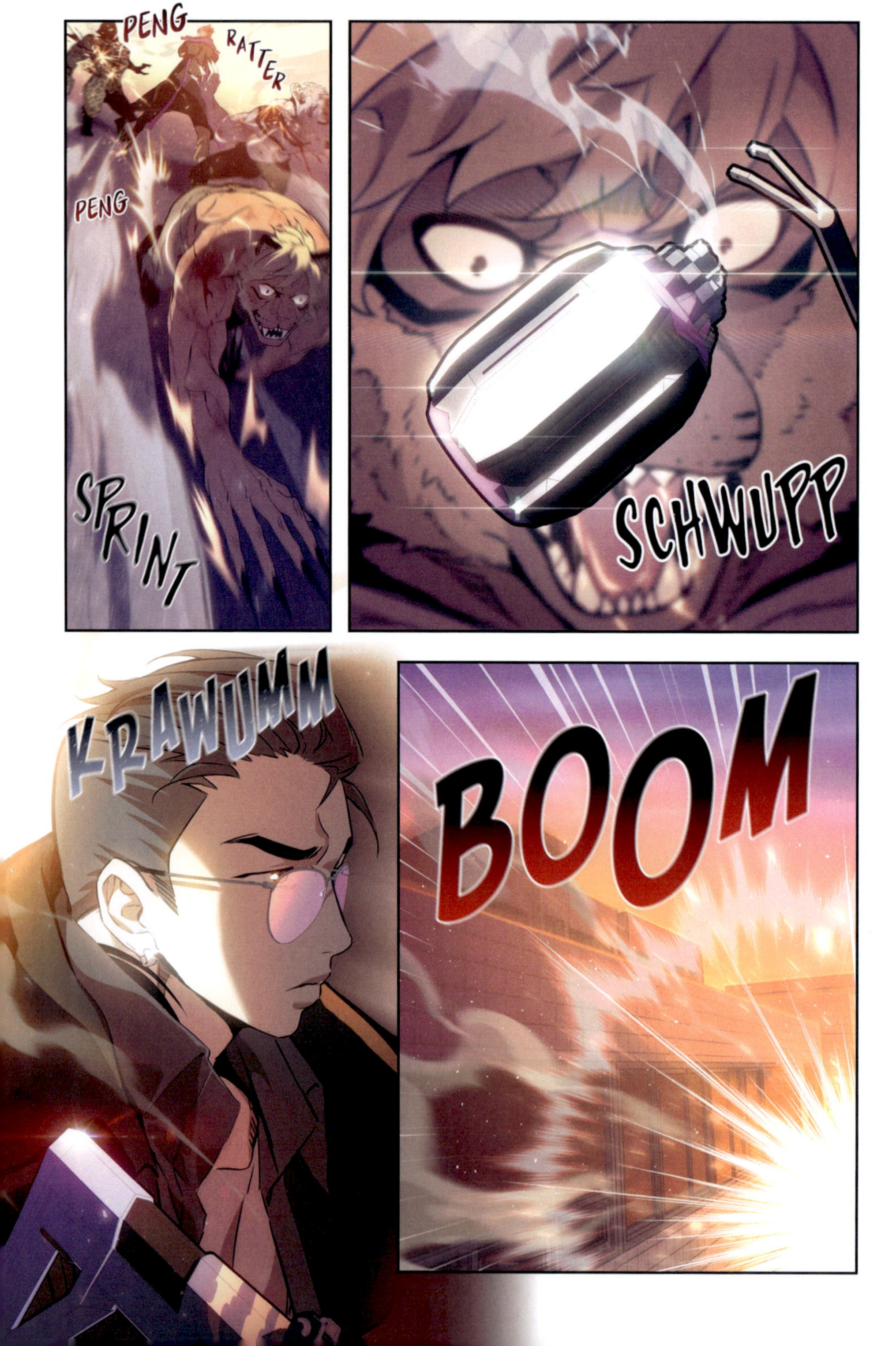
PENG
RATTER
PENG
SPRINT
SCHWUPP
KRAWUMM
BOOM

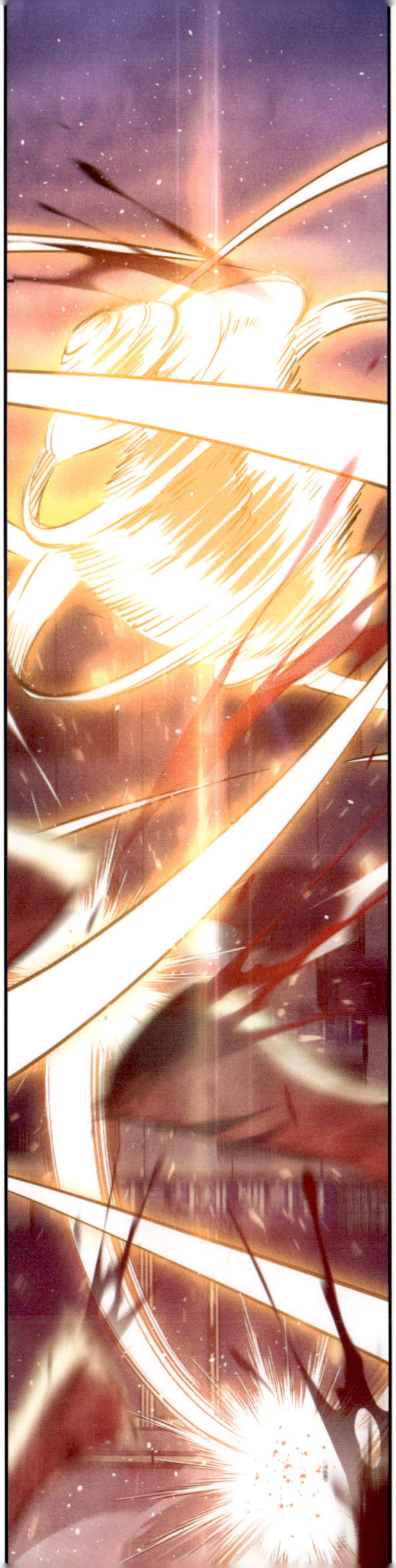
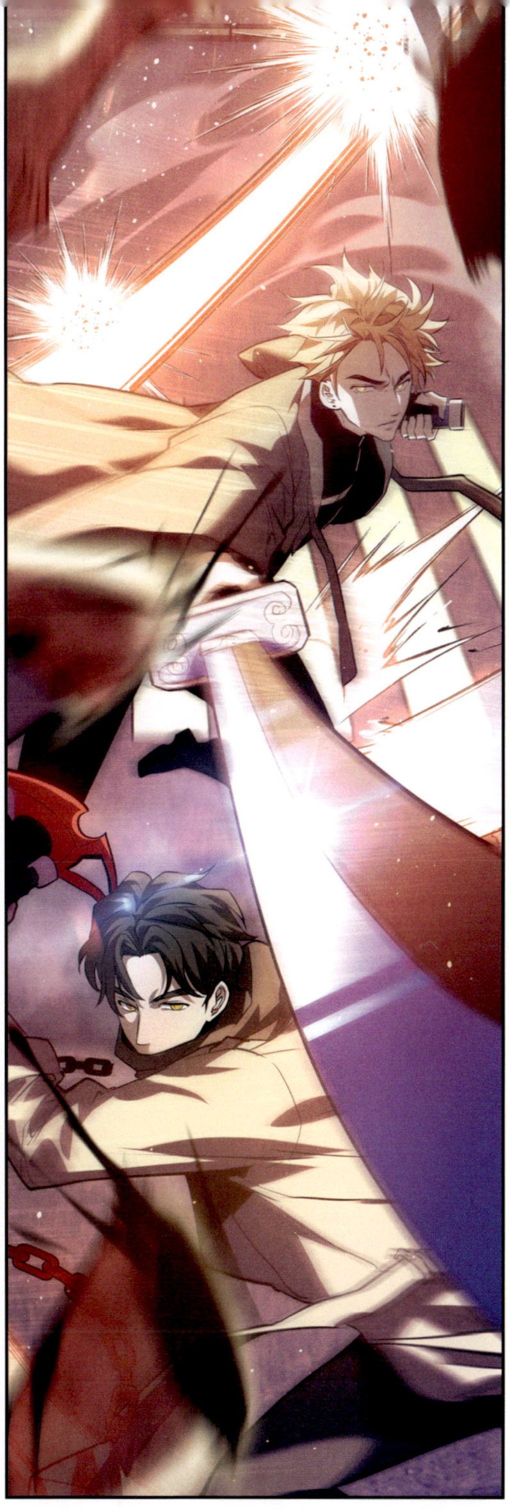

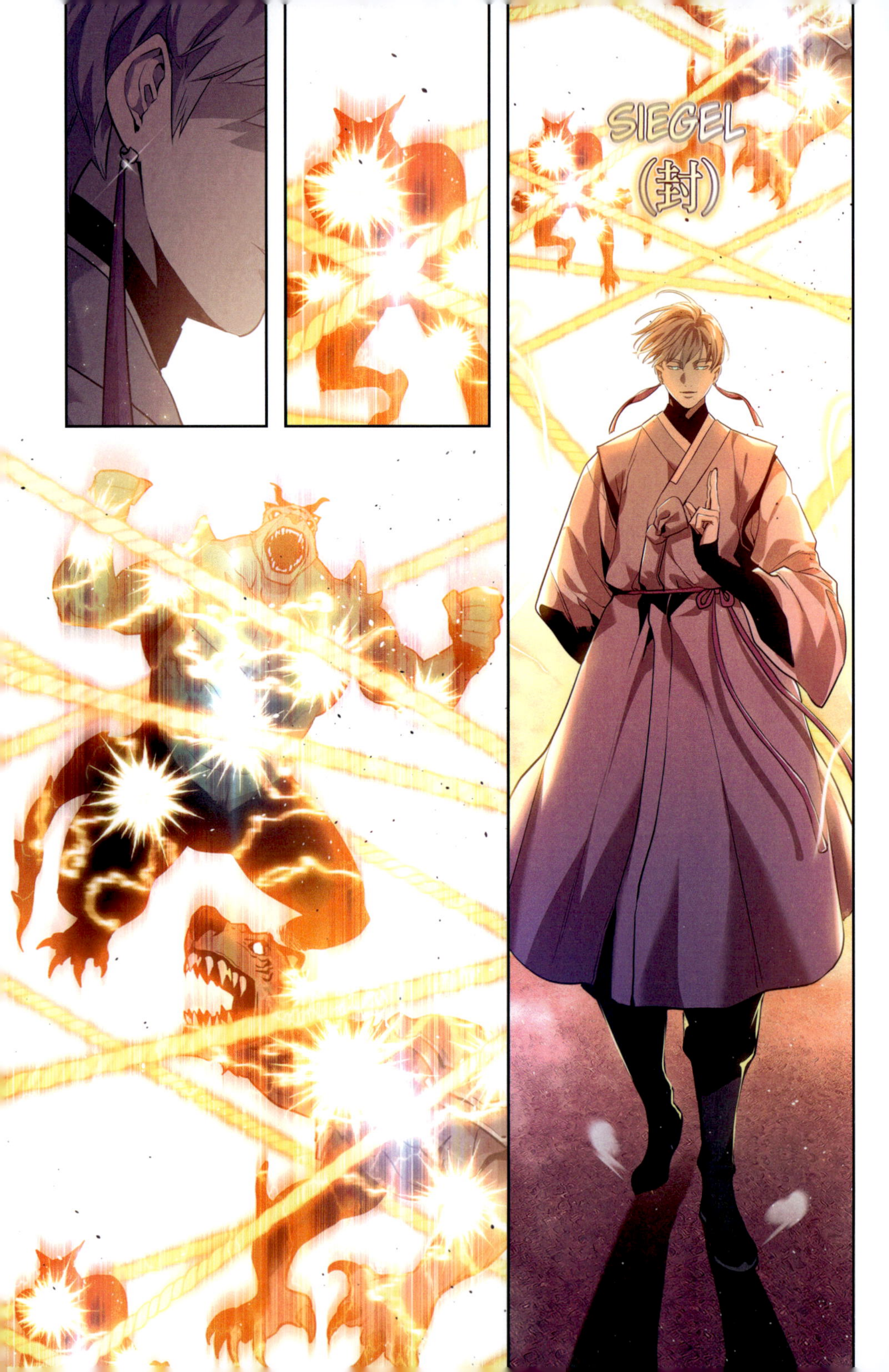
SIEGEL
(封)

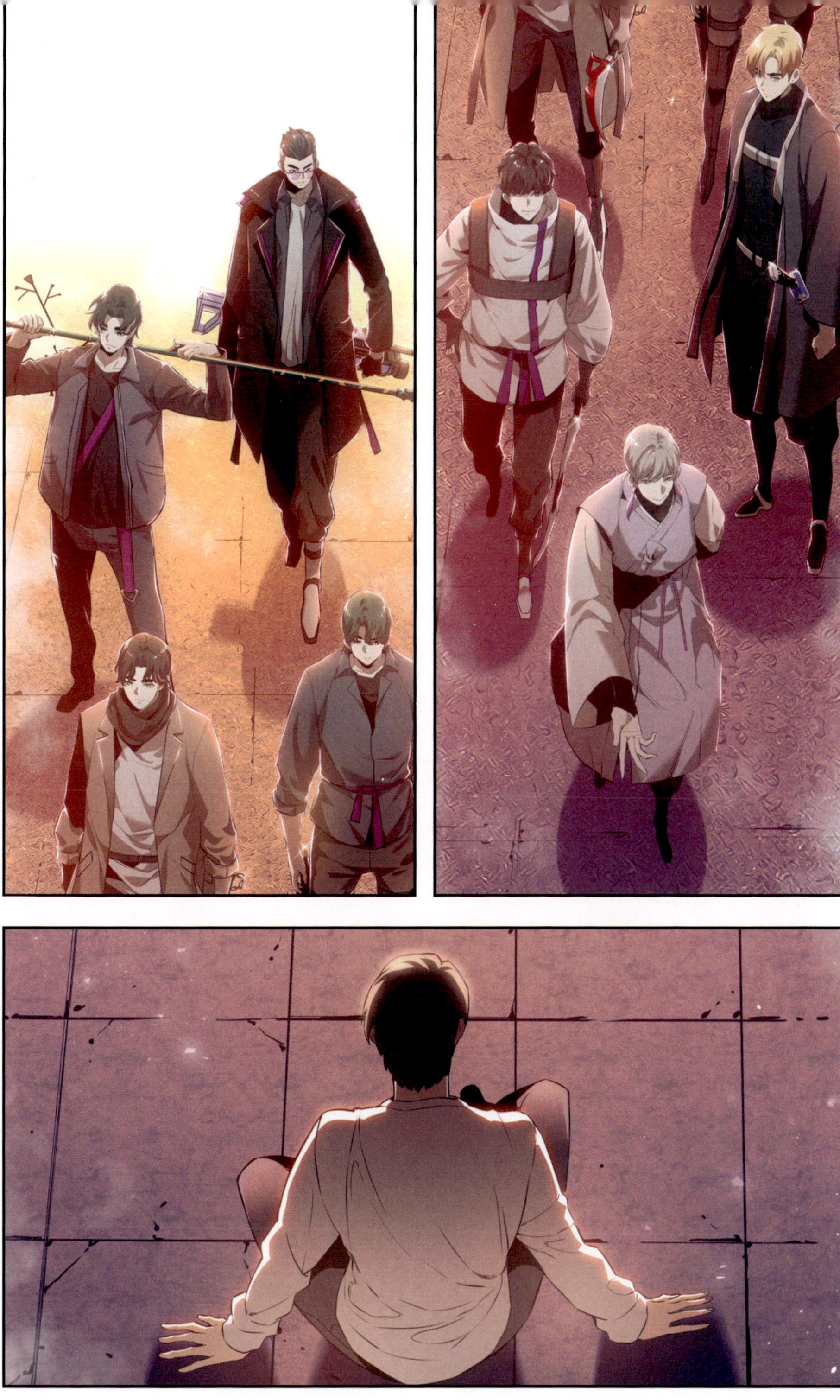

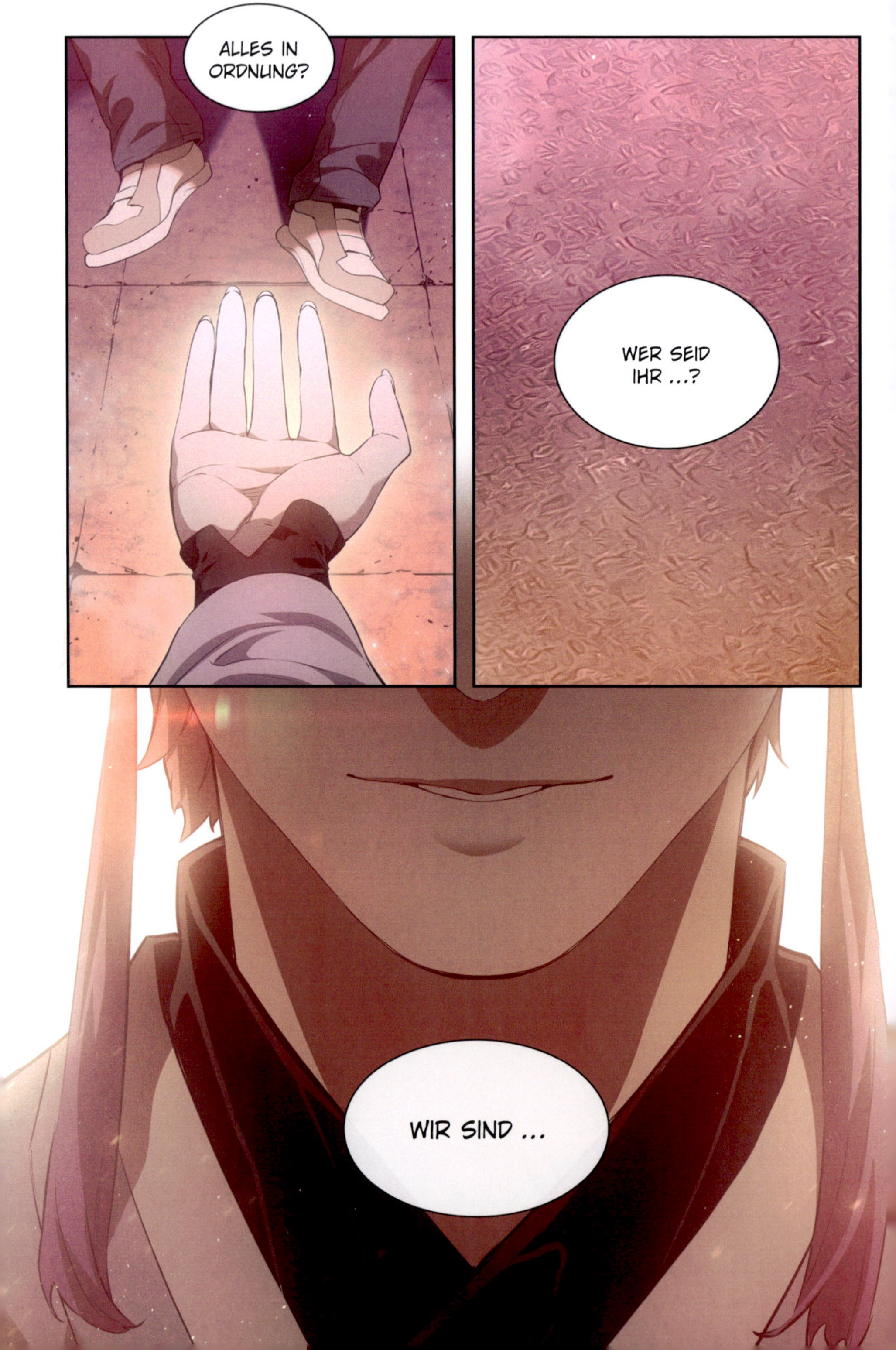
ALLES IN ORDNUNG?
WER SEID IHR ...?
WIR SIND ...

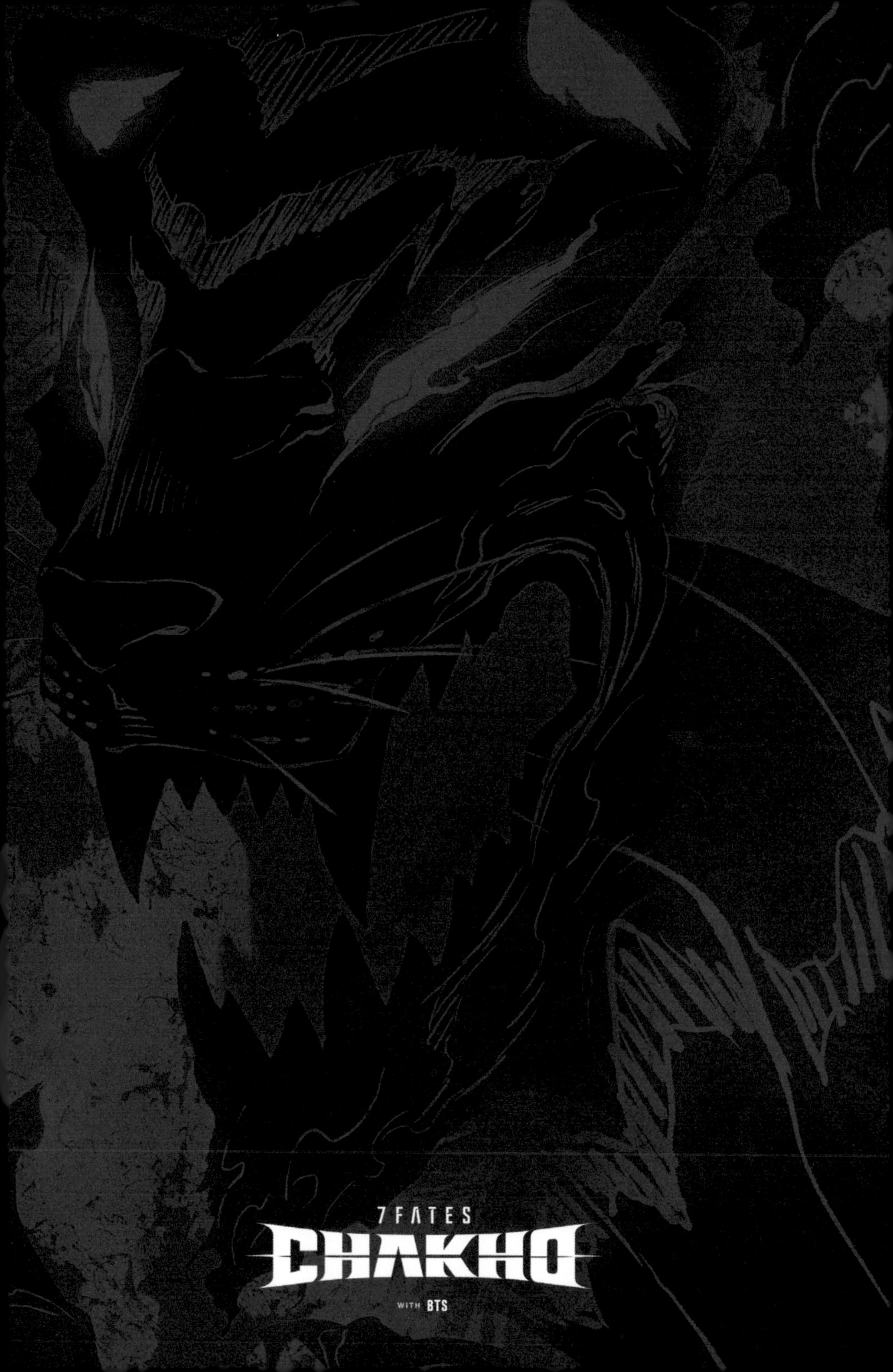
7FATES
CHAKHO
WITH BTS

EPISODE 1

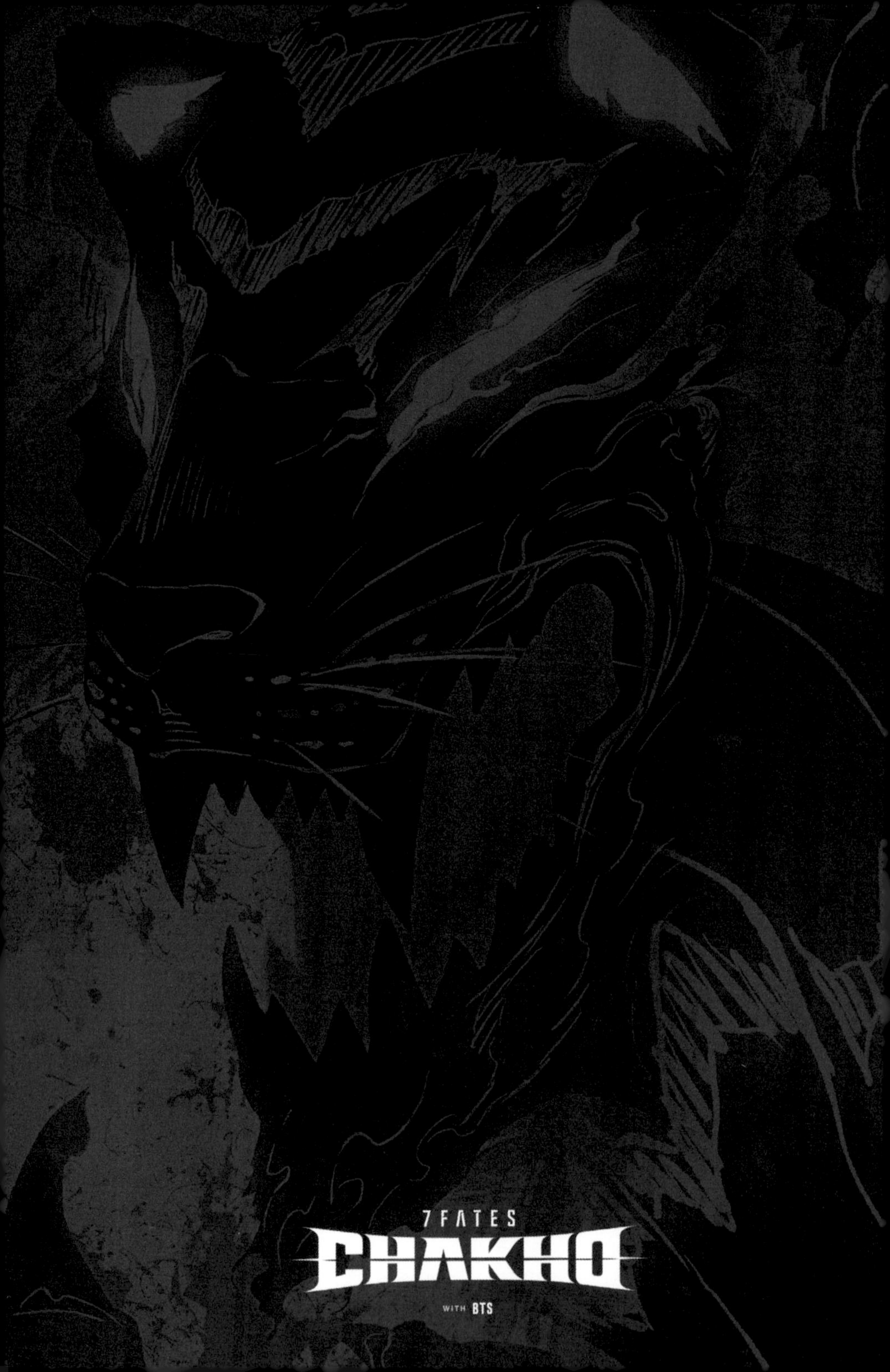
7FATES
CHAKHO
WITH BTS

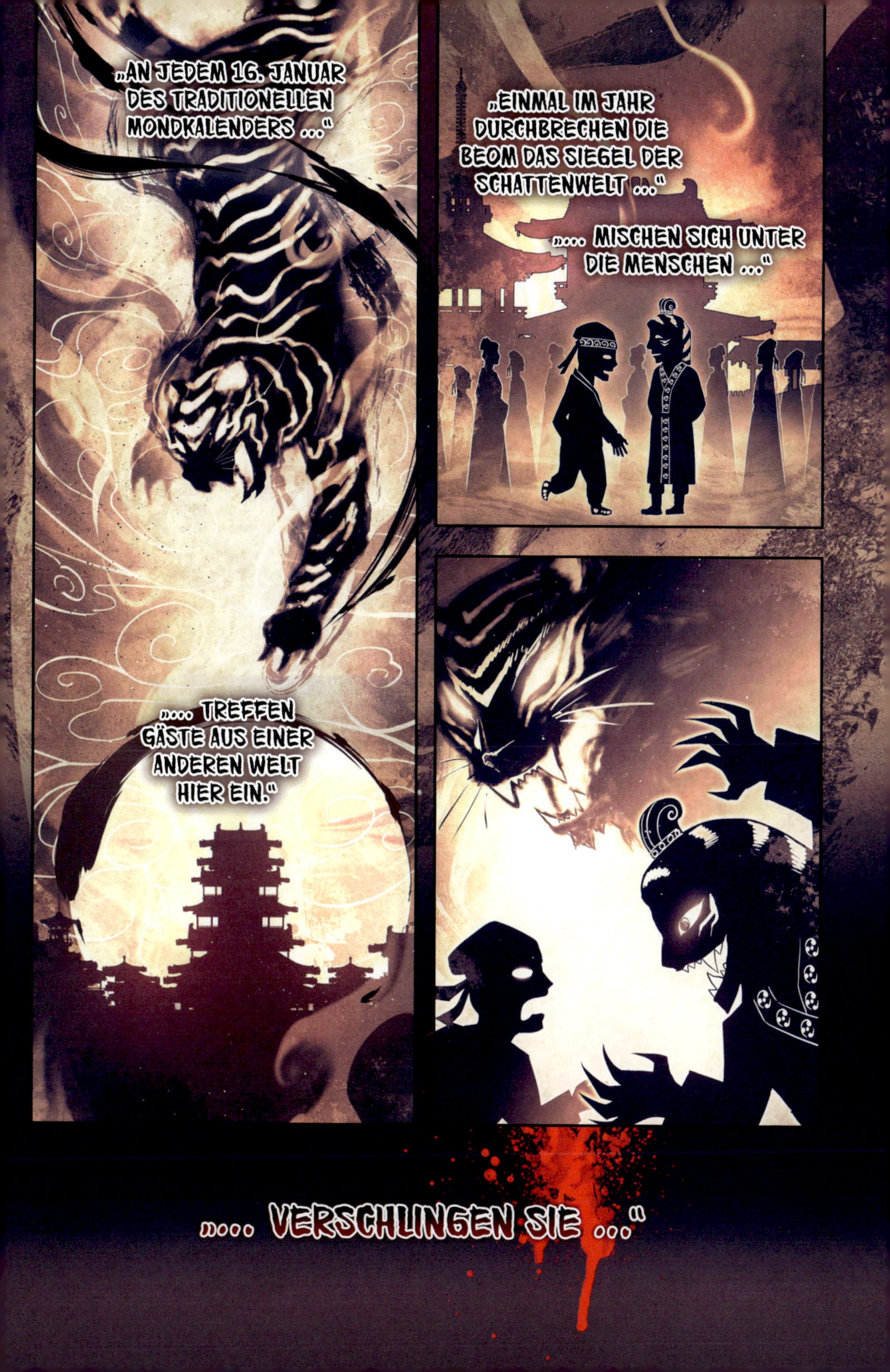
„AN JEDEM 16. JANUAR DES TRADITIONELLEN MONDKALENDERS ..."
„EINMAL IM JAHR DURCHBRECHEN DIE BEOM DAS SIEGEL DER SCHATTENWELT ..."
„... MISCHEN SICH UNTER DIE MENSCHEN ..."
„... TREFFEN GÄSTE AUS EINER ANDEREN WELT HIER EIN."
„... VERSCHLINGEN SIE ..."

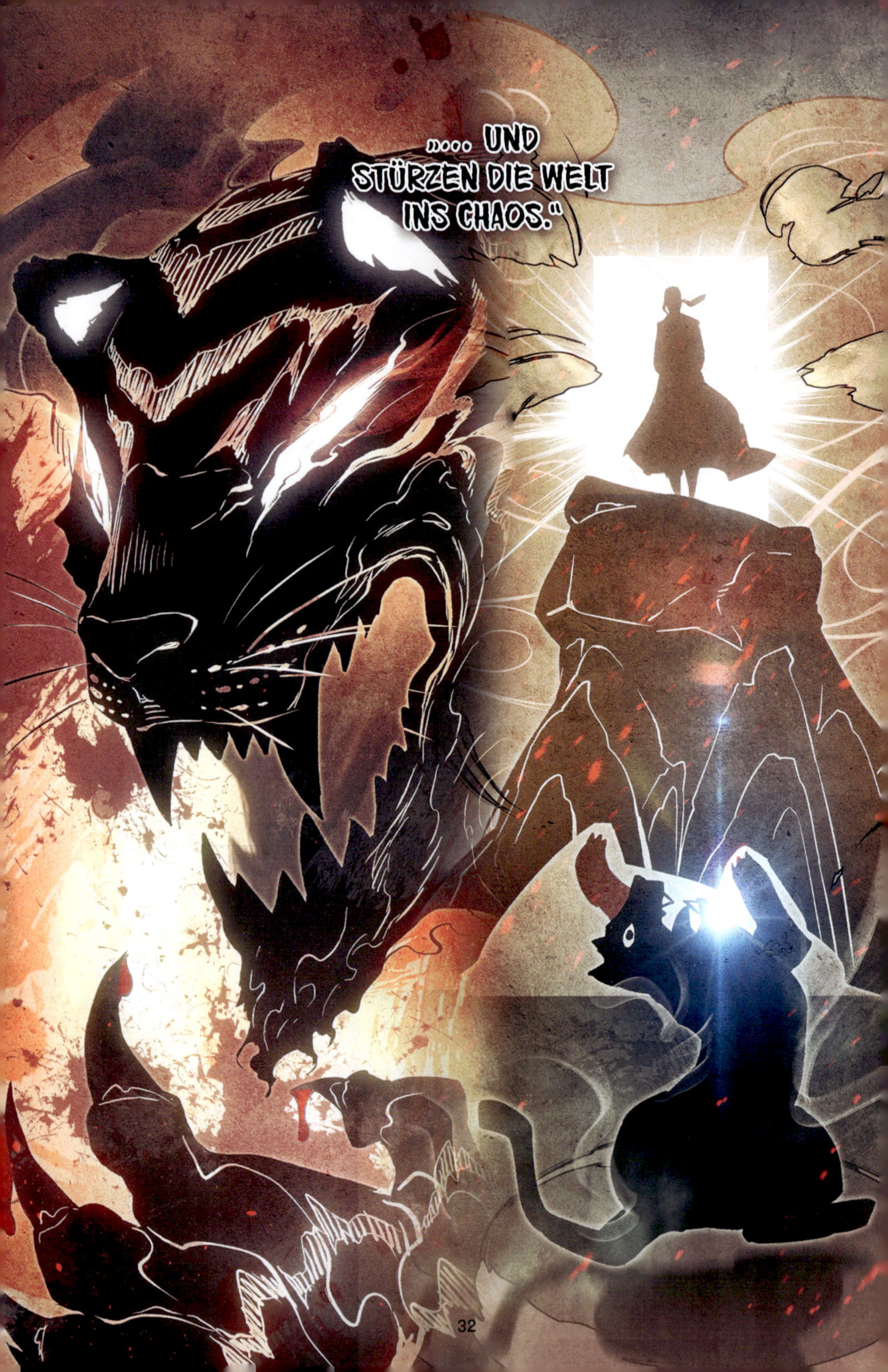
„... UND STÜRZEN DIE WELT INS CHAOS."

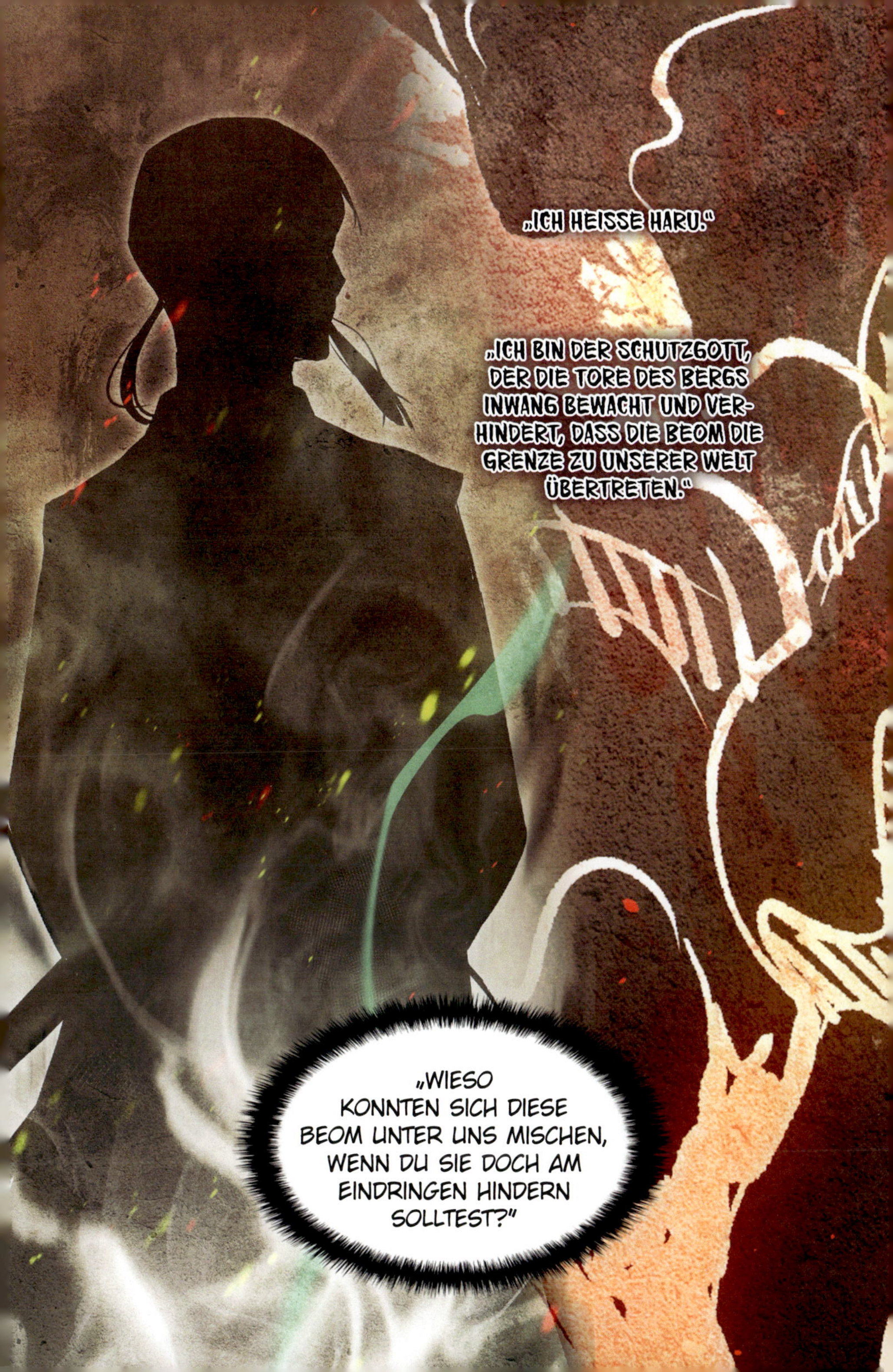
„ICH HEISSE HARU."
„ICH BIN DER SCHUTZGOTT, DER DIE TORE DES BERGS INWANG BEWACHT UND VERHINDERT, DASS DIE BEOM DIE GRENZE ZU UNSERER WELT ÜBERTRETEN."
„WIESO KONNTEN SICH DIESE BEOM UNTER UNS MISCHEN, WENN DU SIE DOCH AM EINDRINGEN HINDERN SOLLTEST?"

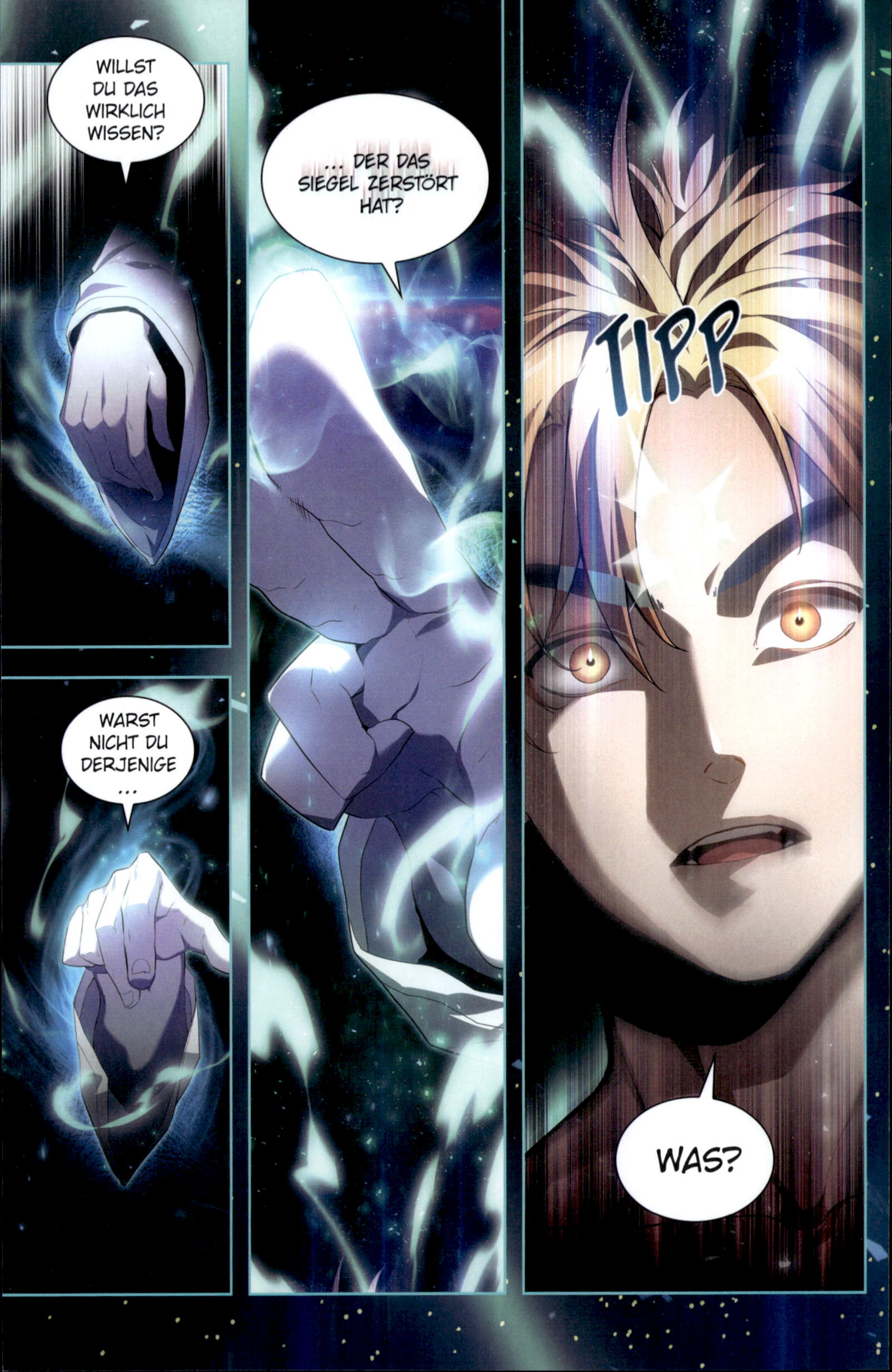
WILLST DU DAS WIRKLICH WISSEN?
WARST NICHT DU DERJENIGE ...
... DER DAS SIEGEL ZERSTÖRT HAT?
TIPP
WAS?

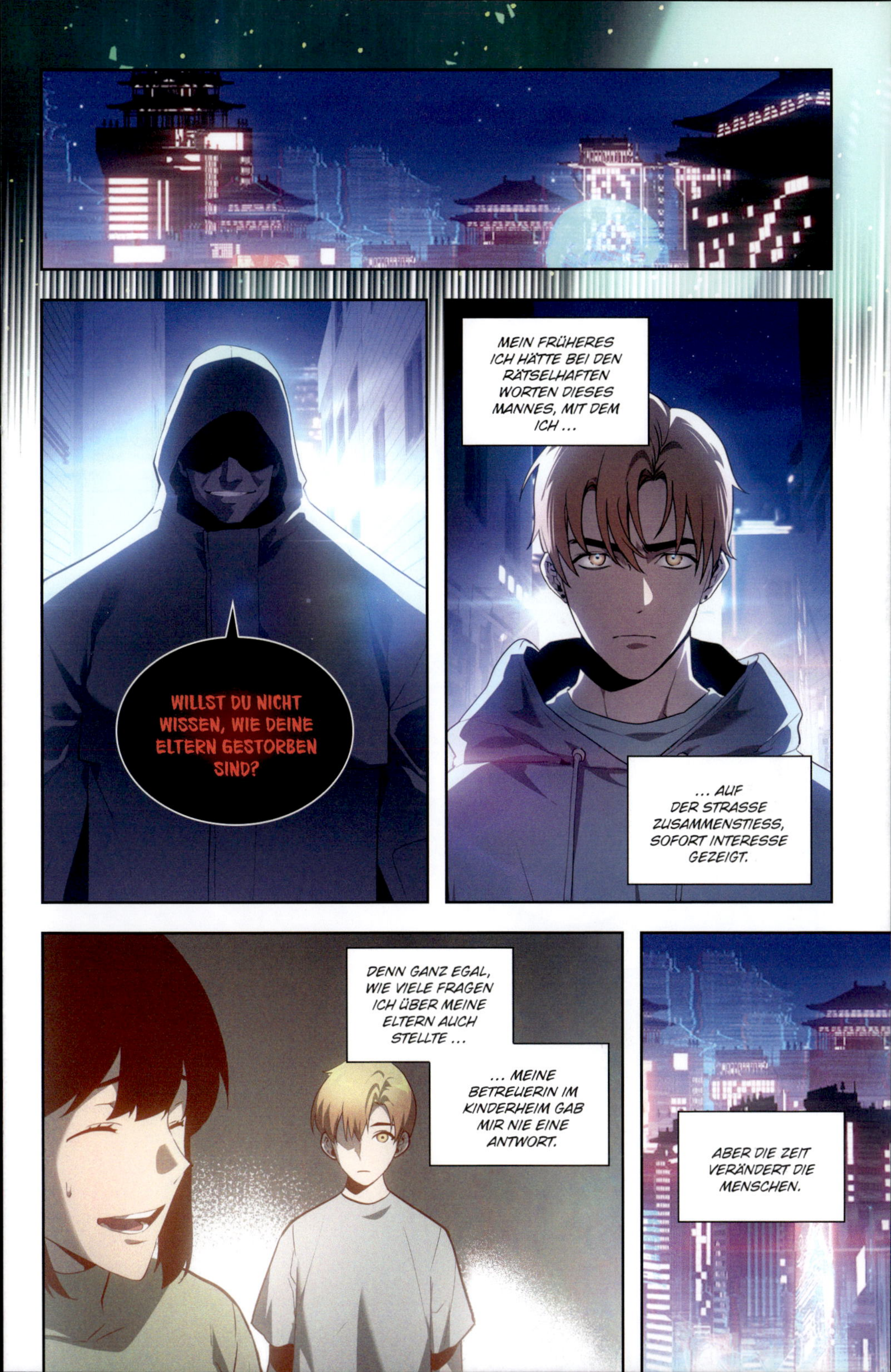
WILLST DU NICHT WISSEN, WIE DEINE ELTERN GESTORBEN SIND?
MEIN FRÜHERES ICH HÄTTE BEI DEN RÄTSELHAFTEN WORTEN DIESES MANNES, MIT DEM ICH …
… AUF DER STRASSE ZUSAMMENSTIESS, SOFORT INTERESSE GEZEIGT.
DENN GANZ EGAL, WIE VIELE FRAGEN ICH ÜBER MEINE ELTERN AUCH STELLTE …
… MEINE BETREUERIN IM KINDERHEIM GAB MIR NIE EINE ANTWORT.
ABER DIE ZEIT VERÄNDERT DIE MENSCHEN.

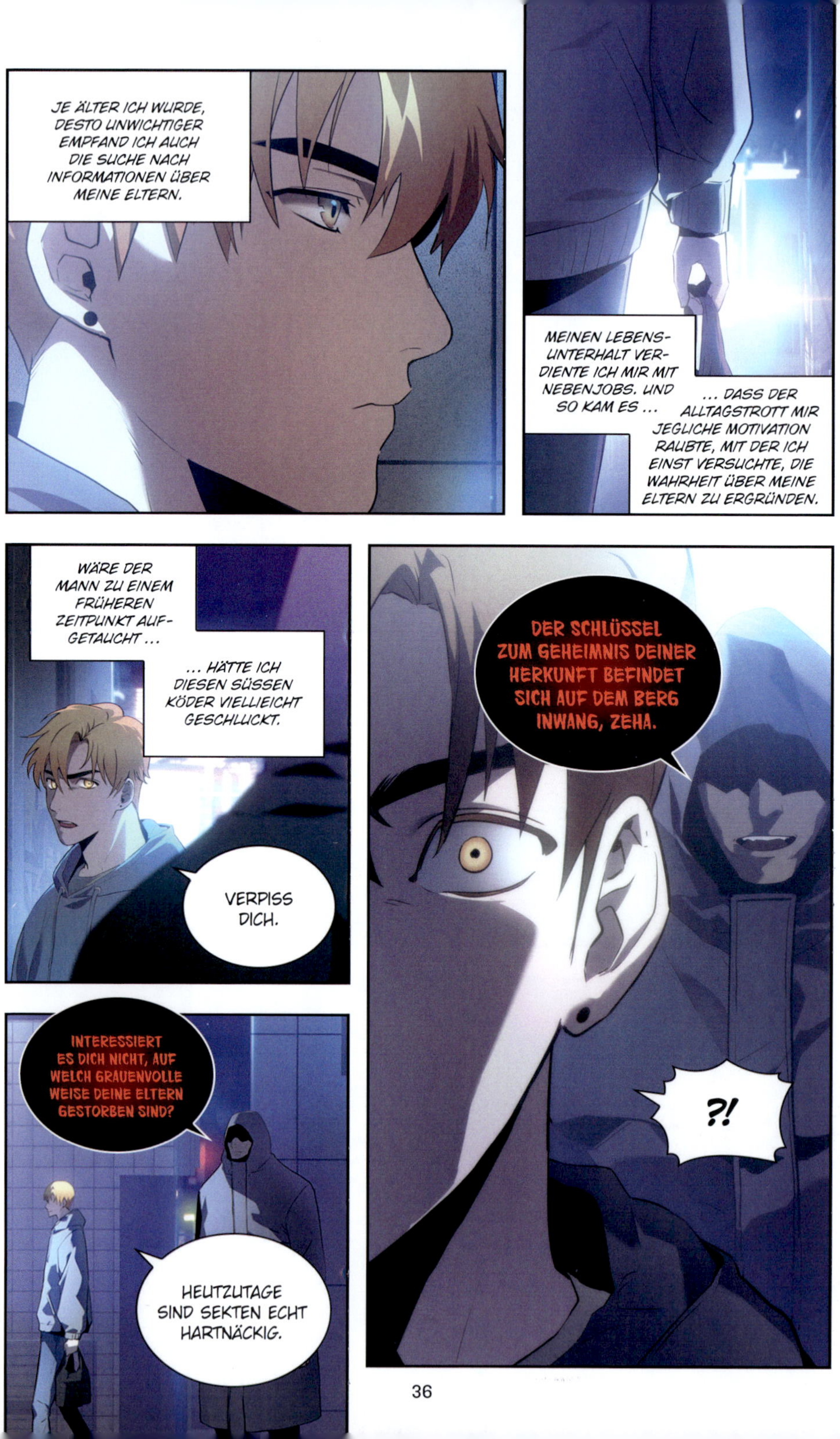
JE ÄLTER ICH WURDE, DESTO UNWICHTIGER EMPFAND ICH AUCH DIE SUCHE NACH INFORMATIONEN ÜBER MEINE ELTERN.
MEINEN LEBENSUNTERHALT VERDIENTE ICH MIR MIT NEBENJOBS. UND SO KAM ES …
… DASS DER ALLTAGSTROTT MIR JEGLICHE MOTIVATION RAUBTE, MIT DER ICH EINST VERSUCHTE, DIE WAHRHEIT ÜBER MEINE ELTERN ZU ERGRÜNDEN.
WÄRE DER MANN ZU EINEM FRÜHEREN ZEITPUNKT AUFGETAUCHT …
… HÄTTE ICH DIESEN SÜSSEN KÖDER VIELLEICHT GESCHLUCKT.
VERPISS DICH.
INTERESSIERT ES DICH NICHT, AUF WELCH GRAUENVOLLE WEISE DEINE ELTERN GESTORBEN SIND?
HEUTZUTAGE SIND SEKTEN ECHT HARTNÄCKIG.
DER SCHLÜSSEL ZUM GEHEIMNIS DEINER HERKUNFT BEFINDET SICH AUF DEM BERG INWANG, ZEHA.
?!

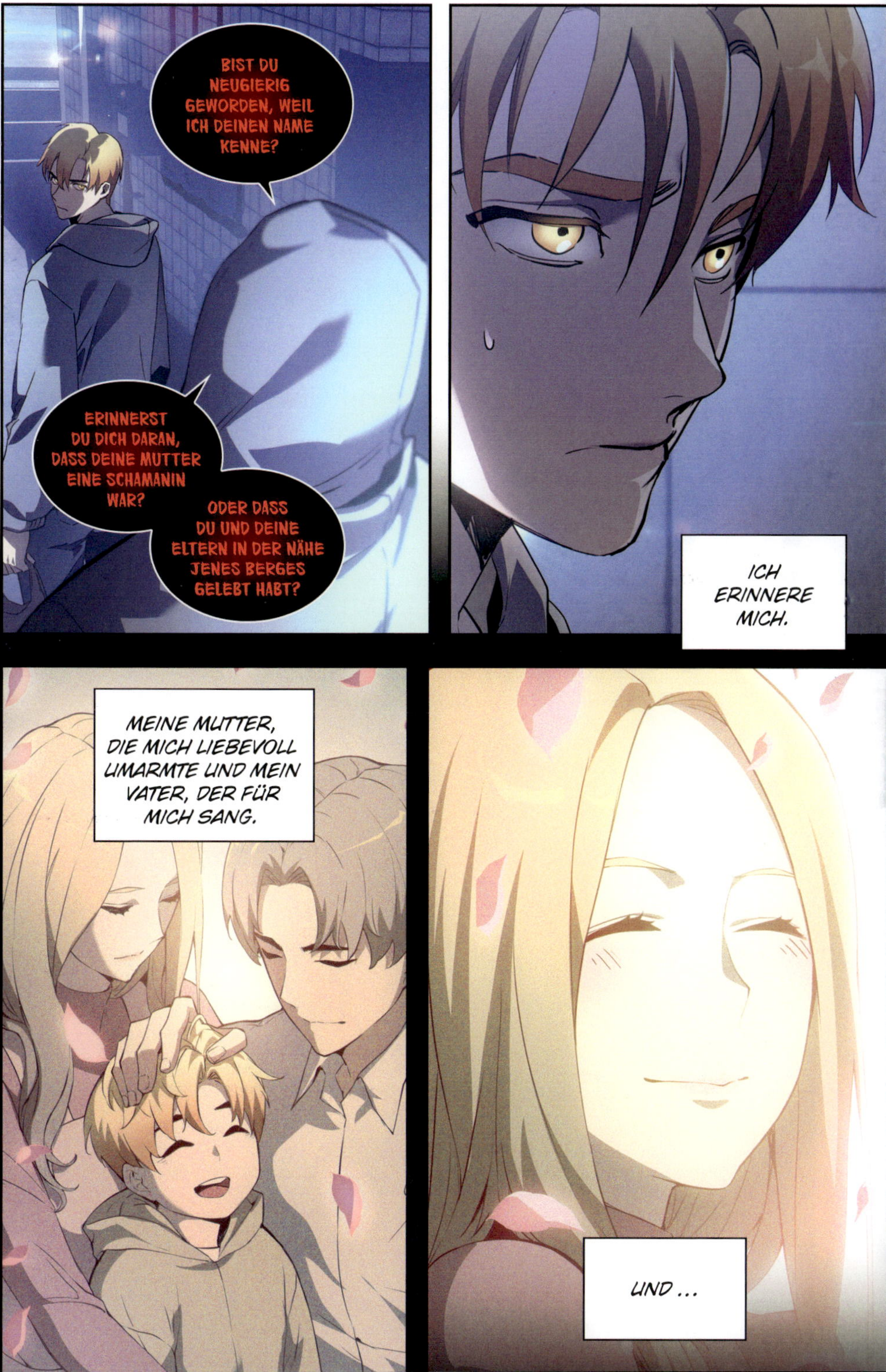
BIST DU NEUGIERIG GEWORDEN, WEIL ICH DEINEN NAME KENNE?
ERINNERST DU DICH DARAN, DASS DEINE MUTTER EINE SCHAMANIN WAR?
ODER DASS DU UND DEINE ELTERN IN DER NÄHE JENES BERGES GELEBT HABT?
ICH ERINNERE MICH.
MEINE MUTTER, DIE MICH LIEBEVOLL UMARMTE UND MEIN VATER, DER FÜR MICH SANG.
UND ...

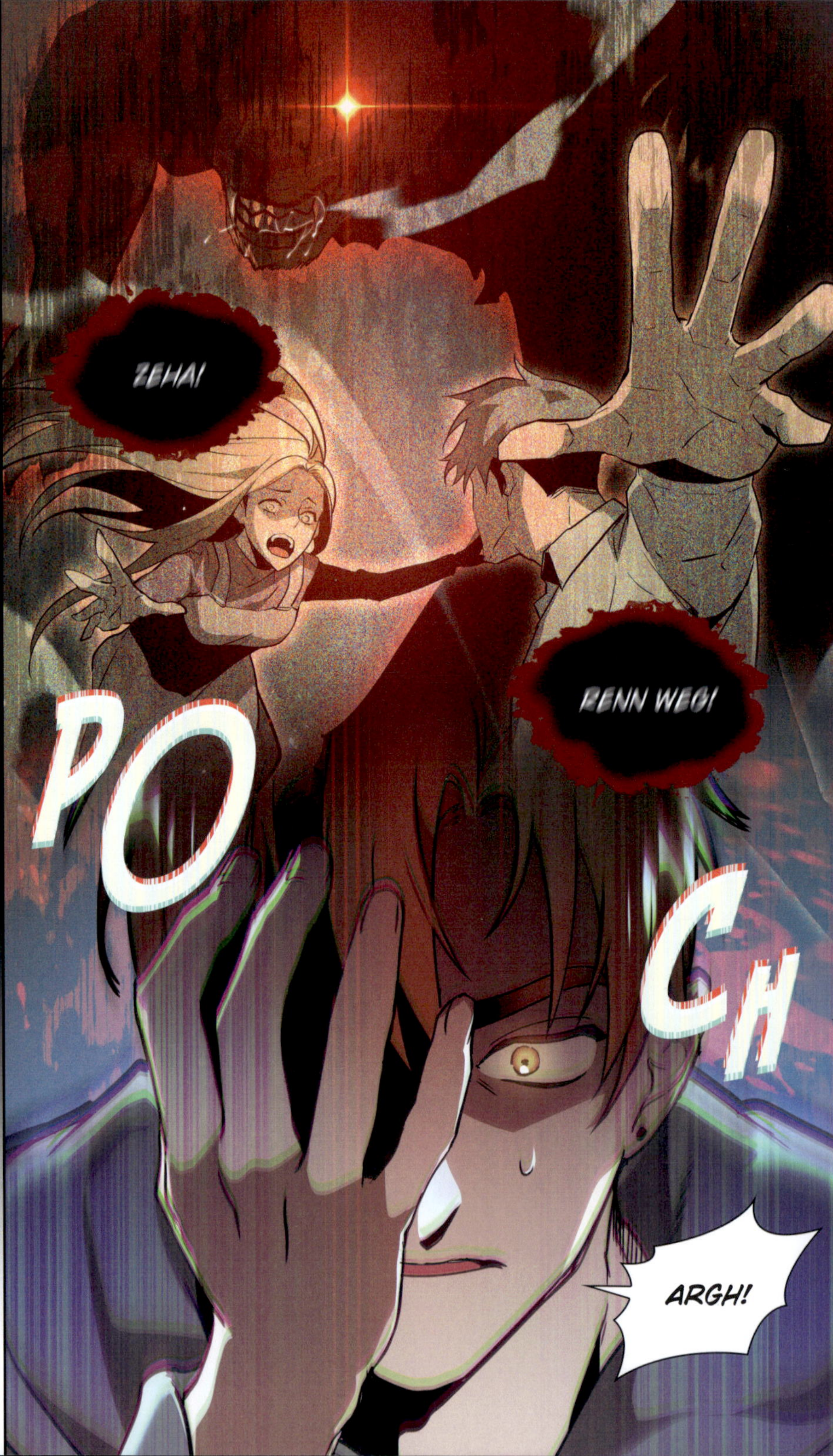
ZEHA!
RENN WEG!
POCH
ARGH!

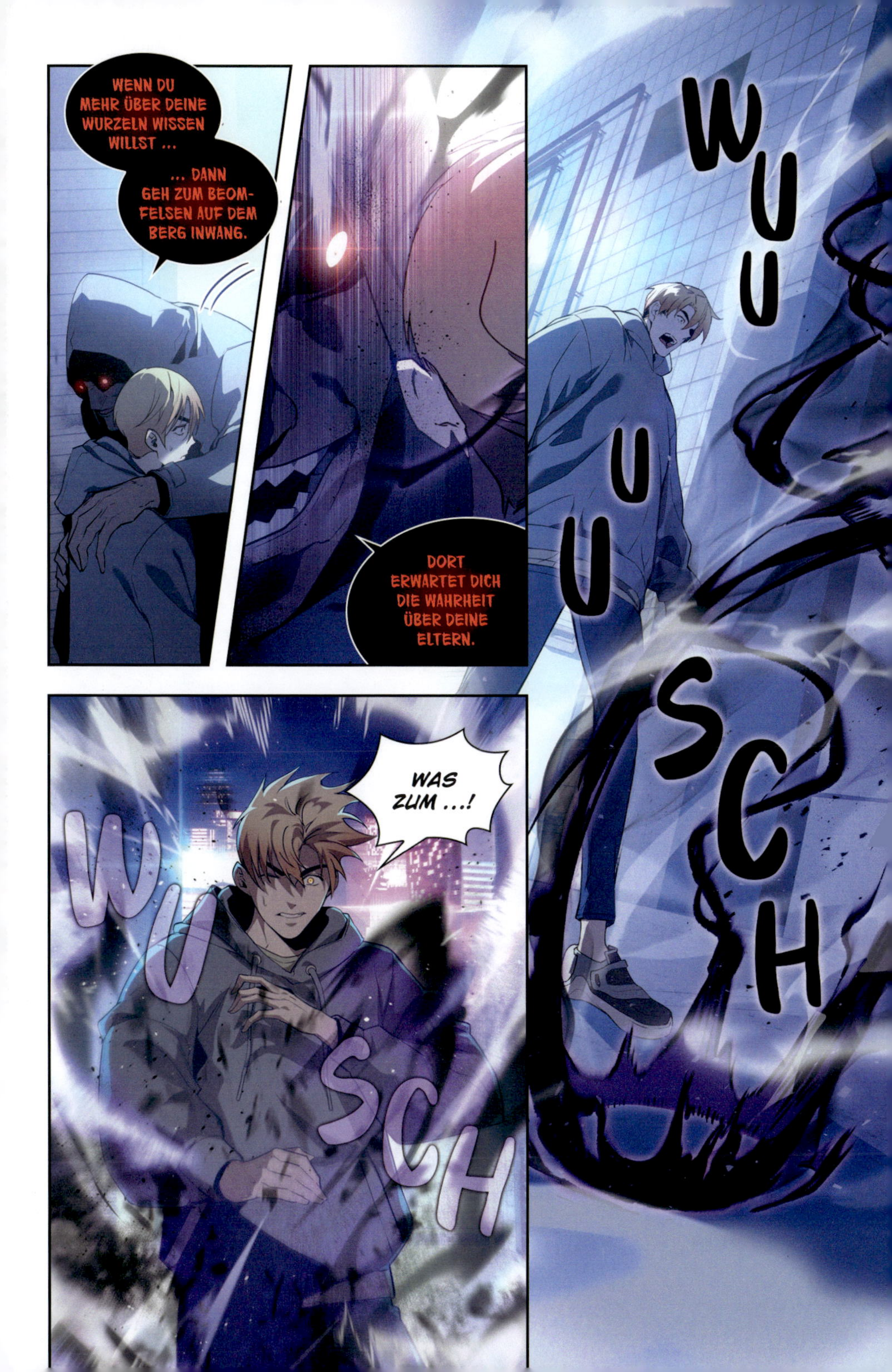
WENN DU MEHR ÜBER DEINE WURZELN WISSEN WILLST ...
... DANN GEH ZUM BEOMFELSEN AUF DEM BERG INWANG.
DORT ERWARTET DICH DIE WAHRHEIT ÜBER DEINE ELTERN.
WUUU
UUU
SCH
WAS ZUM ...!
WUSCH

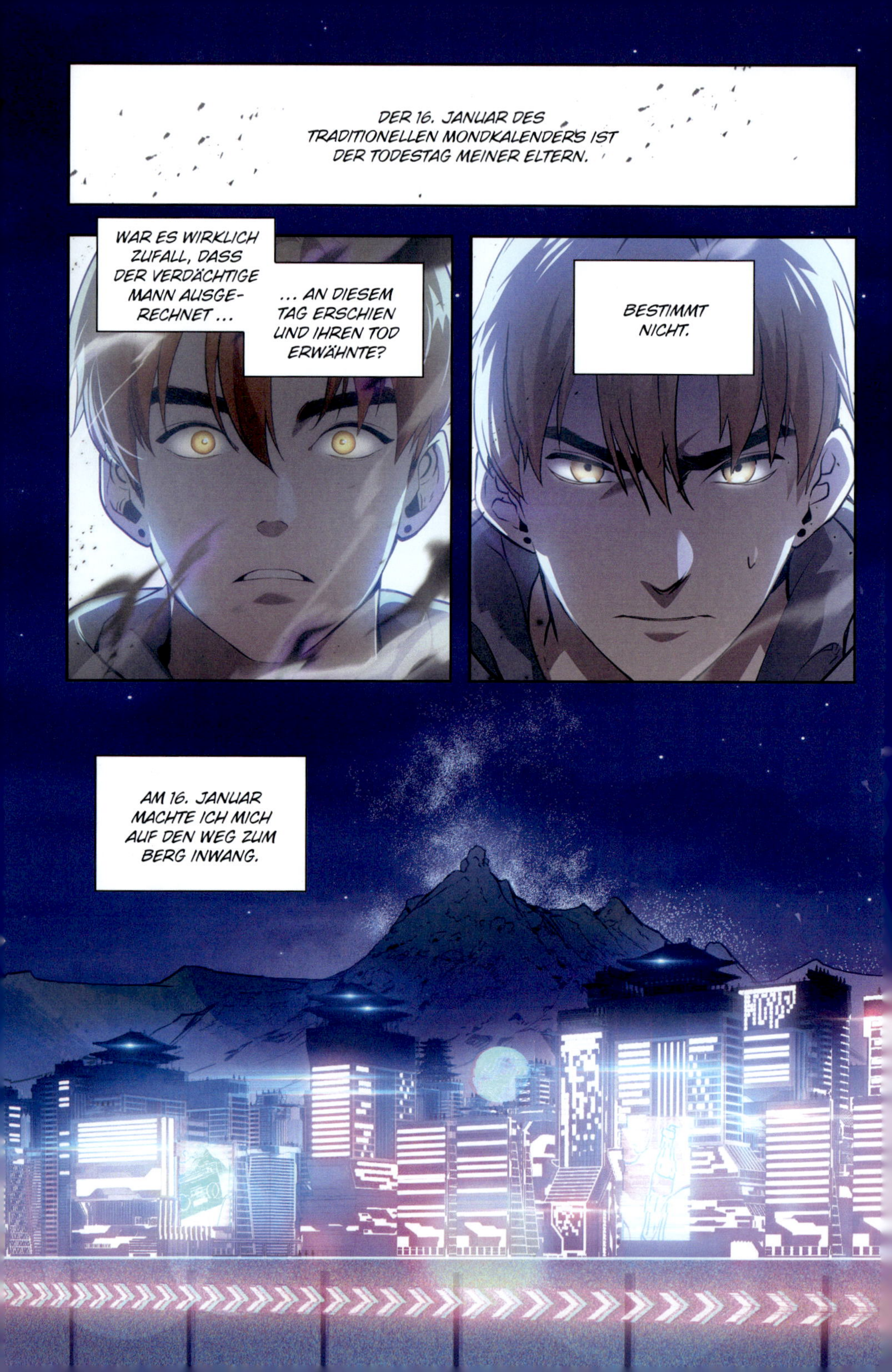
DER 16. JANUAR DES TRADITIONELLEN MONDKALENDERS IST DER TODESTAG MEINER ELTERN.
WAR ES WIRKLICH ZUFALL, DASS DER VERDÄCHTIGE MANN AUSGE-RECHNET ...
... AN DIESEM TAG ERSCHIEN UND IHREN TOD ERWÄHNTE?
BESTIMMT NICHT.
AM 16. JANUAR MACHTE ICH MICH AUF DEN WEG ZUM BERG INWANG.

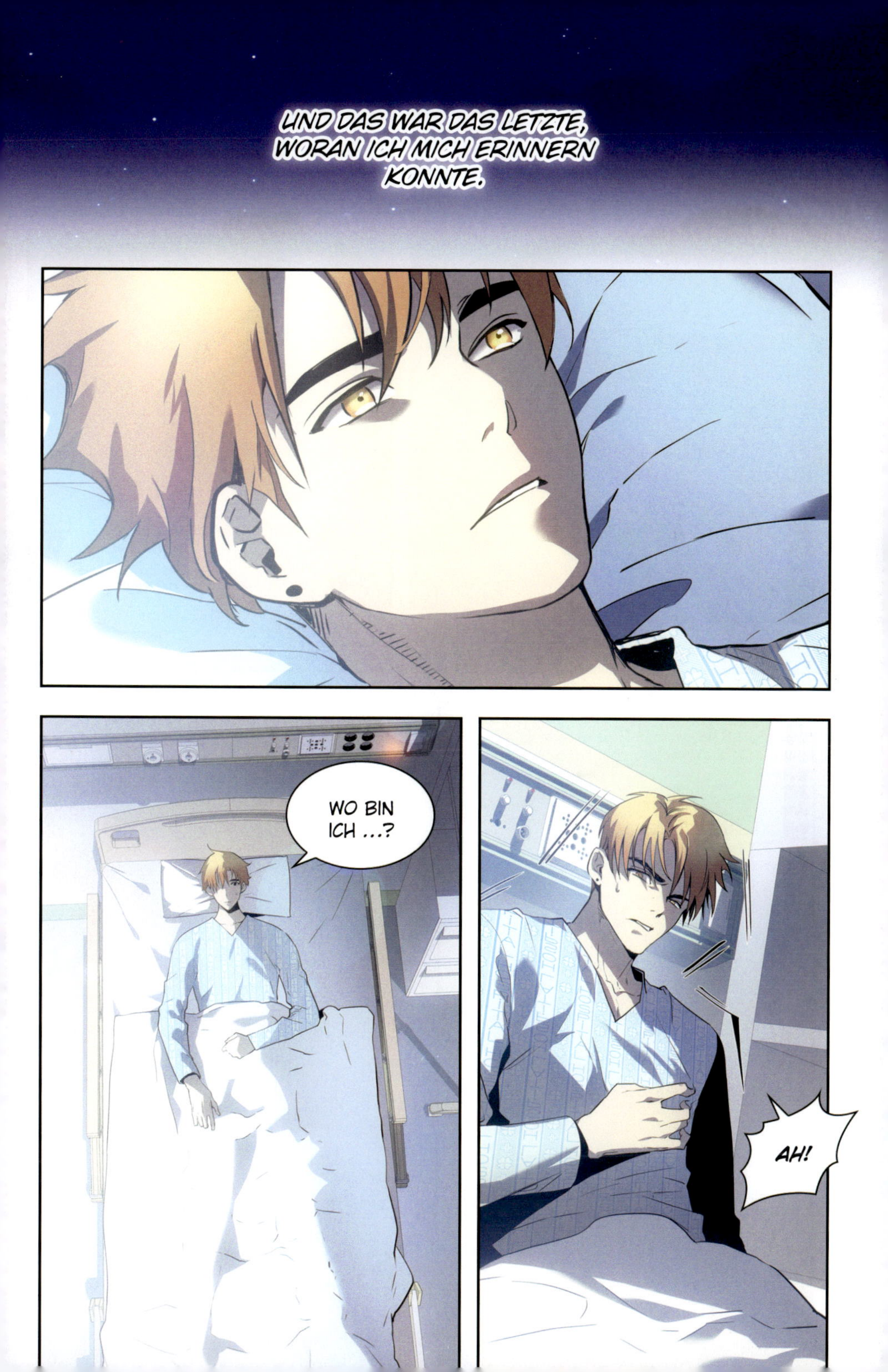
UND DAS WAR DAS LETZTE, WORAN ICH MICH ERINNERN KONNTE.
WO BIN ICH …?
AH!

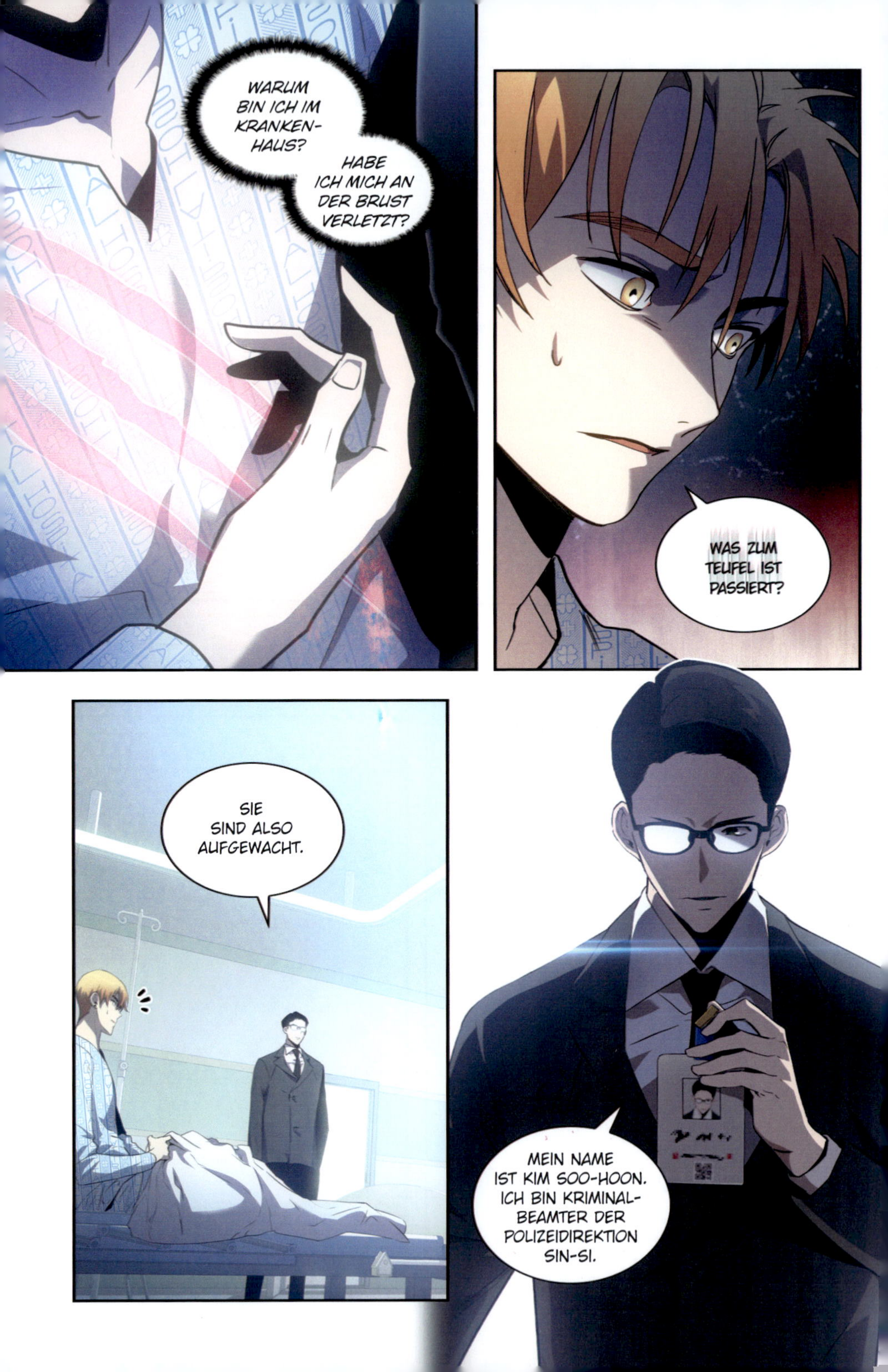
WARUM BIN ICH IM KRANKENHAUS?
HABE ICH MICH AN DER BRUST VERLETZT?
WAS ZUM TEUFEL IST PASSIERT?
SIE SIND ALSO AUFGEWACHT.
MEIN NAME IST KIM SOO-HOON. ICH BIN KRIMINALBEAMTER DER POLIZEIDIREKTION SIN-SI.

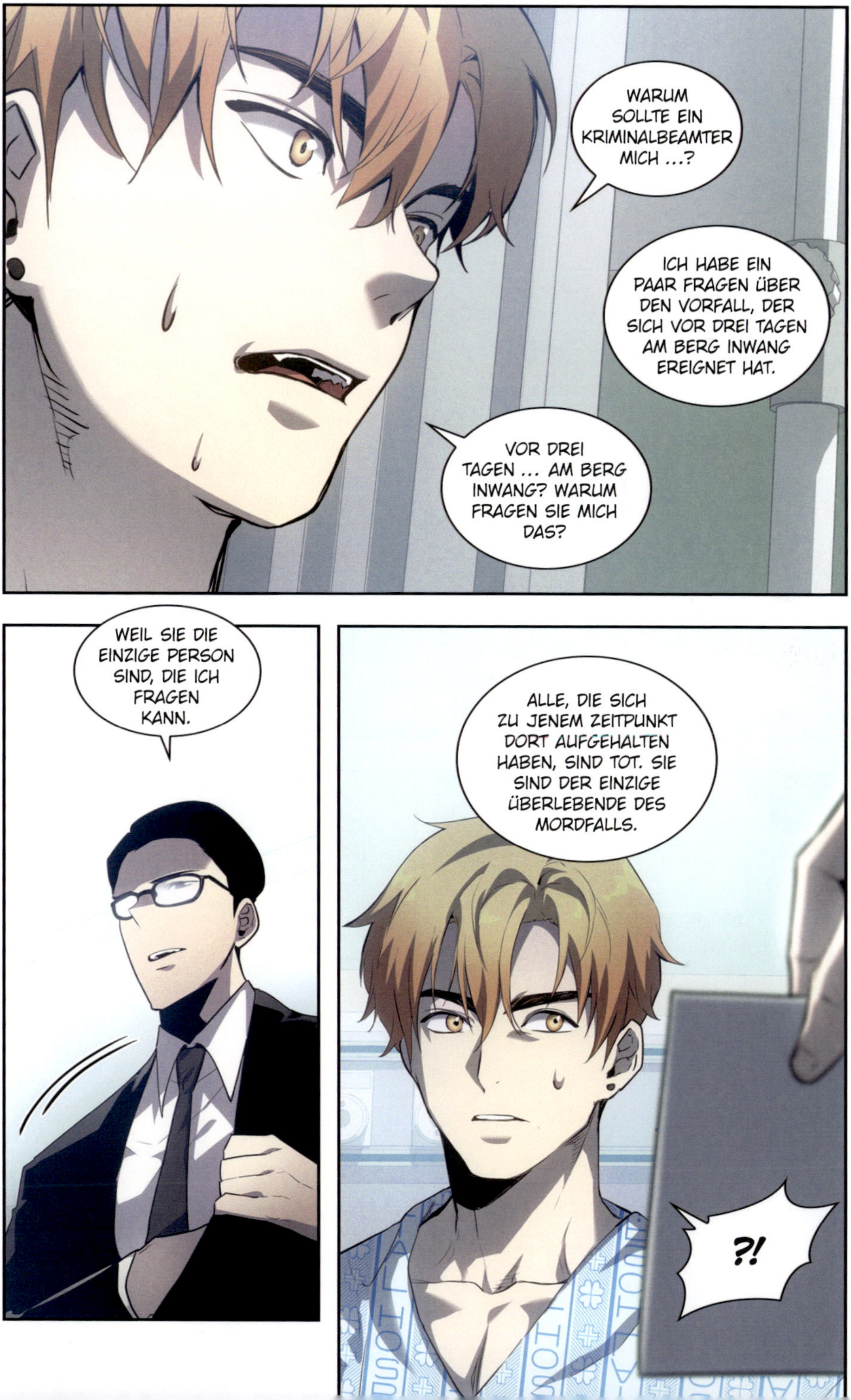
WARUM SOLLTE EIN KRIMINALBEAMTER MICH …?
ICH HABE EIN PAAR FRAGEN ÜBER DEN VORFALL, DER SICH VOR DREI TAGEN AM BERG INWANG EREIGNET HAT.
VOR DREI TAGEN … AM BERG INWANG? WARUM FRAGEN SIE MICH DAS?
WEIL SIE DIE EINZIGE PERSON SIND, DIE ICH FRAGEN KANN.
ALLE, DIE SICH ZU JENEM ZEITPUNKT DORT AUFGEHALTEN HABEN, SIND TOT. SIE SIND DER EINZIGE ÜBERLEBENDE DES MORDFALLS.
?!

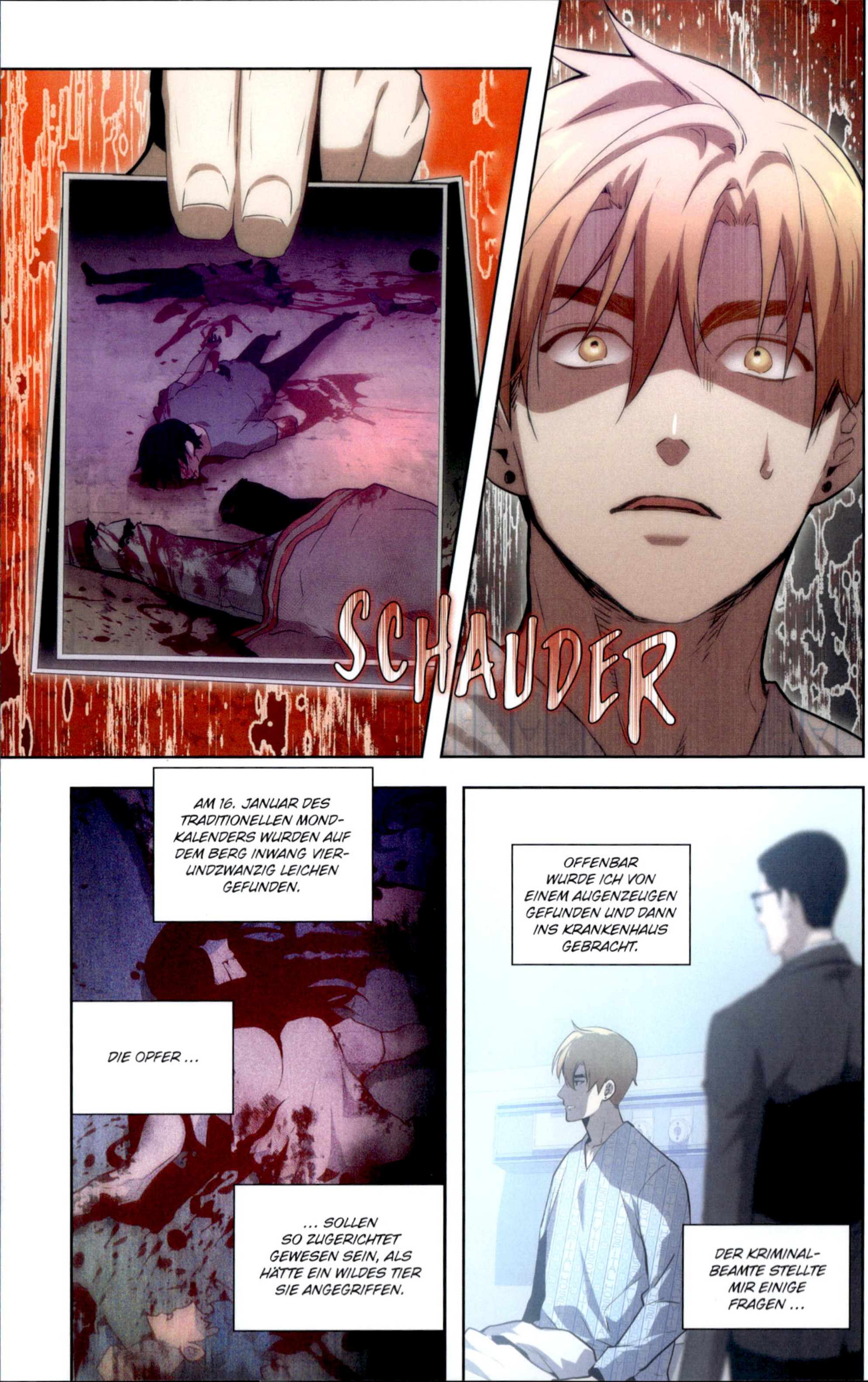
SCHAUDER
AM 16. JANUAR DES TRADITIONELLEN MOND-KALENDERS WURDEN AUF DEM BERG INWANG VIER-UNDZWANZIG LEICHEN GEFUNDEN.
DIE OPFER …
… SOLLEN SO ZUGERICHTET GEWESEN SEIN, ALS HÄTTE EIN WILDES TIER SIE ANGEGRIFFEN.
OFFENBAR WURDE ICH VON EINEM AUGENZEUGEN GEFUNDEN UND DANN INS KRANKENHAUS GEBRACHT.
DER KRIMINAL-BEAMTE STELLTE MIR EINIGE FRAGEN …

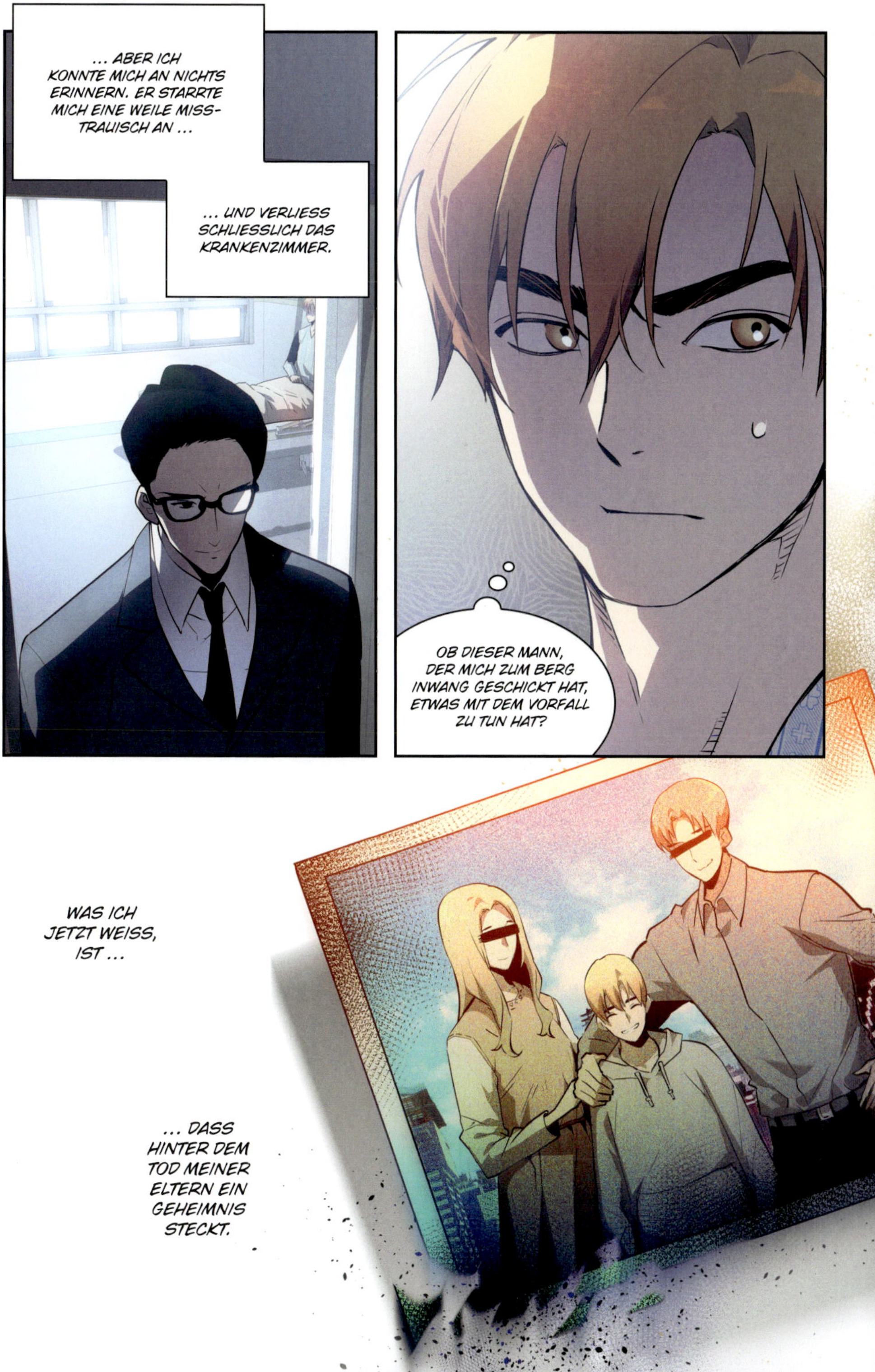
… ABER ICH KONNTE MICH AN NICHTS ERINNERN. ER STARRTE MICH EINE WEILE MISS-TRAUISCH AN …
… UND VERLIESS SCHLIESSLICH DAS KRANKENZIMMER.
OB DIESER MANN, DER MICH ZUM BERG INWANG GESCHICKT HAT, ETWAS MIT DEM VORFALL ZU TUN HAT?
WAS ICH JETZT WEISS, IST …
… DASS HINTER DEM TOD MEINER ELTERN EIN GEHEIMNIS STECKT.

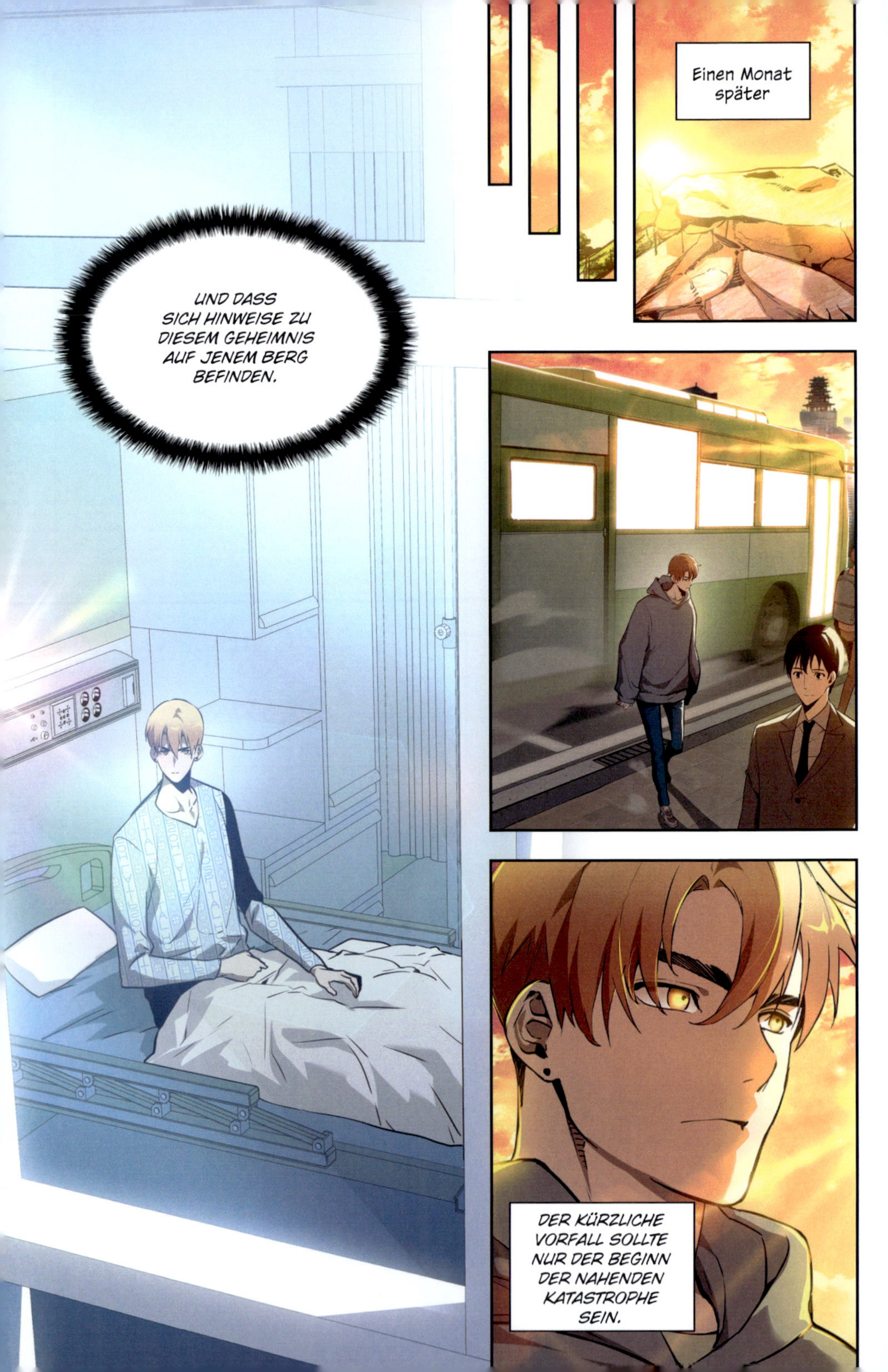
UND DASS SICH HINWEISE ZU DIESEM GEHEIMNIS AUF JENEM BERG BEFINDEN.
Einen Monat später
DER KÜRZLICHE VORFALL SOLLTE NUR DER BEGINN DER NAHENDEN KATASTROPHE SEIN.

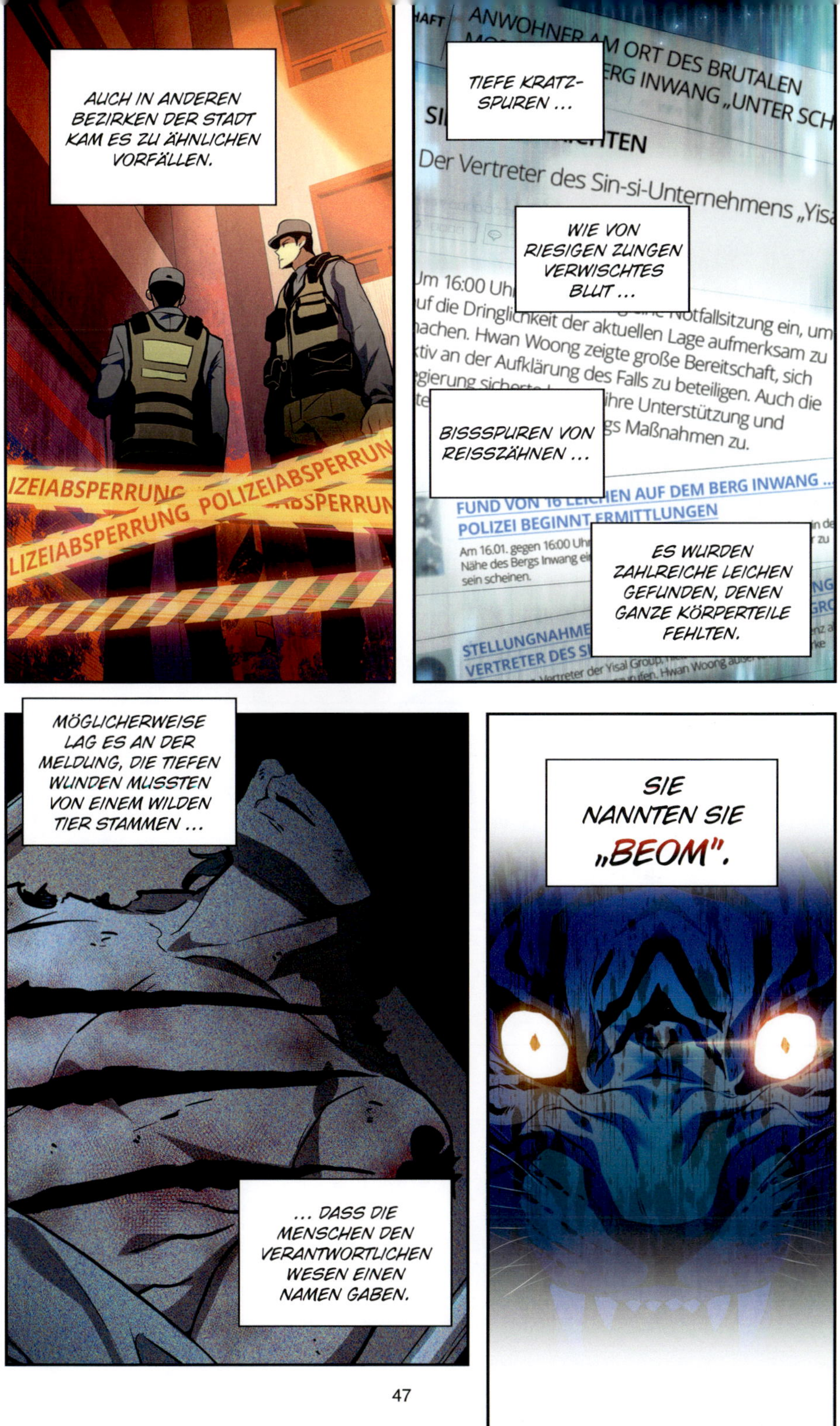
AUCH IN ANDEREN BEZIRKEN DER STADT KAM ES ZU ÄHNLICHEN VORFÄLLEN.
POLIZEIABSPERRUNG
TIEFE KRATZSPUREN …
WIE VON RIESIGEN ZUNGEN VERWISCHTES BLUT …
BISSSPUREN VON REISSZÄHNEN …
ES WURDEN ZAHLREICHE LEICHEN GEFUNDEN, DENEN GANZE KÖRPERTEILE FEHLTEN.
Der Vertreter des Sin-si-Unternehmens „Yisa
POLIZEI BEGINNT ERMITTLUNGEN
MÖGLICHERWEISE LAG ES AN DER MELDUNG, DIE TIEFEN WUNDEN MUSSTEN VON EINEM WILDEN TIER STAMMEN …
… DASS DIE MENSCHEN DEN VERANTWORTLICHEN WESEN EINEN NAMEN GABEN.
SIE NANNTEN SIE „BEOM“.

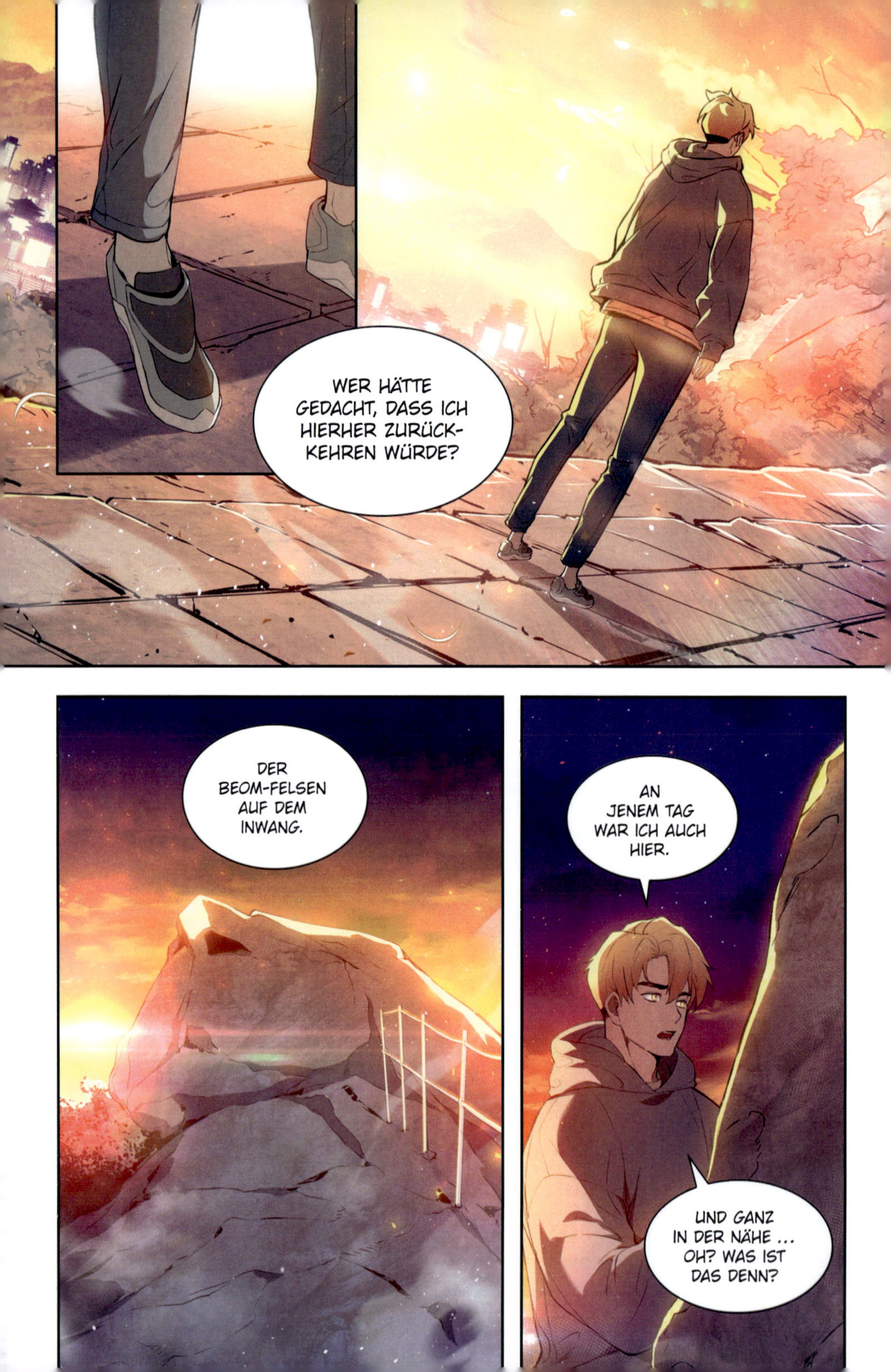
WER HÄTTE GEDACHT, DASS ICH HIERHER ZURÜCK-KEHREN WÜRDE?
DER BEOM-FELSEN AUF DEM INWANG.
AN JENEM TAG WAR ICH AUCH HIER.
UND GANZ IN DER NÄHE … OH? WAS IST DAS DENN?

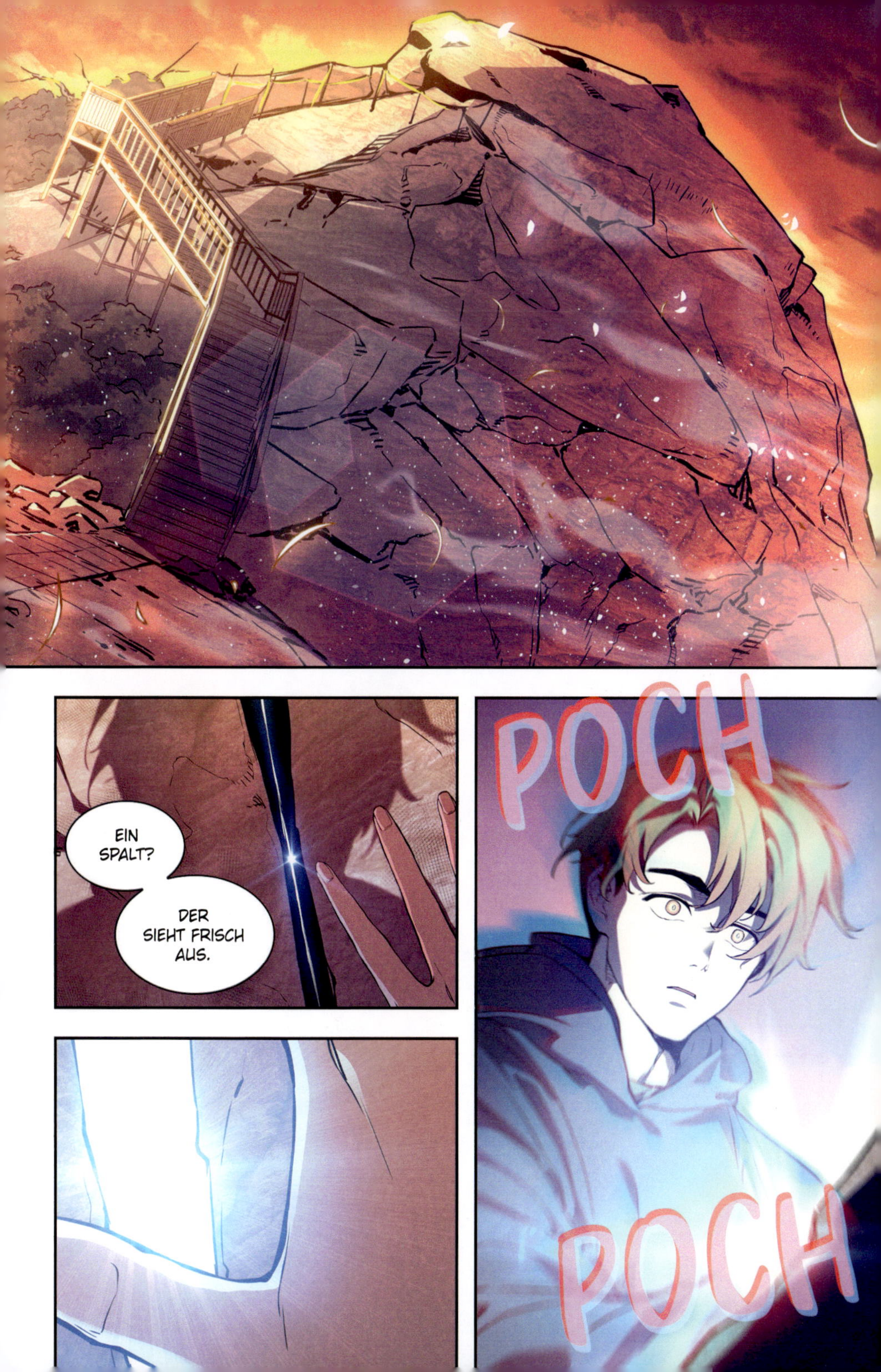
EIN SPALT?
DER SIEHT FRISCH AUS.
POCH
POCH

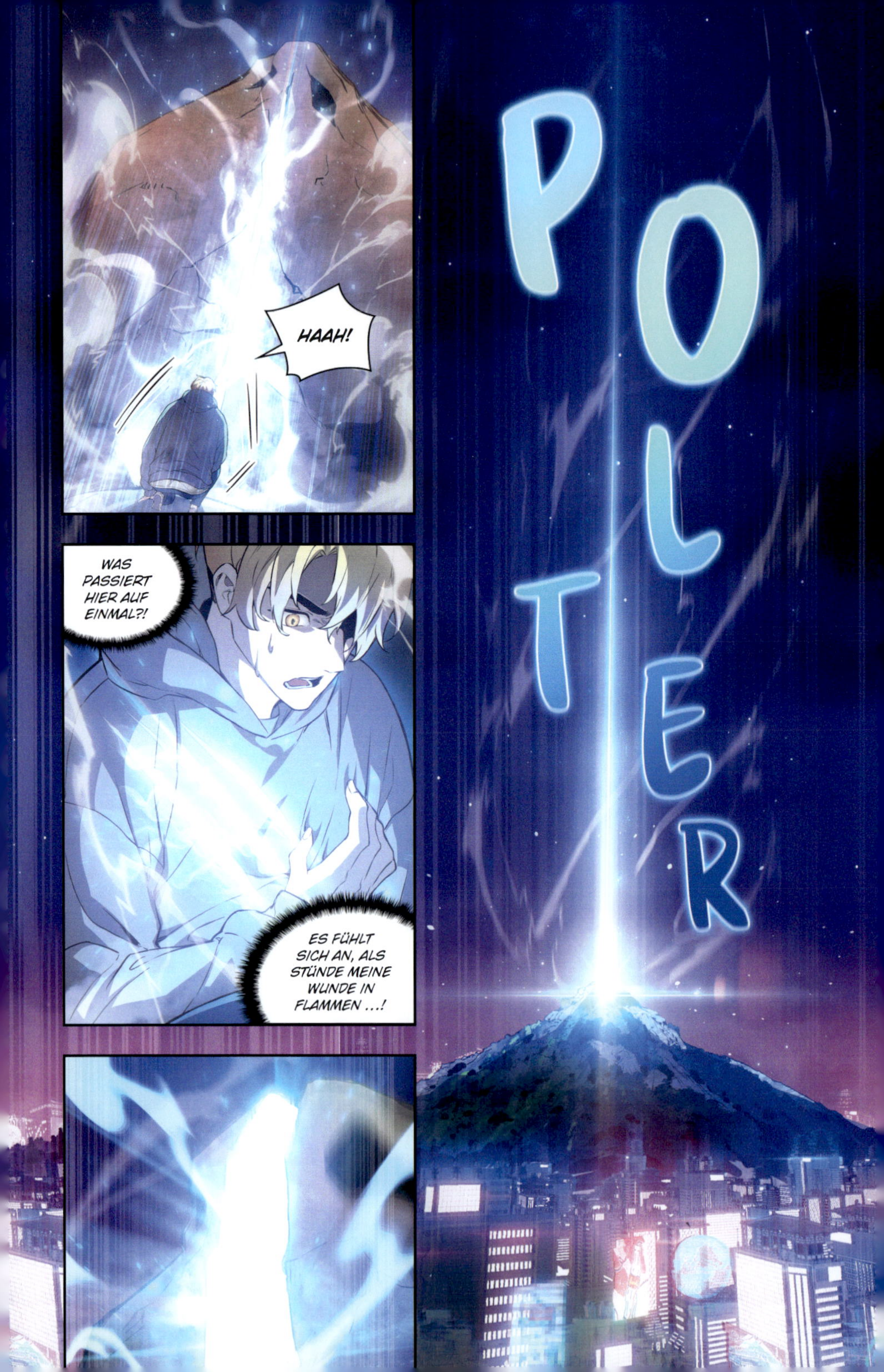
HAAH!
WAS PASSIERT HIER AUF EINMAL?!
ES FÜHLT SICH AN, ALS STÜNDE MEINE WUNDE IN FLAMMEN ...!
POLTER

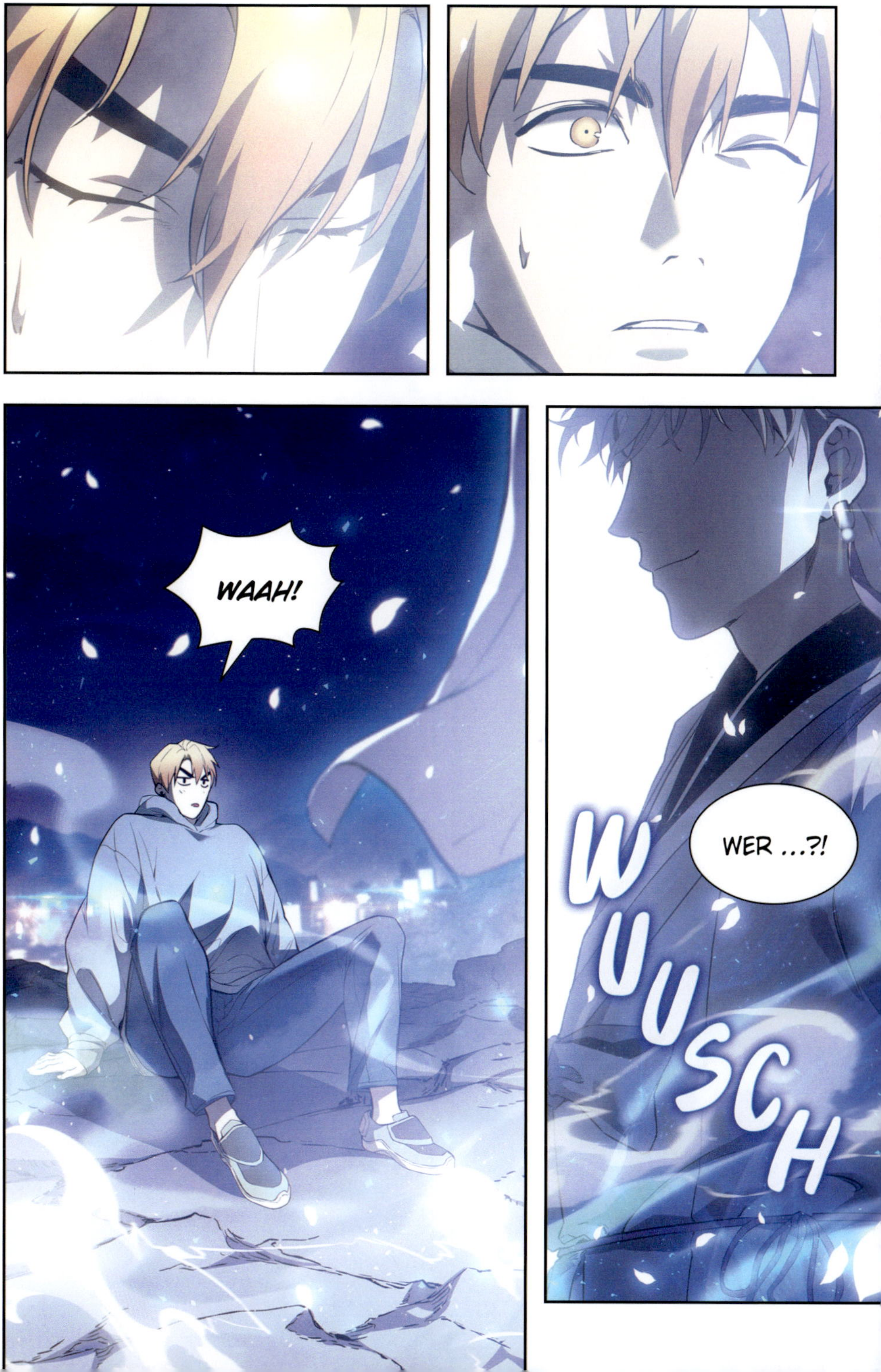
WAAH!
WER ...?!
WUUSCH

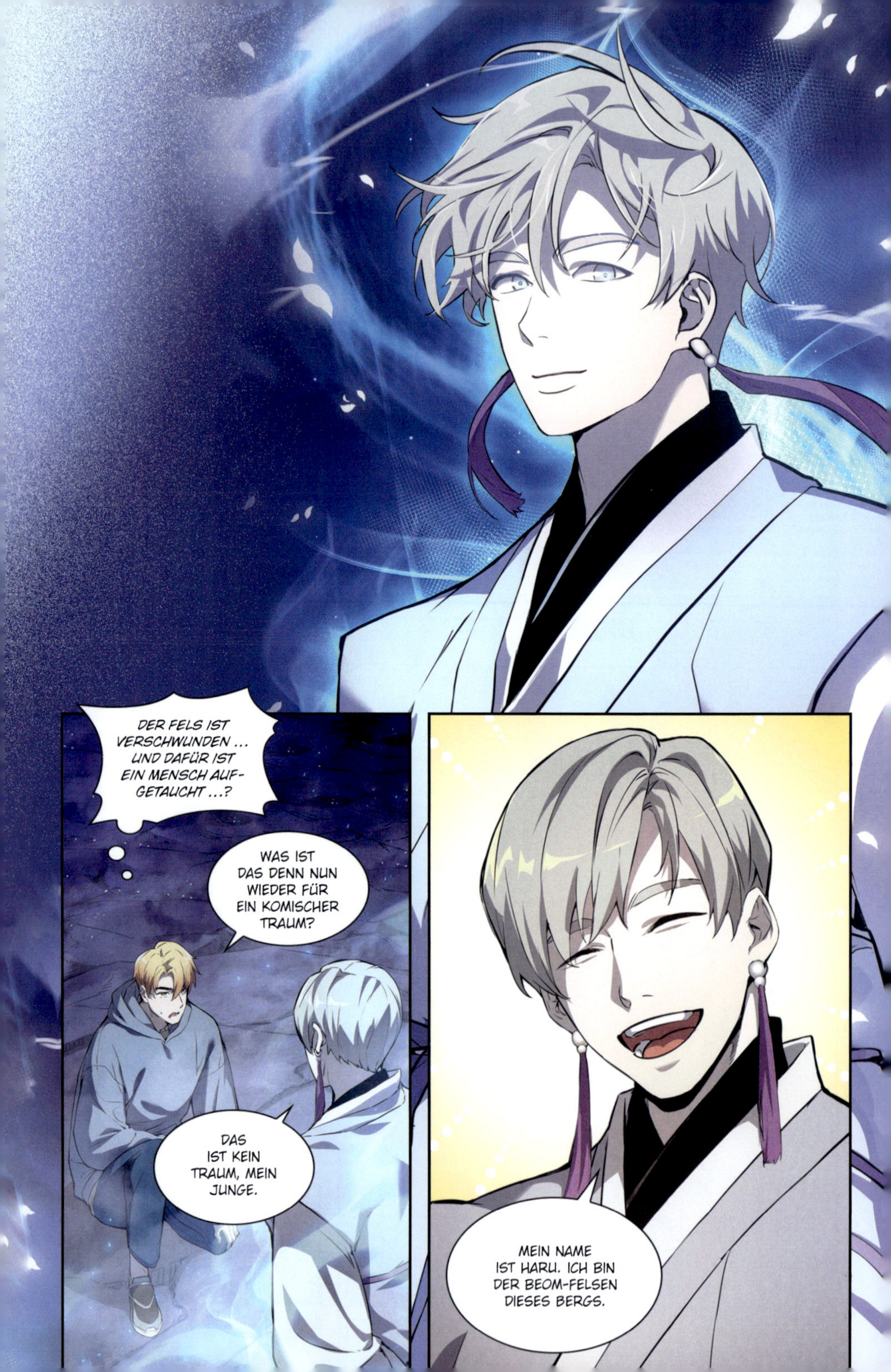
DER FELS IST VERSCHWUNDEN … UND DAFÜR IST EIN MENSCH AUF-GETAUCHT …?
WAS IST DAS DENN NUN WIEDER FÜR EIN KOMISCHER TRAUM?
DAS IST KEIN TRAUM, MEIN JUNGE.
MEIN NAME IST HARU. ICH BIN DER BEOM-FELSEN DIESES BERGS.

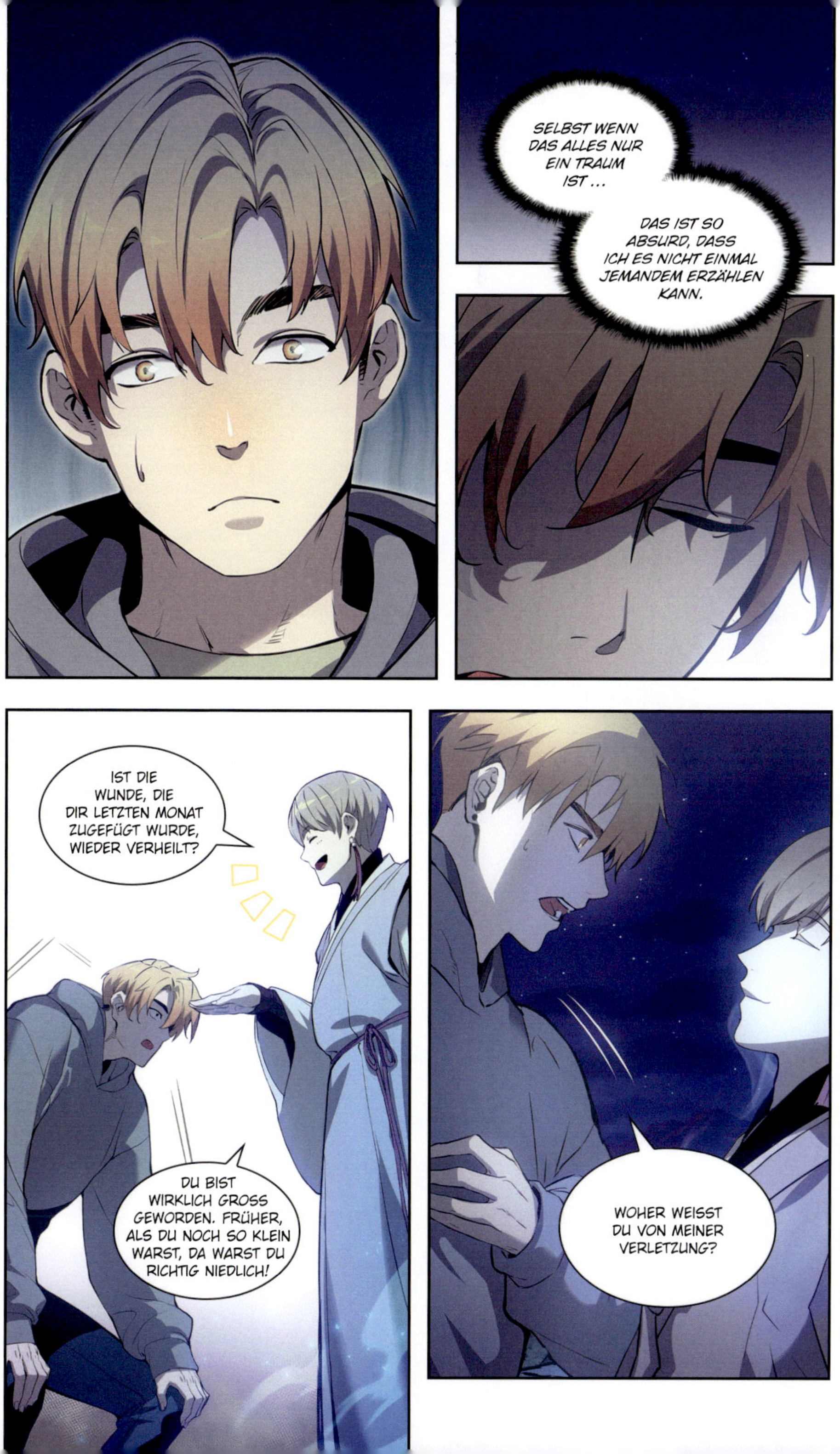
SELBST WENN DAS ALLES NUR EIN TRAUM IST …
DAS IST SO ABSURD, DASS ICH ES NICHT EINMAL JEMANDEM ERZÄHLEN KANN.
IST DIE WUNDE, DIE DIR LETZTEN MONAT ZUGEFÜGT WURDE, WIEDER VERHEILT?
DU BIST WIRKLICH GROSS GEWORDEN. FRÜHER, ALS DU NOCH SO KLEIN WARST, DA WARST DU RICHTIG NIEDLICH!
WOHER WEISST DU VON MEINER VERLETZUNG?

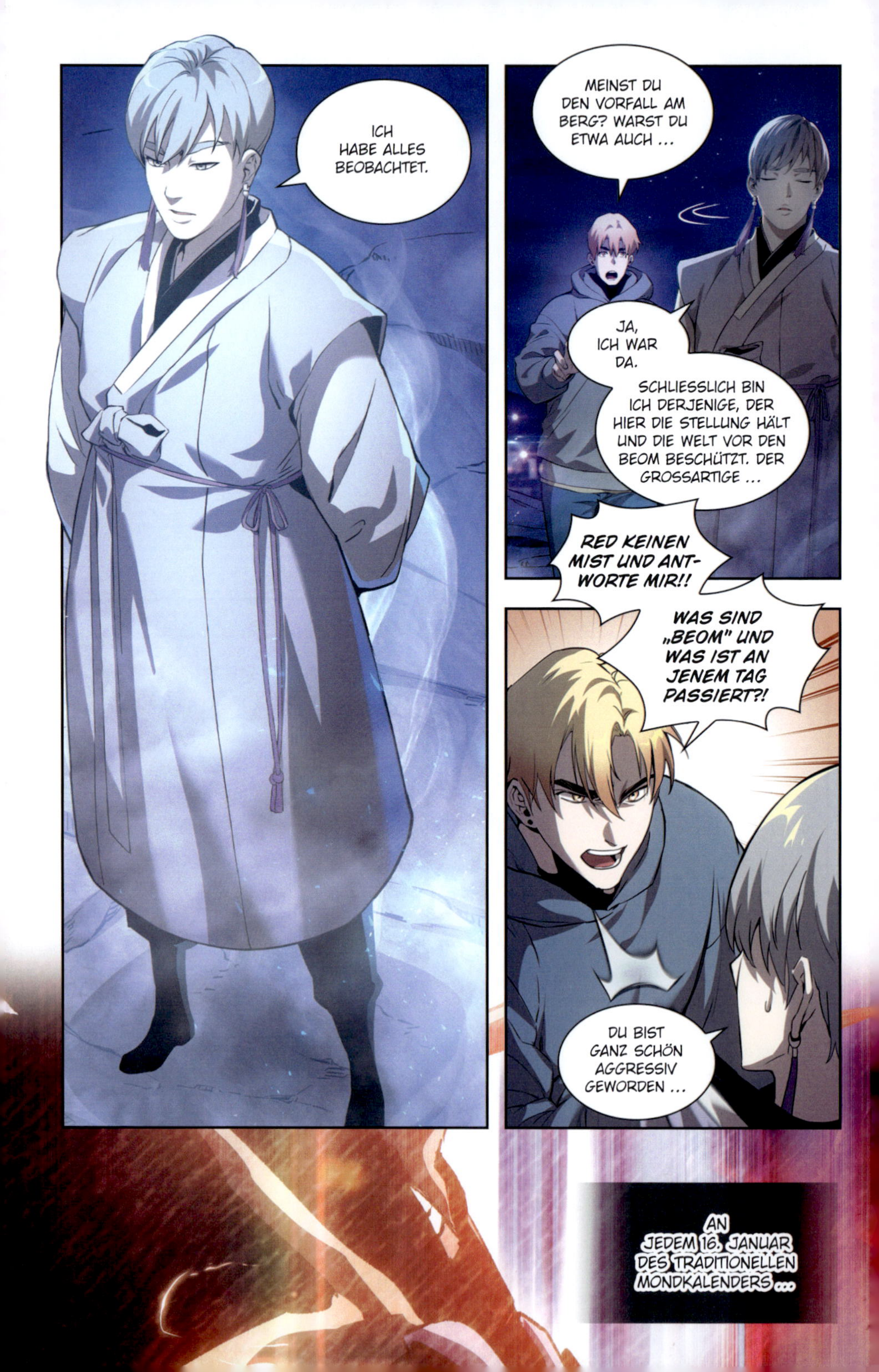
ICH HABE ALLES BEOBACHTET.
MEINST DU DEN VORFALL AM BERG? WARST DU ETWA AUCH …
JA, ICH WAR DA.
SCHLIESSLICH BIN ICH DERJENIGE, DER HIER DIE STELLUNG HÄLT UND DIE WELT VOR DEN BEOM BESCHÜTZT. DER GROSSARTIGE …
RED KEINEN MIST UND ANTWORTE MIR!!
WAS SIND „BEOM" UND WAS IST AN JENEM TAG PASSIERT?!
DU BIST GANZ SCHÖN AGGRESSIV GEWORDEN …
AN JEDEM 16. JANUAR DES TRADITIONELLEN MONDKALENDERS …

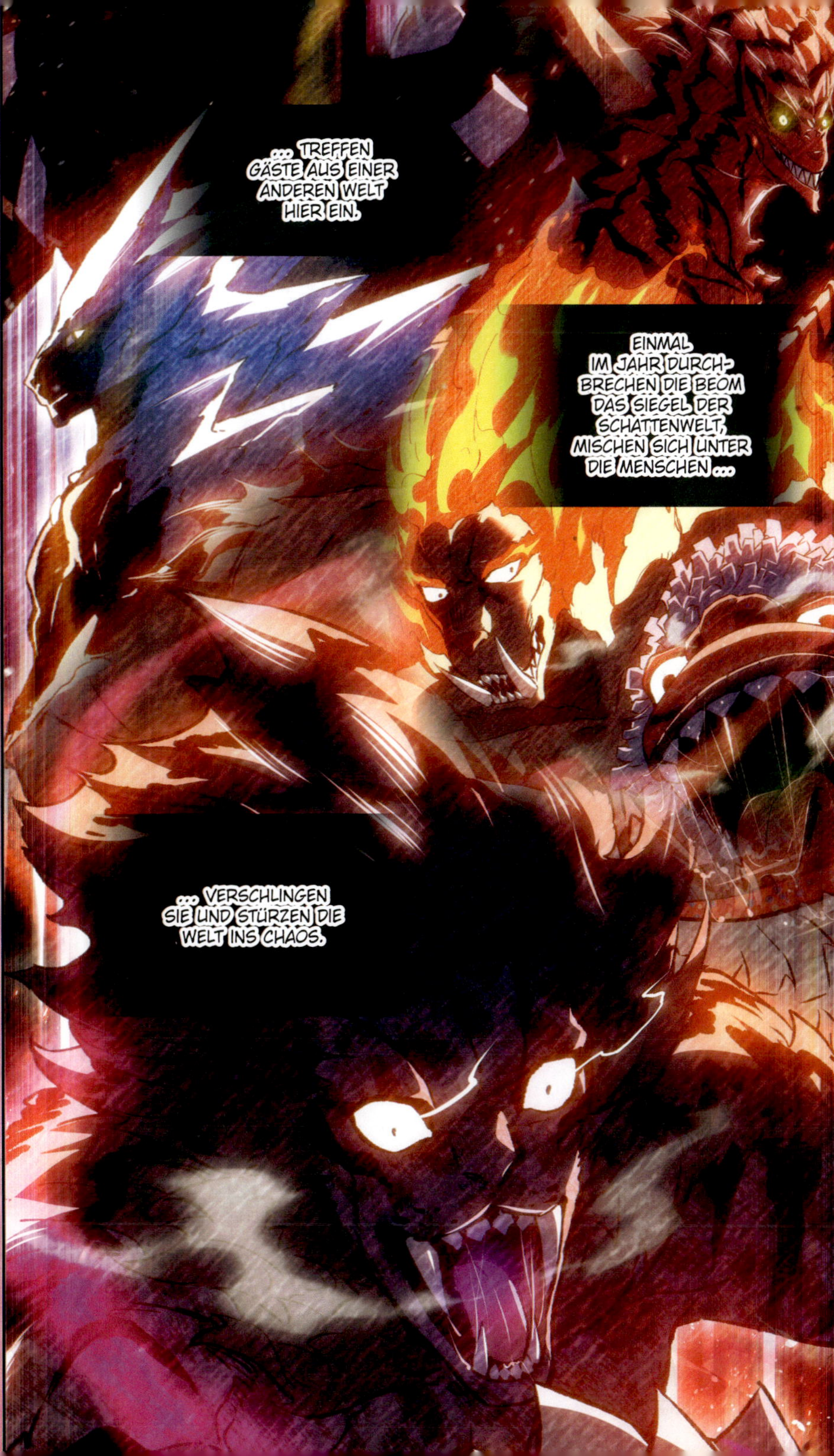
... TREFFEN GÄSTE AUS EINER ANDEREN WELT HIER EIN.
EINMAL IM JAHR DURCHBRECHEN DIE BEOM DAS SIEGEL DER SCHATTENWELT, MISCHEN SICH UNTER DIE MENSCHEN ...
... VERSCHLINGEN SIE UND STÜRZEN DIE WELT INS CHAOS.

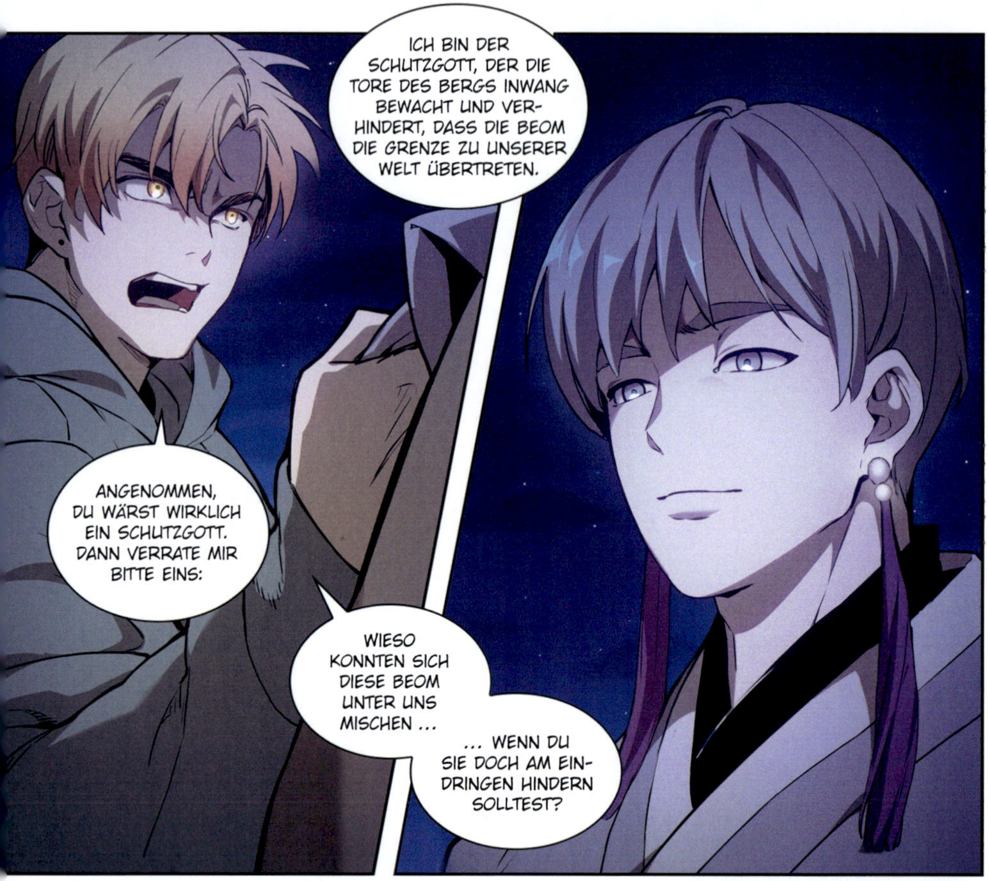
ICH BIN DER SCHUTZGOTT, DER DIE TORE DES BERGS INWANG BEWACHT UND VERHINDERT, DASS DIE BEOM DIE GRENZE ZU UNSERER WELT ÜBERTRETEN.
ANGENOMMEN, DU WÄRST WIRKLICH EIN SCHUTZGOTT. DANN VERRATE MIR BITTE EINS:
WIESO KONNTEN SICH DIESE BEOM UNTER UNS MISCHEN …
… WENN DU SIE DOCH AM EINDRINGEN HINDERN SOLLTEST?

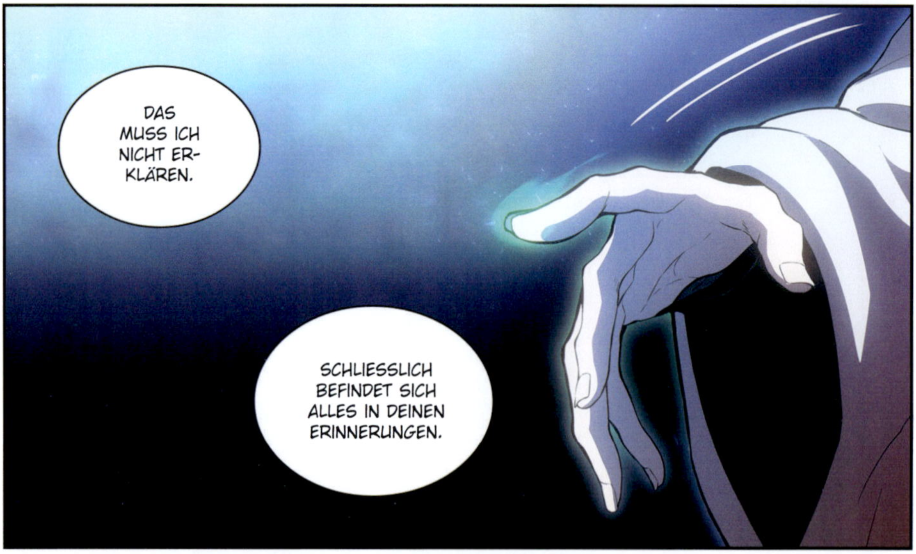
DAS MUSS ICH NICHT ERKLÄREN.
SCHLIESSLICH BEFINDET SICH ALLES IN DEINEN ERINNERUNGEN.

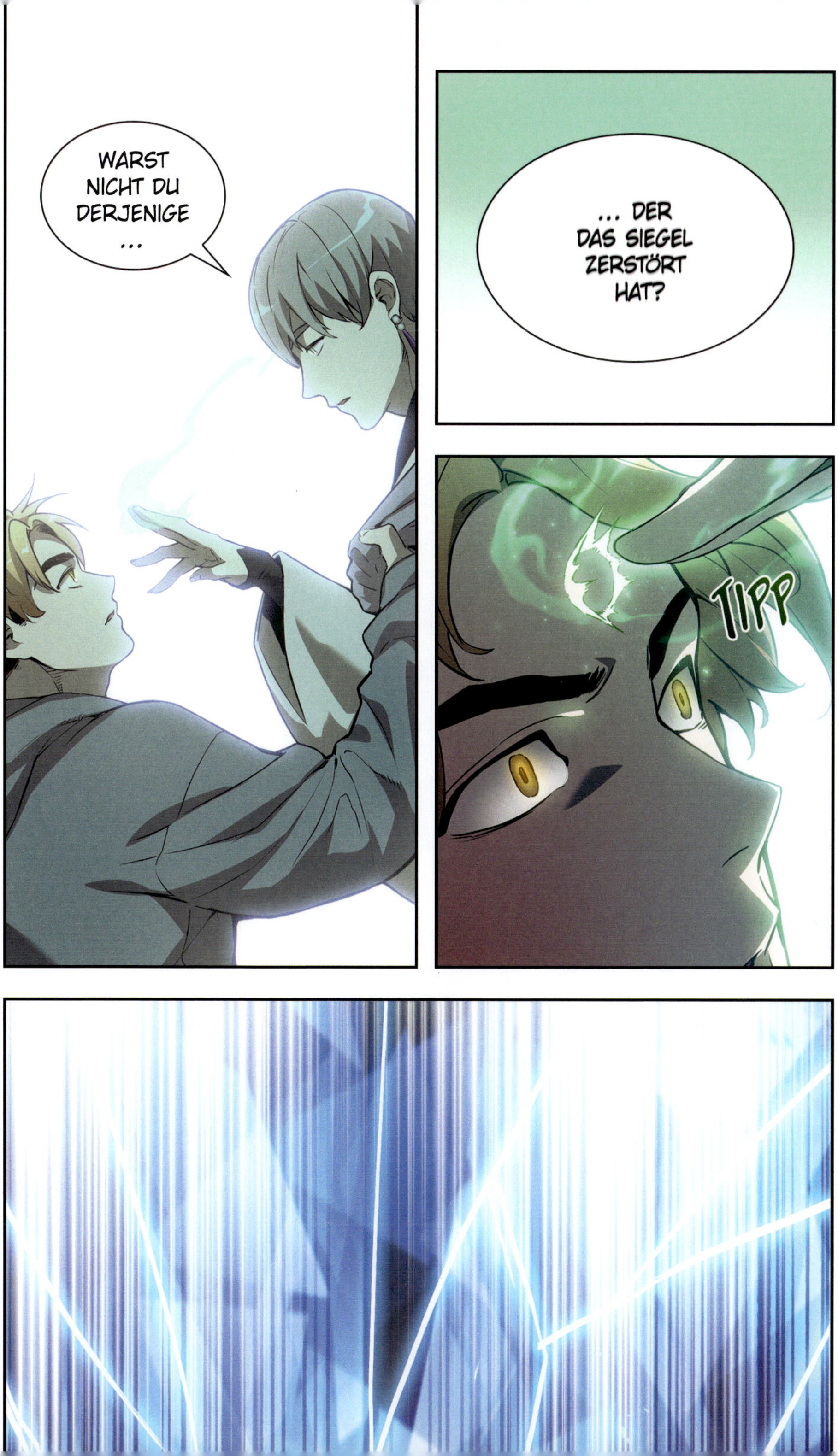
WARST NICHT DU DERJENIGE …
… DER DAS SIEGEL ZERSTÖRT HAT?
TIPP

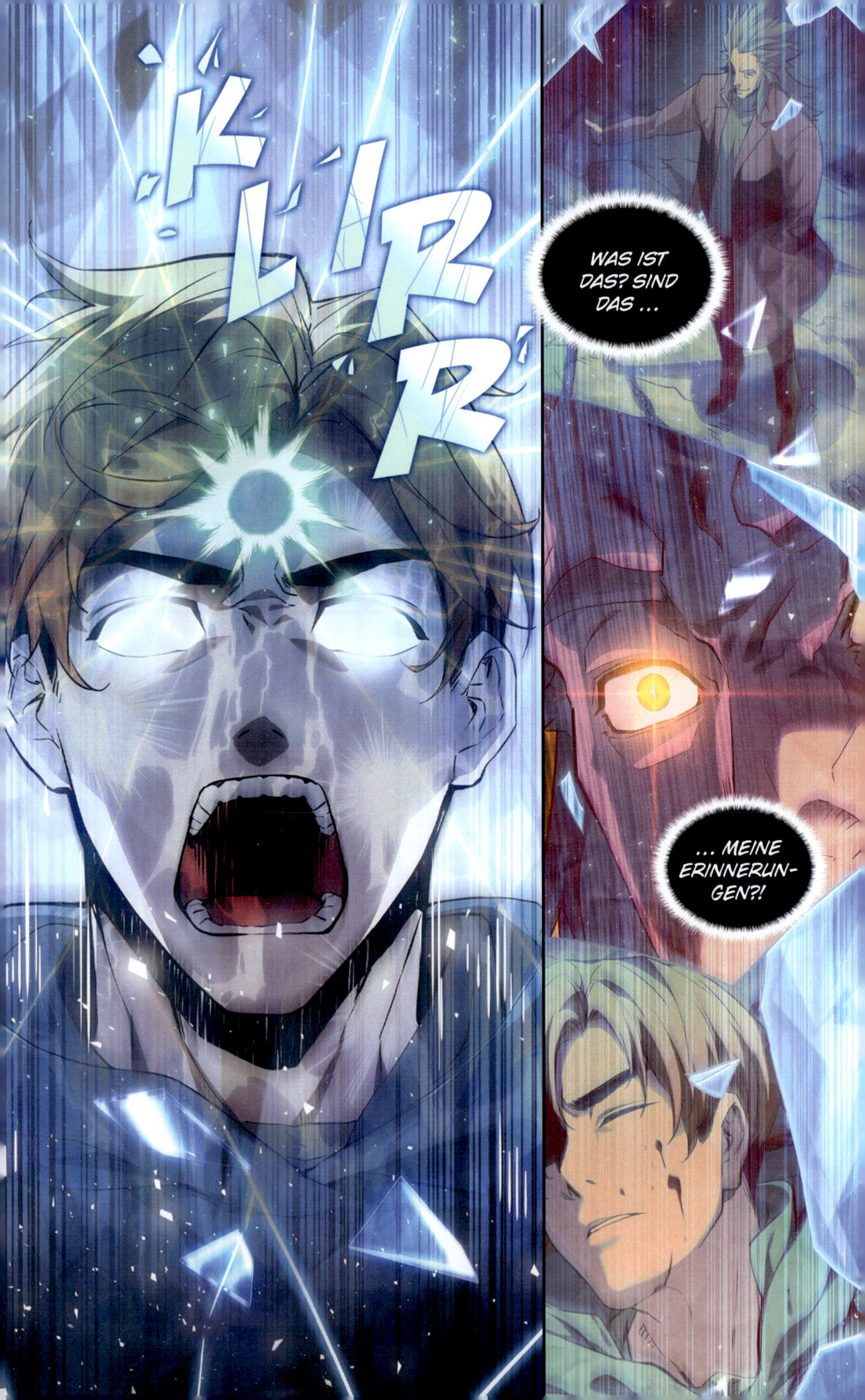
KLIRR
WAS IST DAS? SIND DAS ...
... MEINE ERINNERUN-GEN?!

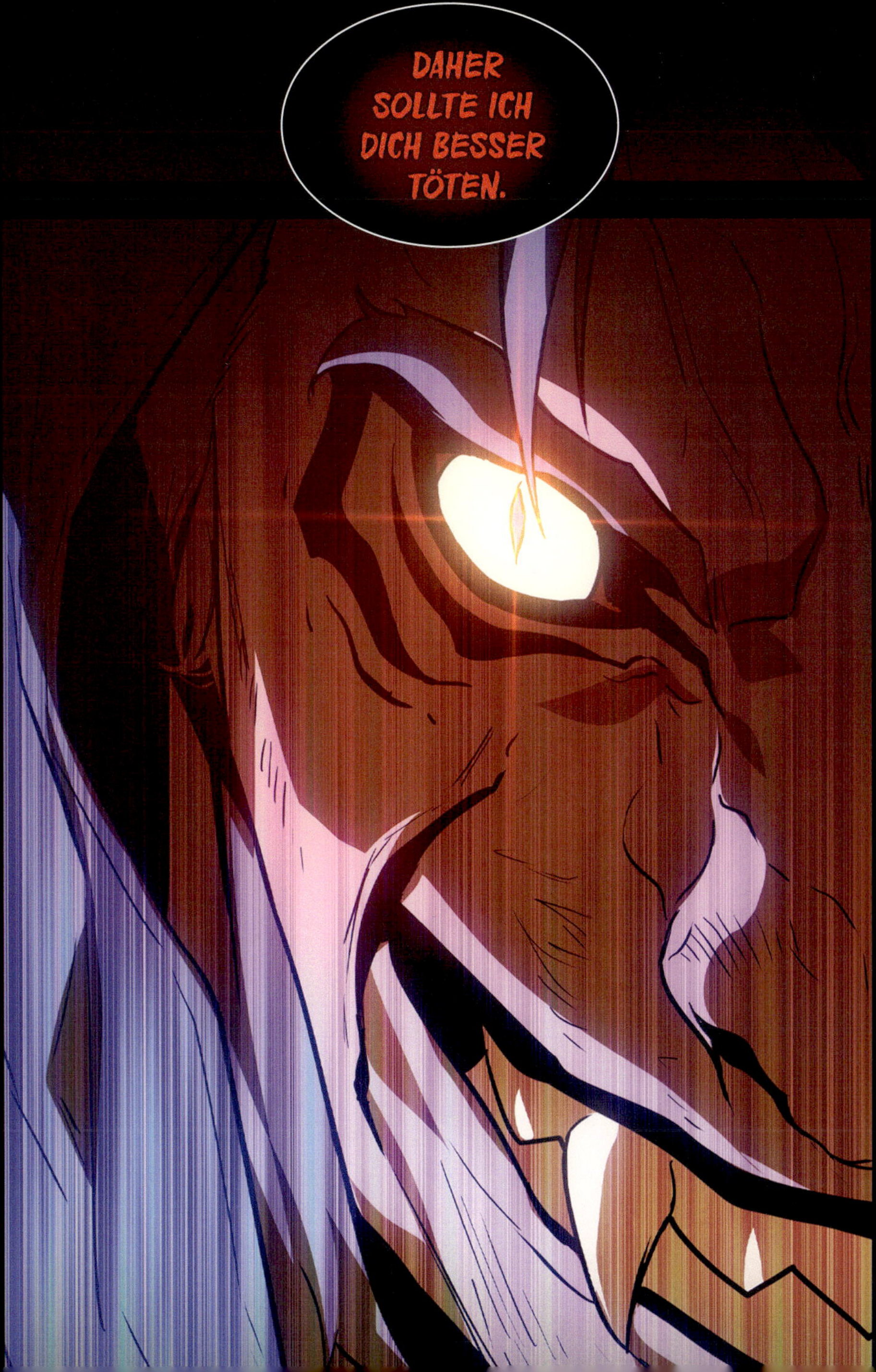
DAHER SOLLTE ICH DICH BESSER TÖTEN.

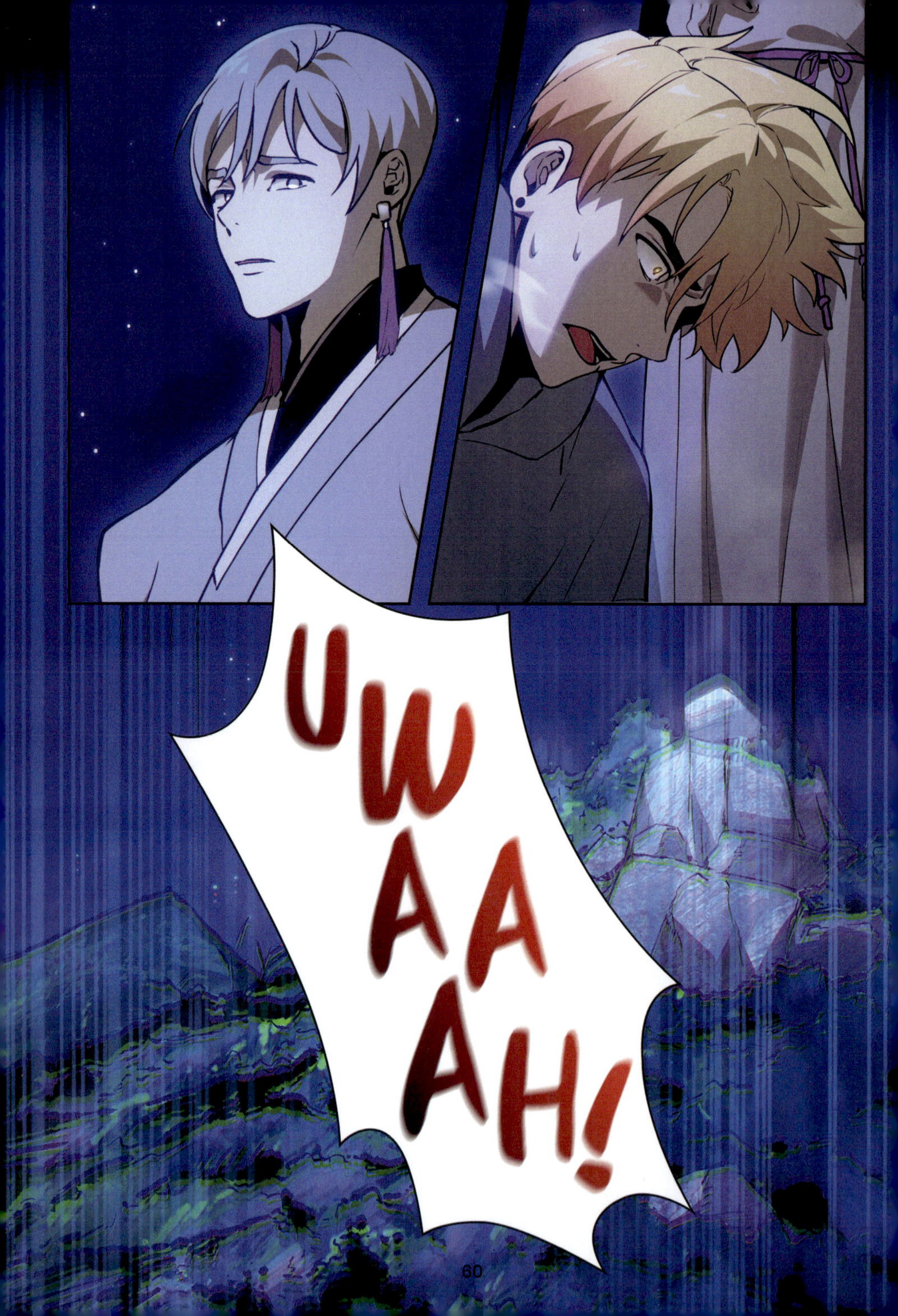
UWAAAH!

EPISODE 2

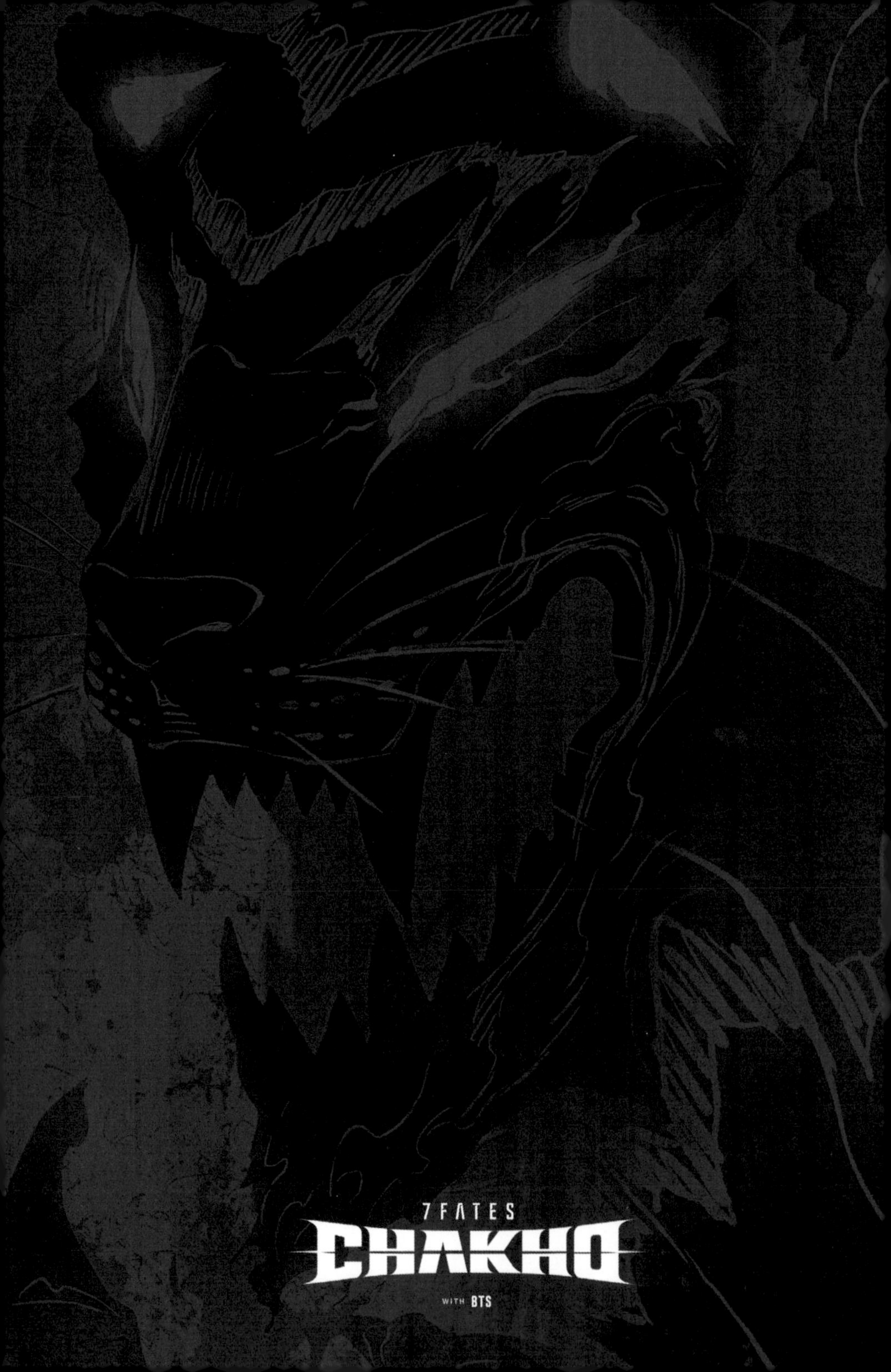
7FATES
CHAKHO
WITH BTS

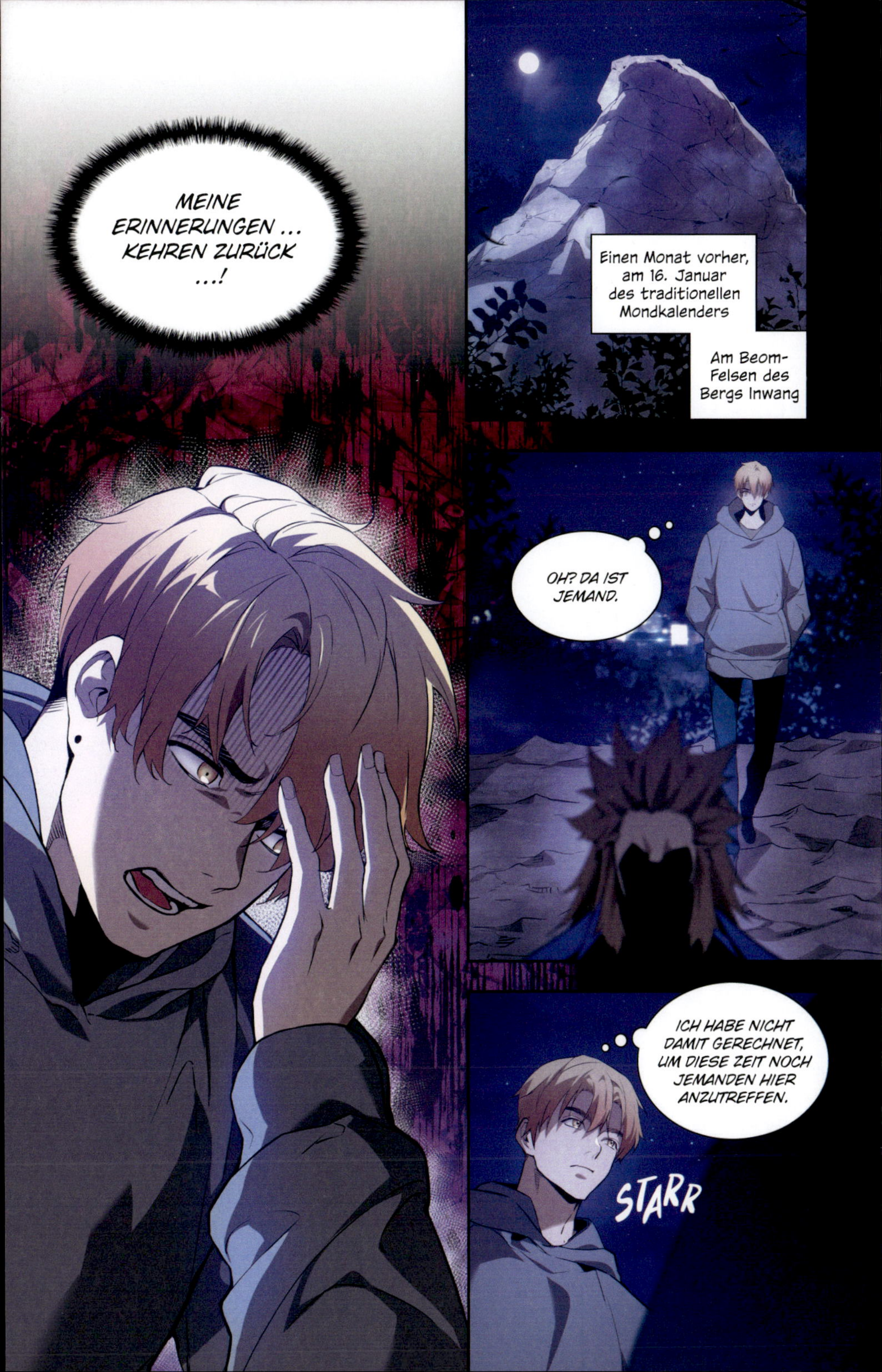
MEINE ERINNERUNGEN ... KEHREN ZURÜCK ...!
Einen Monat vorher, am 16. Januar des traditionellen Mondkalenders
Am Beom-Felsen des Bergs Inwang
OH? DA IST JEMAND.
ICH HABE NICHT DAMIT GERECHNET, UM DIESE ZEIT NOCH JEMANDEN HIER ANZUTREFFEN.
STARR

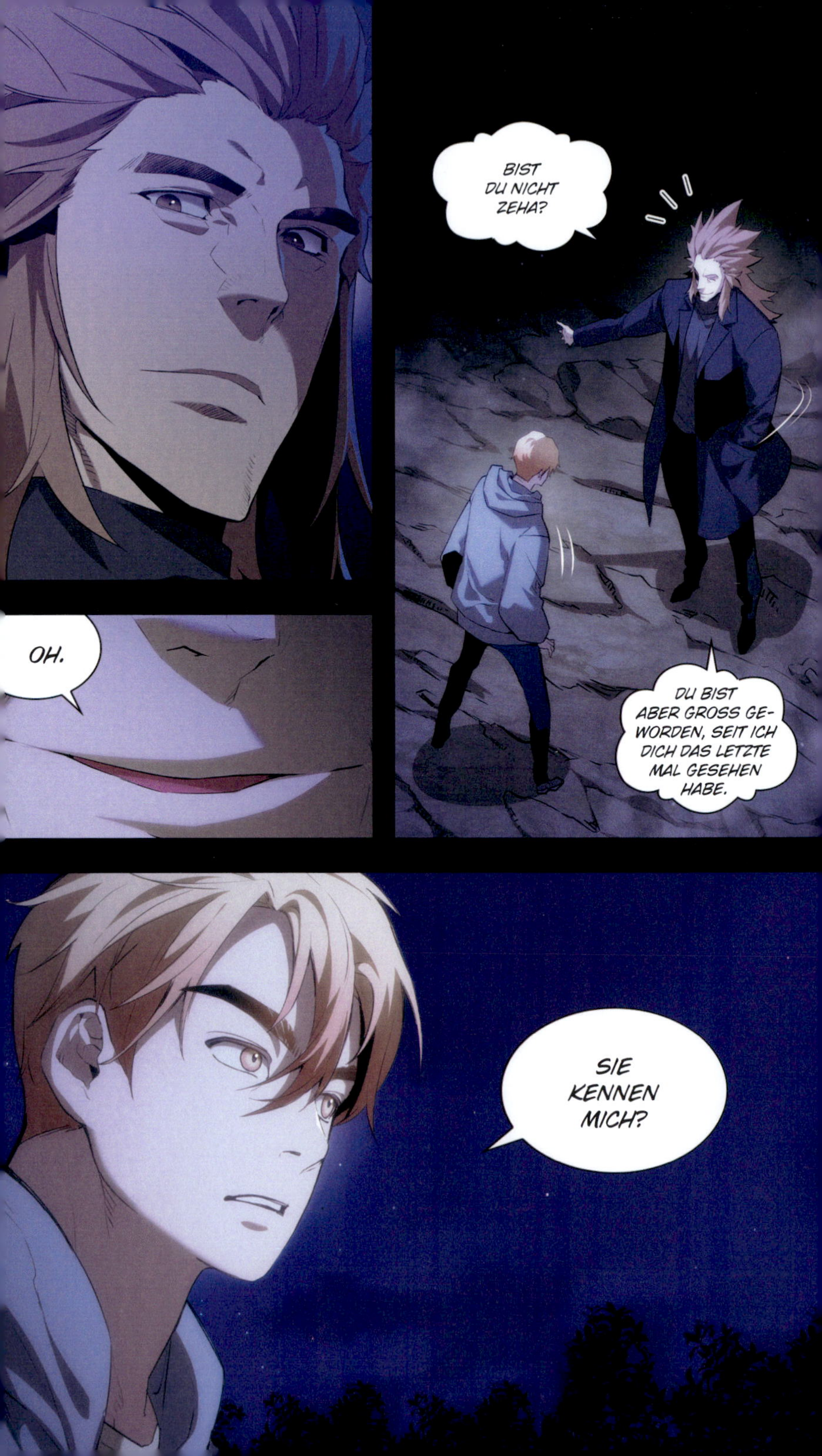
BIST DU NICHT ZEHA?
OH.
DU BIST ABER GROSS GE-WORDEN, SEIT ICH DICH DAS LETZTE MAL GESEHEN HABE.
SIE KENNEN MICH?

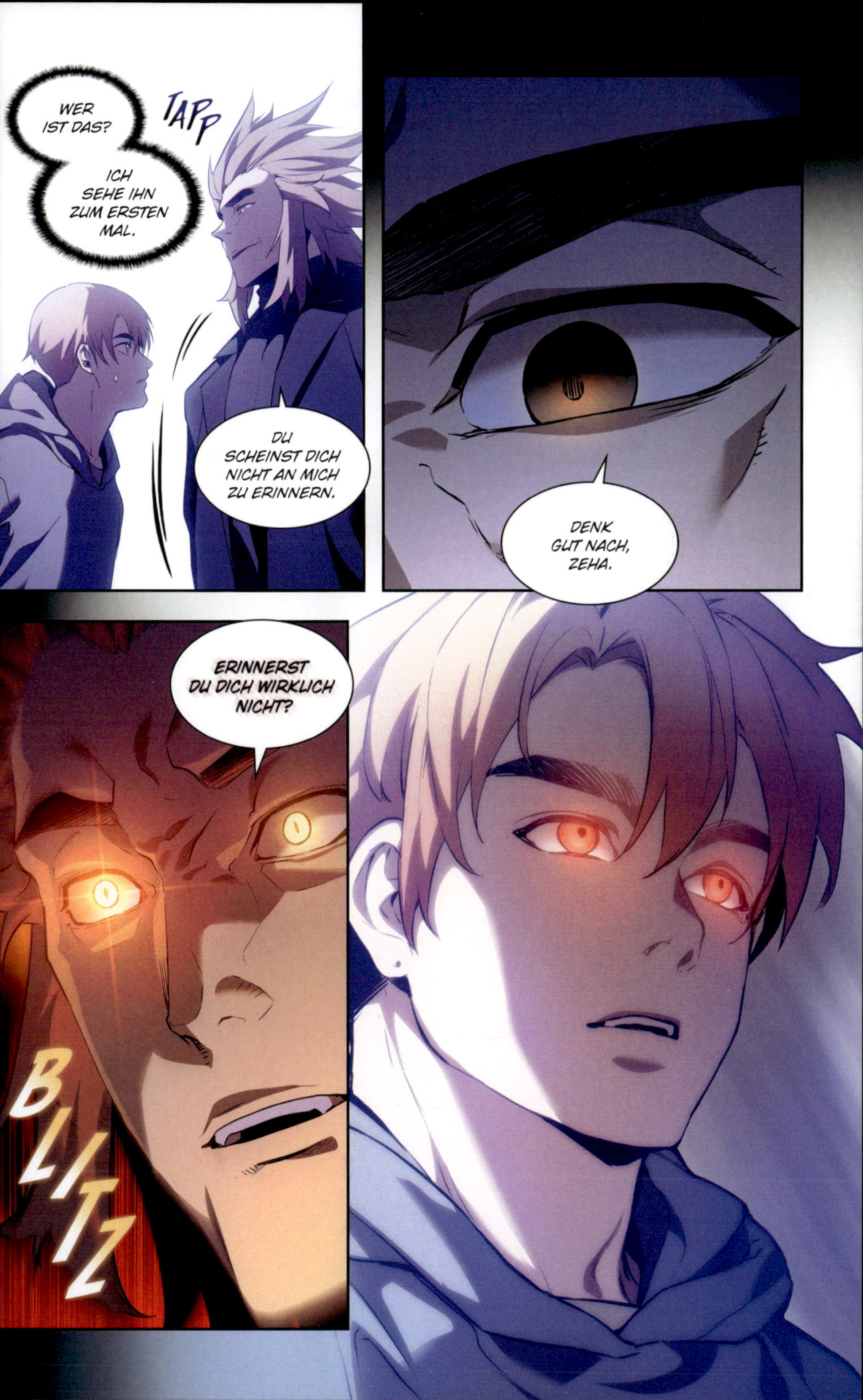

WER IST DAS?
ICH SEHE IHN ZUM ERSTEN MAL.
TAPP
DU SCHEINST DICH NICHT AN MICH ZU ERINNERN.
DENK GUT NACH, ZEHA.
ERINNERST DU DICH WIRKLICH NICHT?
BLITZ

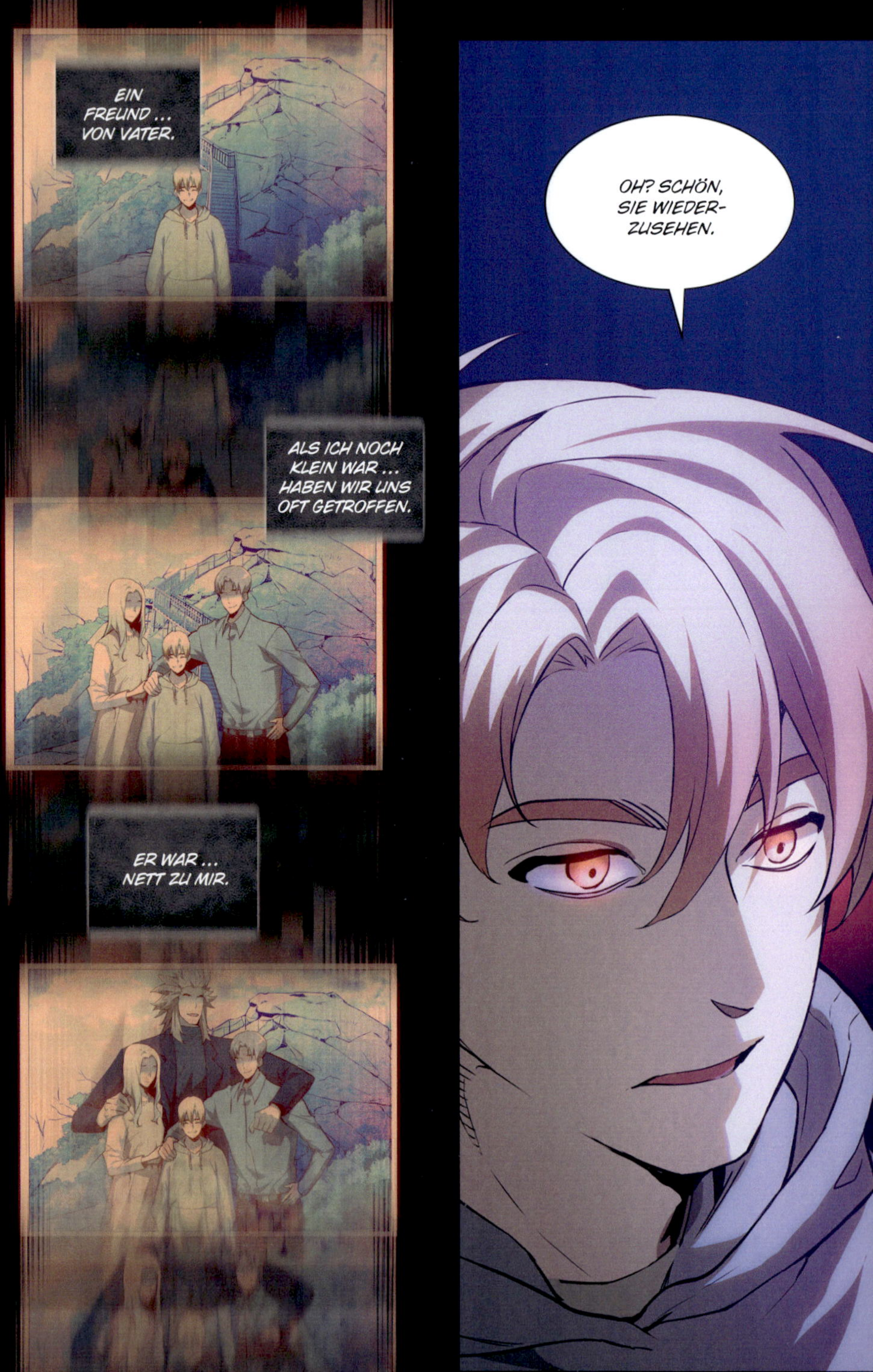
EIN FREUND … VON VATER.
ALS ICH NOCH KLEIN WAR … HABEN WIR UNS OFT GETROFFEN.
ER WAR … NETT ZU MIR.
OH? SCHÖN, SIE WIEDER-ZUSEHEN.

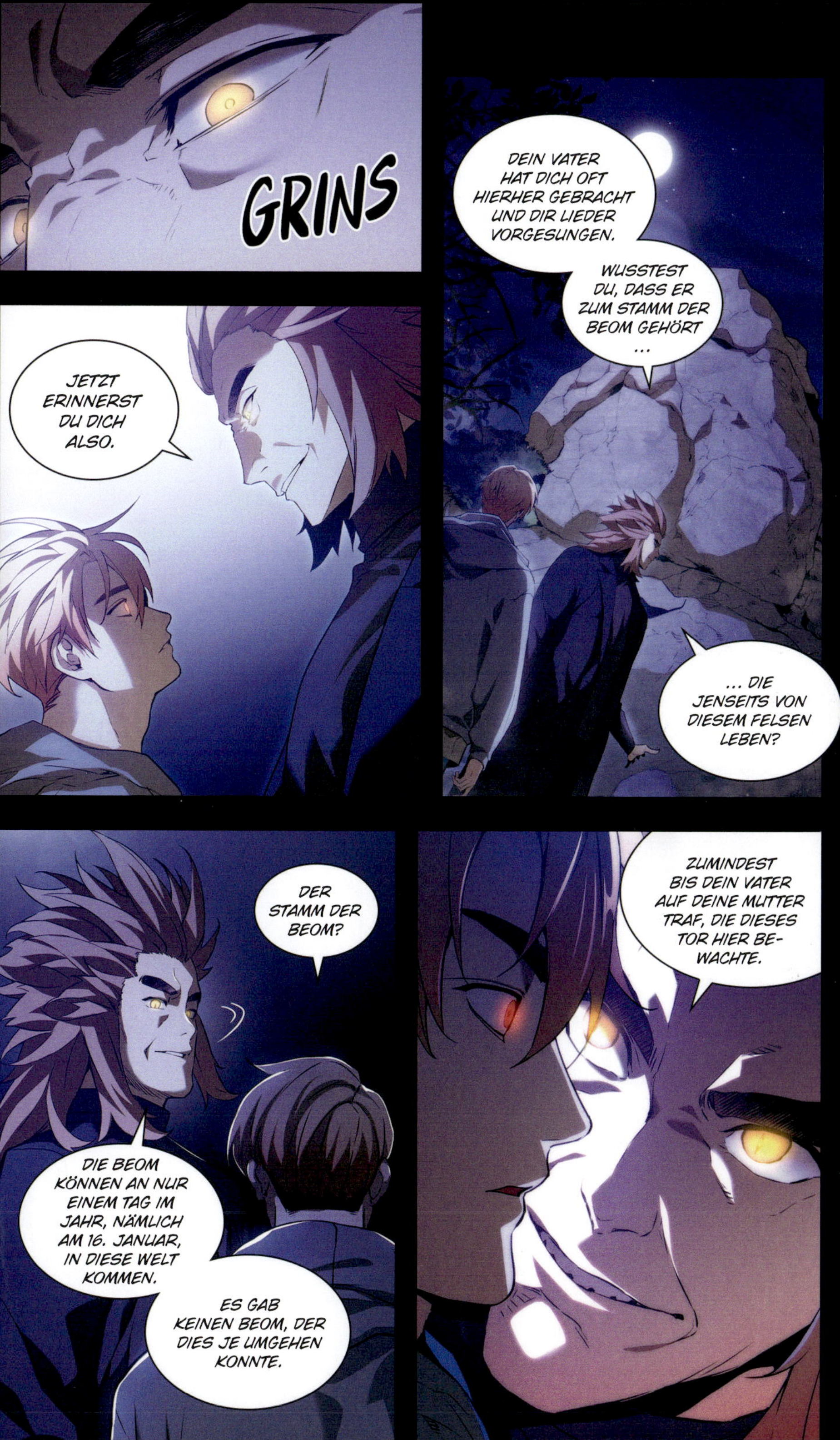
GRINS
JETZT ERINNERST DU DICH ALSO.
DEIN VATER HAT DICH OFT HIERHER GEBRACHT UND DIR LIEDER VORGESUNGEN.
WUSSTEST DU, DASS ER ZUM STAMM DER BEOM GEHÖRT …
… DIE JENSEITS VON DIESEM FELSEN LEBEN?
DER STAMM DER BEOM?
DIE BEOM KÖNNEN AN NUR EINEM TAG IM JAHR, NÄMLICH AM 16. JANUAR, IN DIESE WELT KOMMEN.
ES GAB KEINEN BEOM, DER DIES JE UMGEHEN KONNTE.
ZUMINDEST BIS DEIN VATER AUF DEINE MUTTER TRAF, DIE DIESES TOR HIER BE-WACHTE.

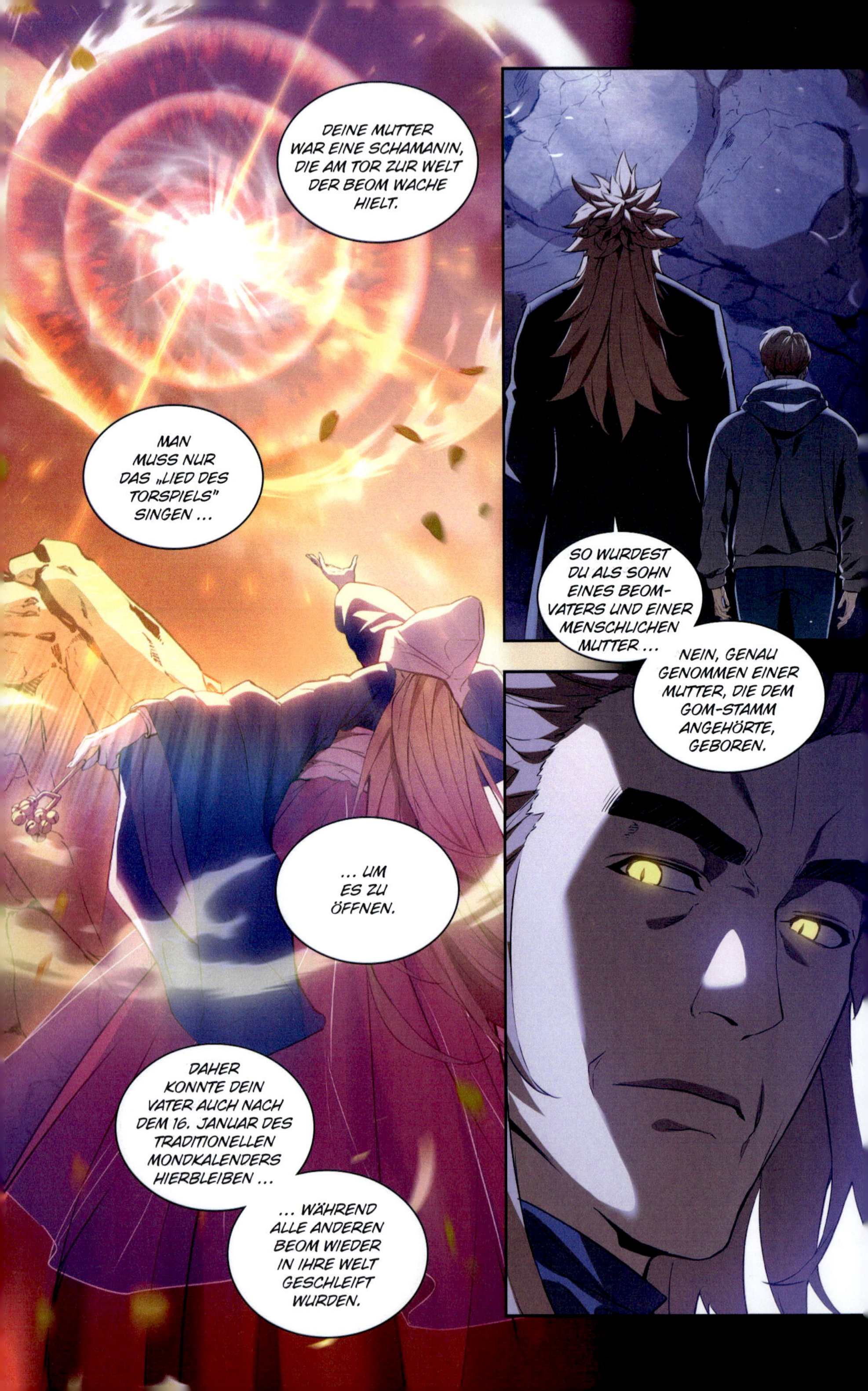

DEINE MUTTER WAR EINE SCHAMANIN, DIE AM TOR ZUR WELT DER BEOM WACHE HIELT.
MAN MUSS NUR DAS „LIED DES TORSPIELS" SINGEN …
… UM ES ZU ÖFFNEN.
DAHER KONNTE DEIN VATER AUCH NACH DEM 16. JANUAR DES TRADITIONELLEN MONDKALENDERS HIERBLEIBEN …
… WÄHREND ALLE ANDEREN BEOM WIEDER IN IHRE WELT GESCHLEIFT WURDEN.
SO WURDEST DU ALS SOHN EINES BEOM-VATERS UND EINER MENSCHLICHEN MUTTER …
NEIN, GENAU GENOMMEN EINER MUTTER, DIE DEM GOM-STAMM ANGEHÖRTE, GEBOREN.

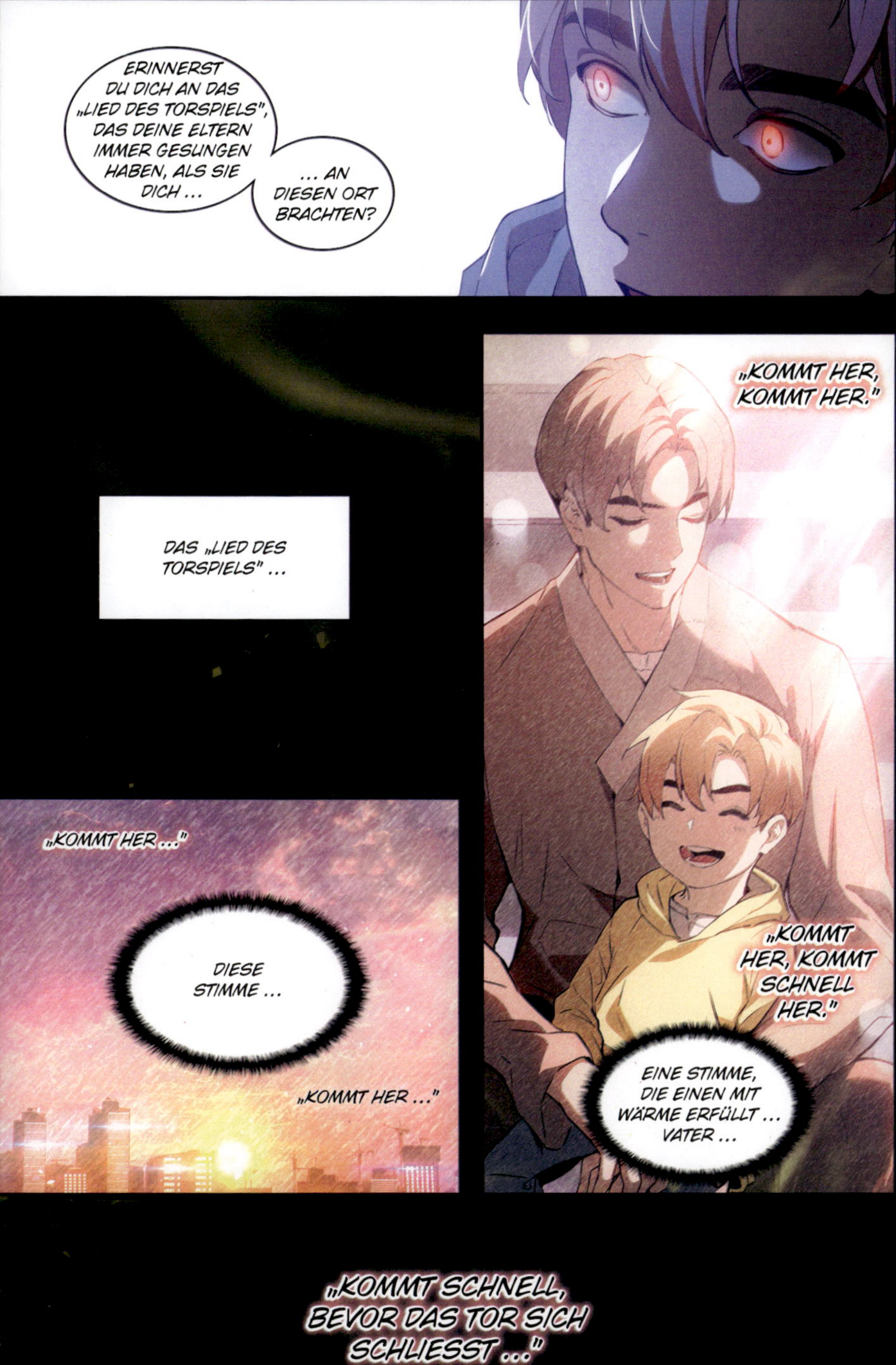
ERINNERST DU DICH AN DAS „LIED DES TORSPIELS", DAS DEINE ELTERN IMMER GESUNGEN HABEN, ALS SIE DICH ...
... AN DIESEN ORT BRACHTEN?
DAS „LIED DES TORSPIELS" ...
„KOMMT HER, KOMMT HER."
„KOMMT HER ..."
DIESE STIMME ...
„KOMMT HER ..."
„KOMMT HER, KOMMT SCHNELL HER."
EINE STIMME, DIE EINEN MIT WÄRME ERFÜLLT ... VATER ...
„KOMMT SCHNELL, BEVOR DAS TOR SICH SCHLIESST ..."

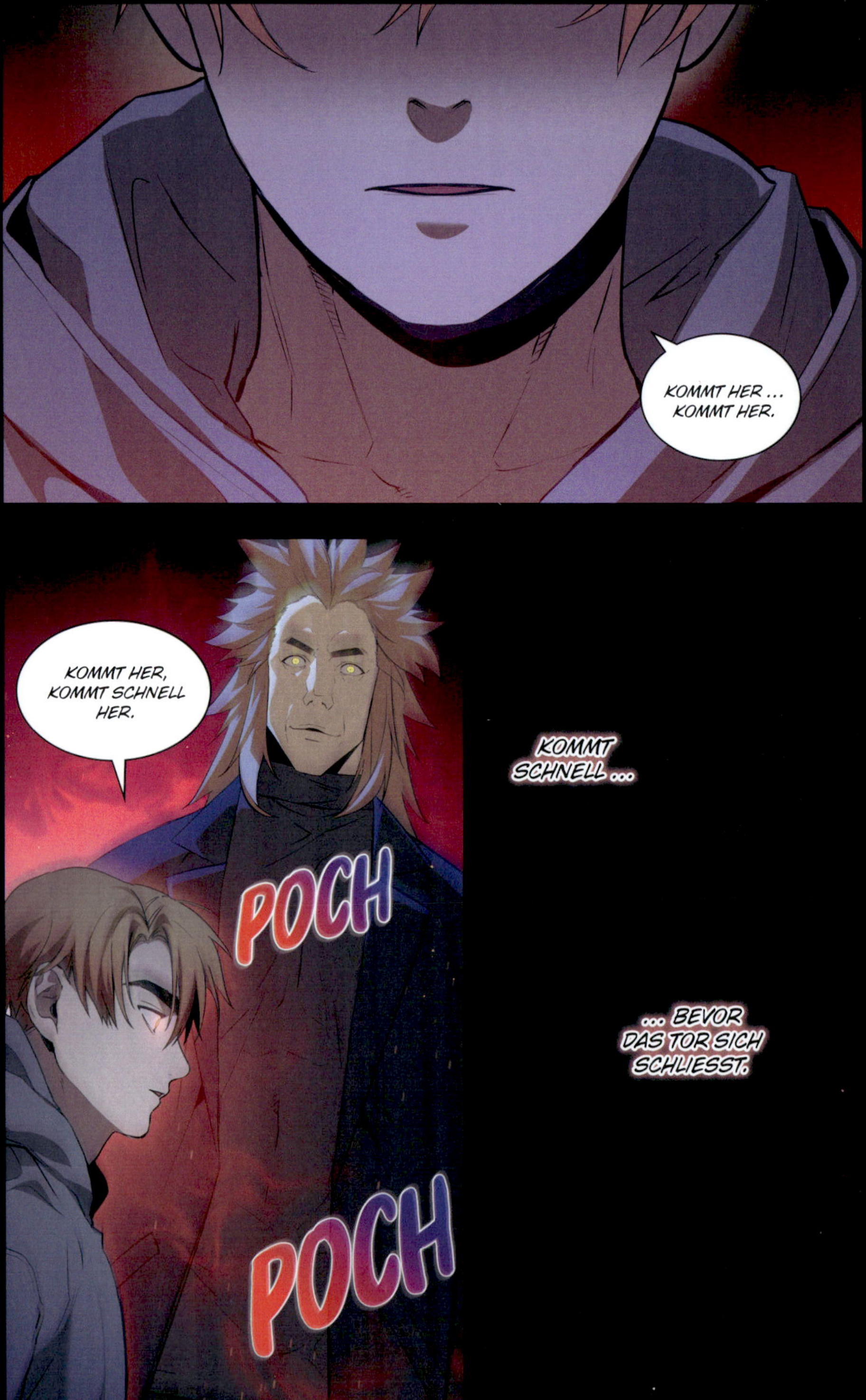
KOMMT HER …
KOMMT HER.
KOMMT HER, KOMMT SCHNELL HER.
KOMMT SCHNELL …
POCH
… BEVOR DAS TOR SICH SCHLIESST.
POCH

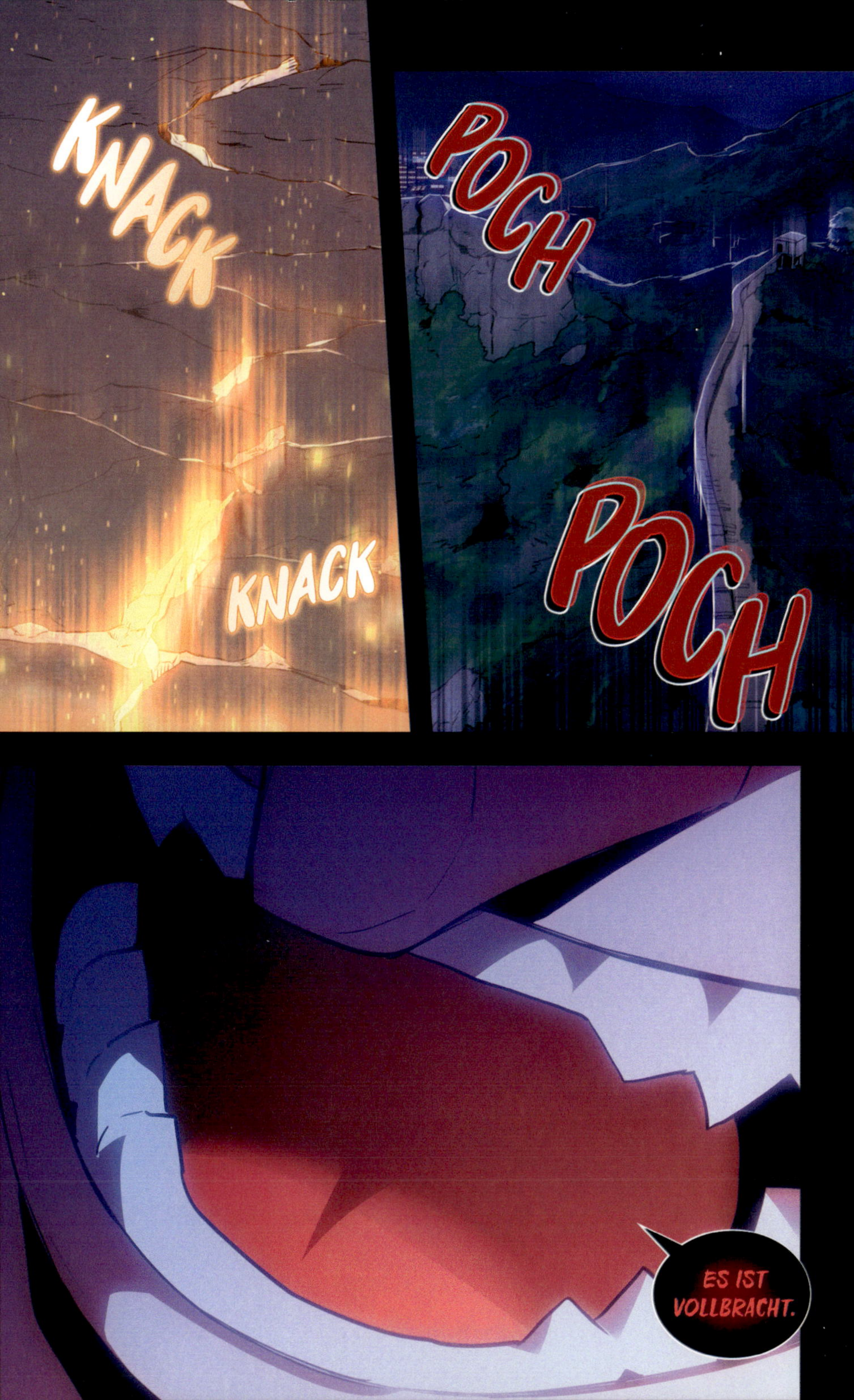
KNACK
KNACK
POCH
POCH
ES IST VOLLBRACHT.

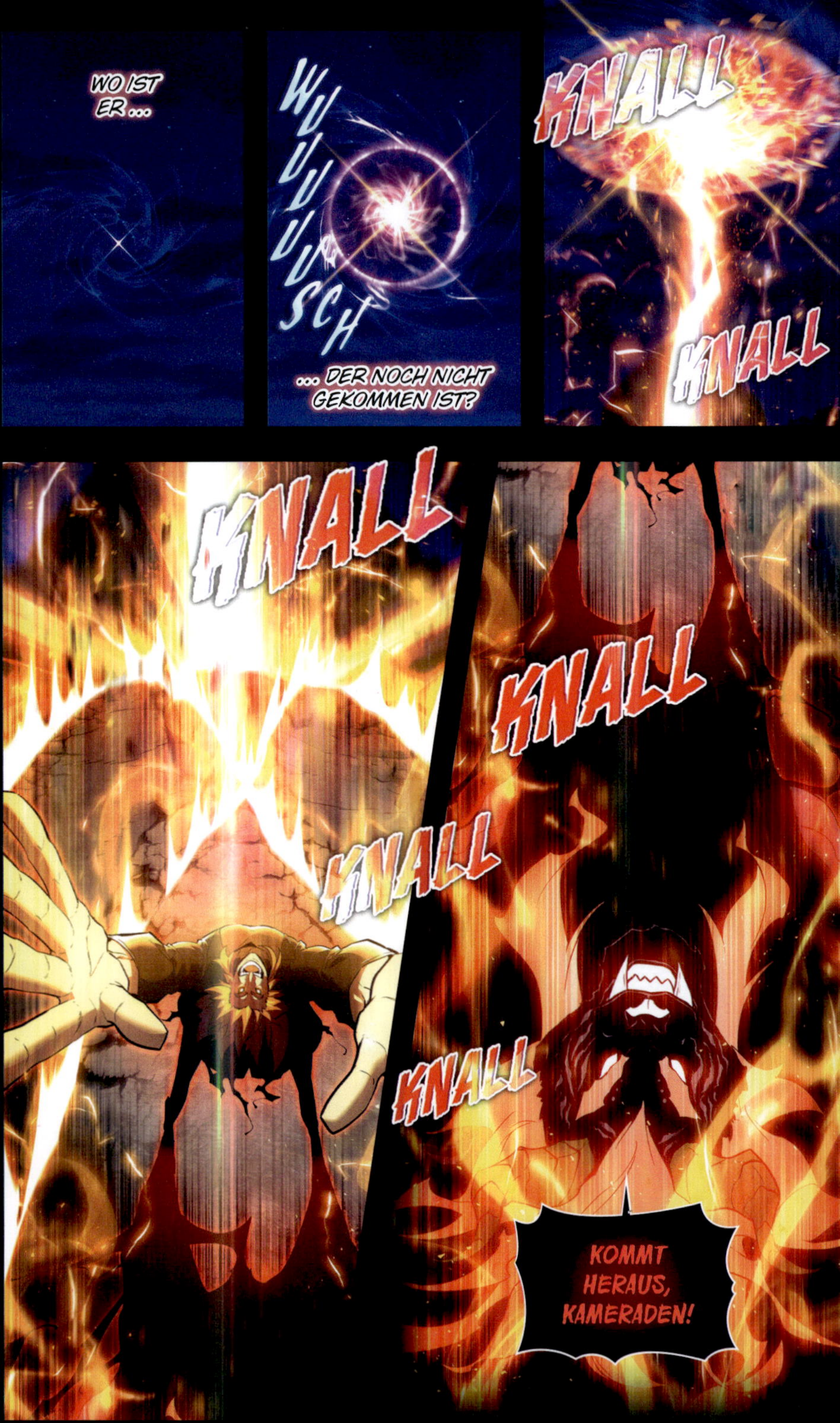
WO IST
ER ...
WUUUUUSCH
... DER NOCH NICHT
GEKOMMEN IST?
KNALL
KNALL
KNALL
KNALL
KNALL
KNALL
KOMMT
HERAUS,
KAMERADEN!

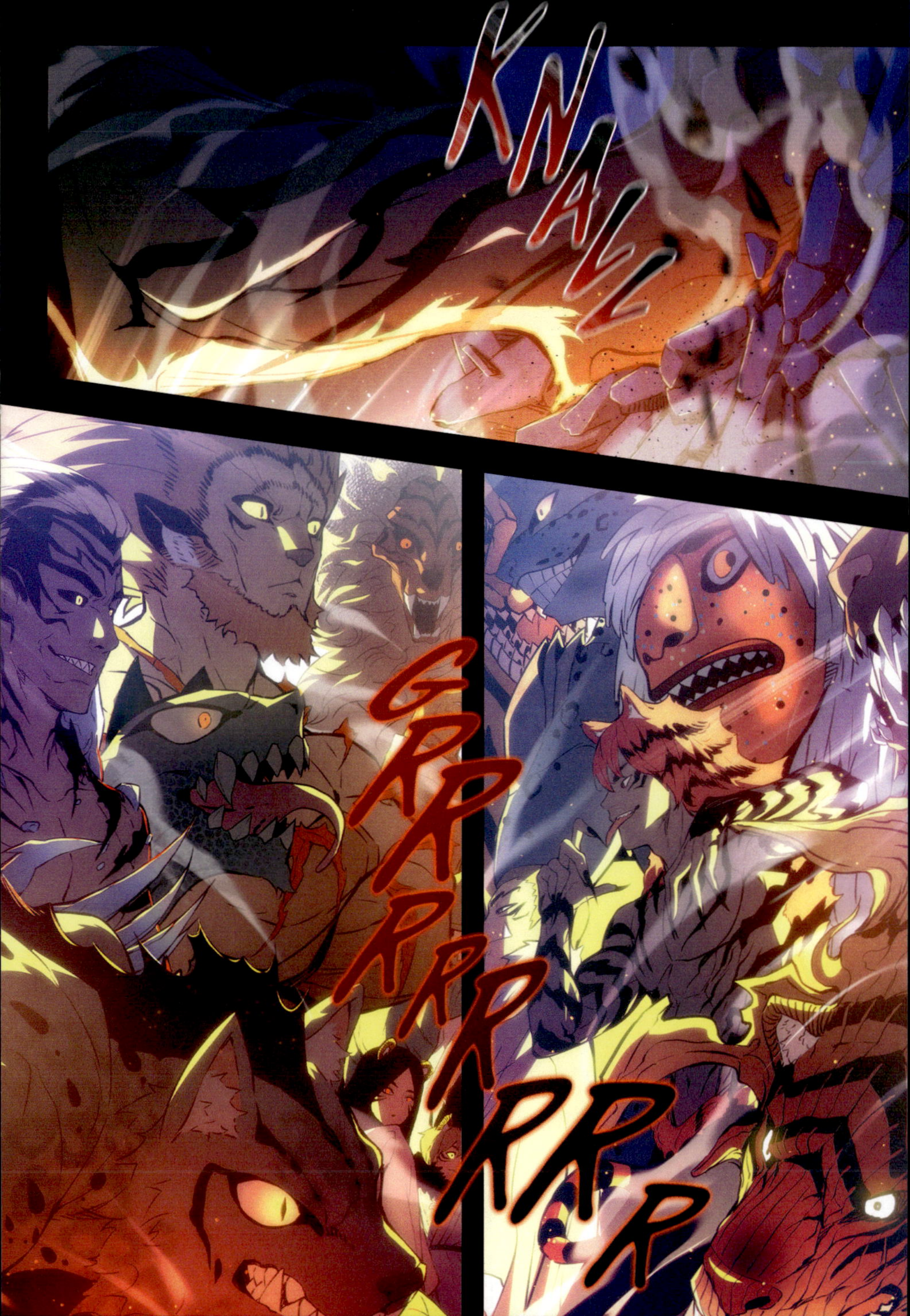
KNALL
GRRRRRRR

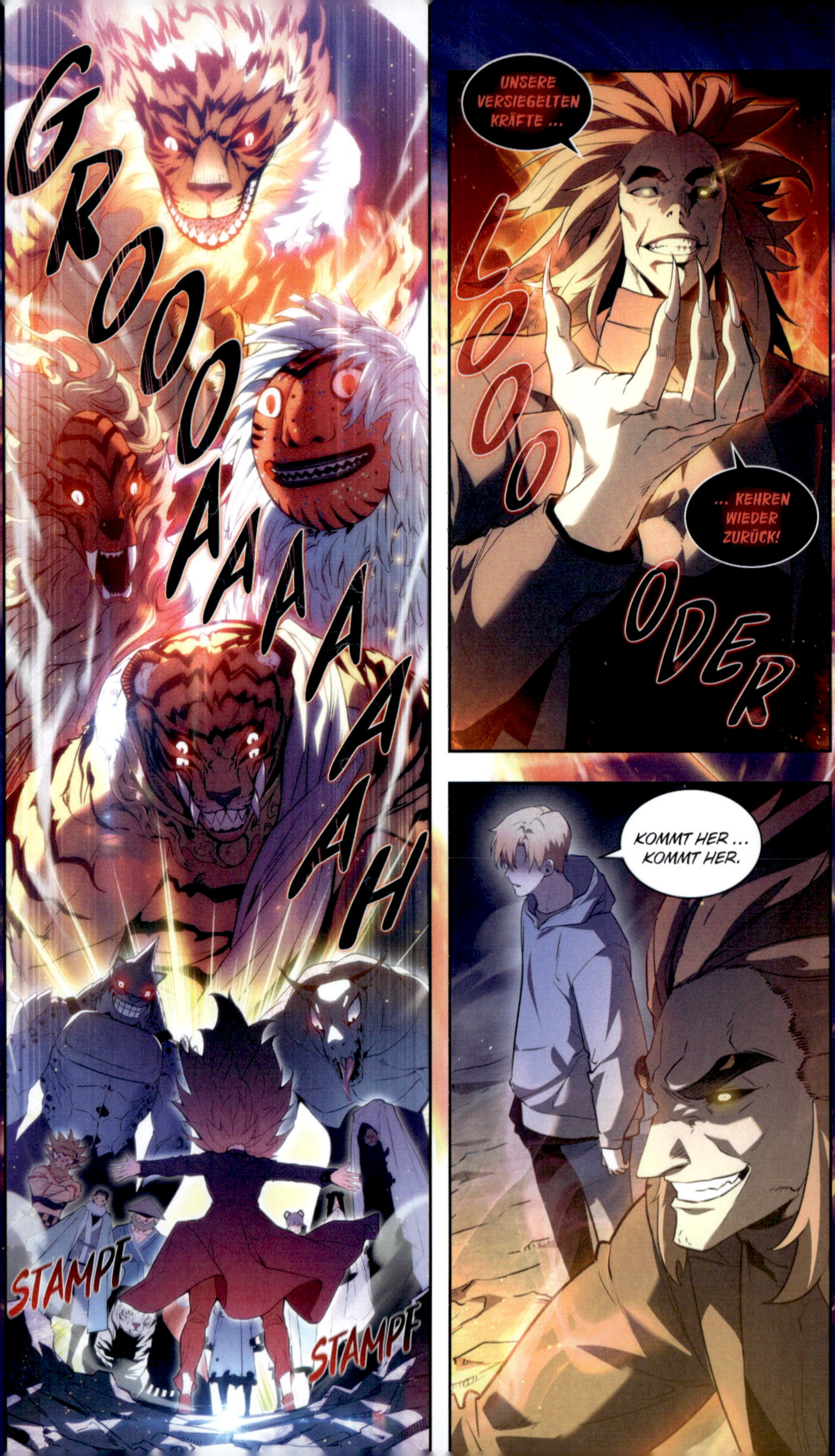
GROOOAAAAAAH
STAMPF
STAMPF
UNSERE VERSIEGELTEN KRÄFTE ...
LOOOO
... KEHREN WIEDER ZURÜCK!
ODER
KOMMT HER ... KOMMT HER.

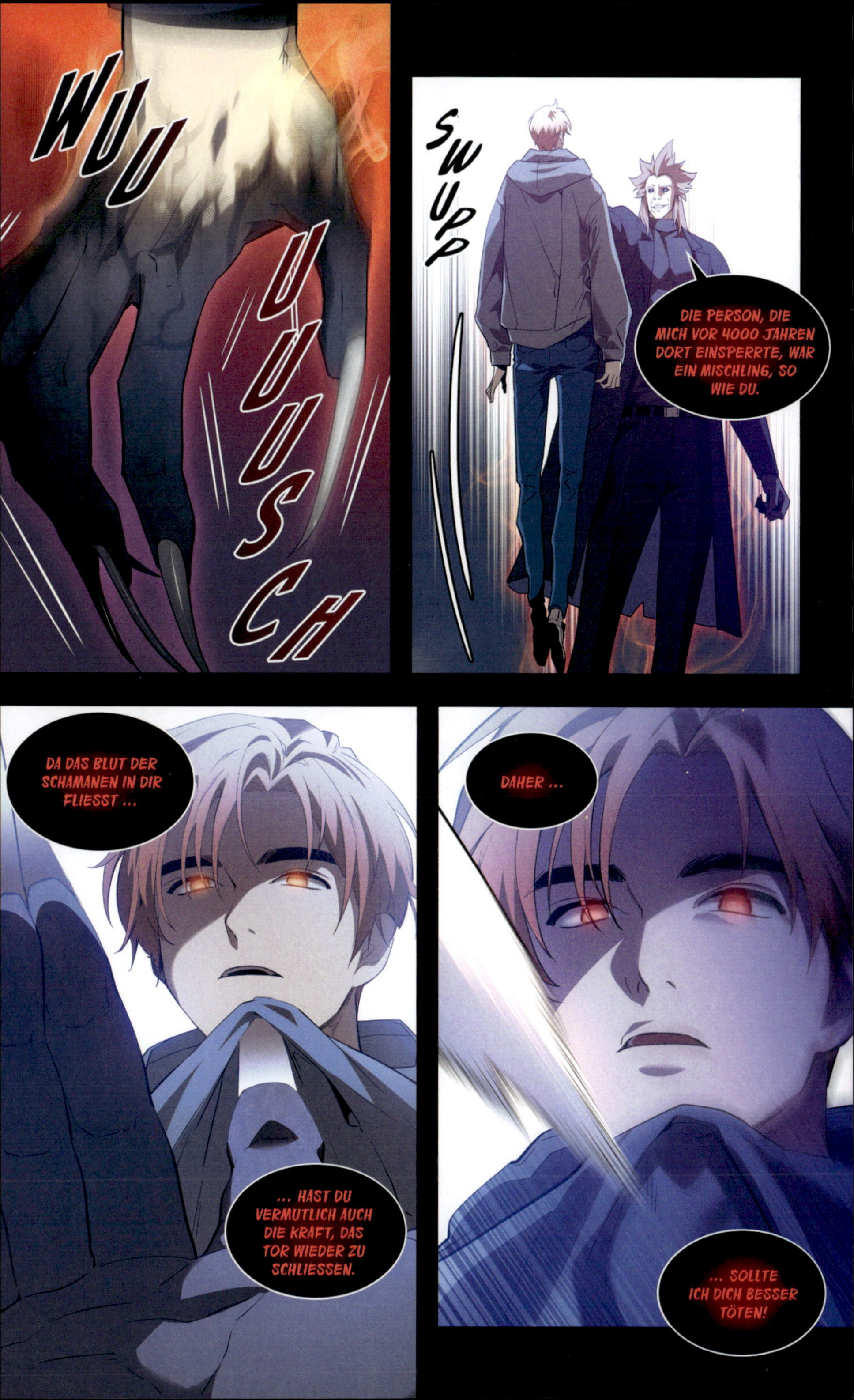
WUUUUUUSCH
SWUPP
DIE PERSON, DIE MICH VOR 4000 JAHREN DORT EINSPERRTE, WAR EIN MISCHLING, SO WIE DU.
DA DAS BLUT DER SCHAMANEN IN DIR FLIESST ...
... HAST DU VERMUTLICH AUCH DIE KRAFT, DAS TOR WIEDER ZU SCHLIESSEN.
DAHER ...
... SOLLTE ICH DICH BESSER TÖTEN!

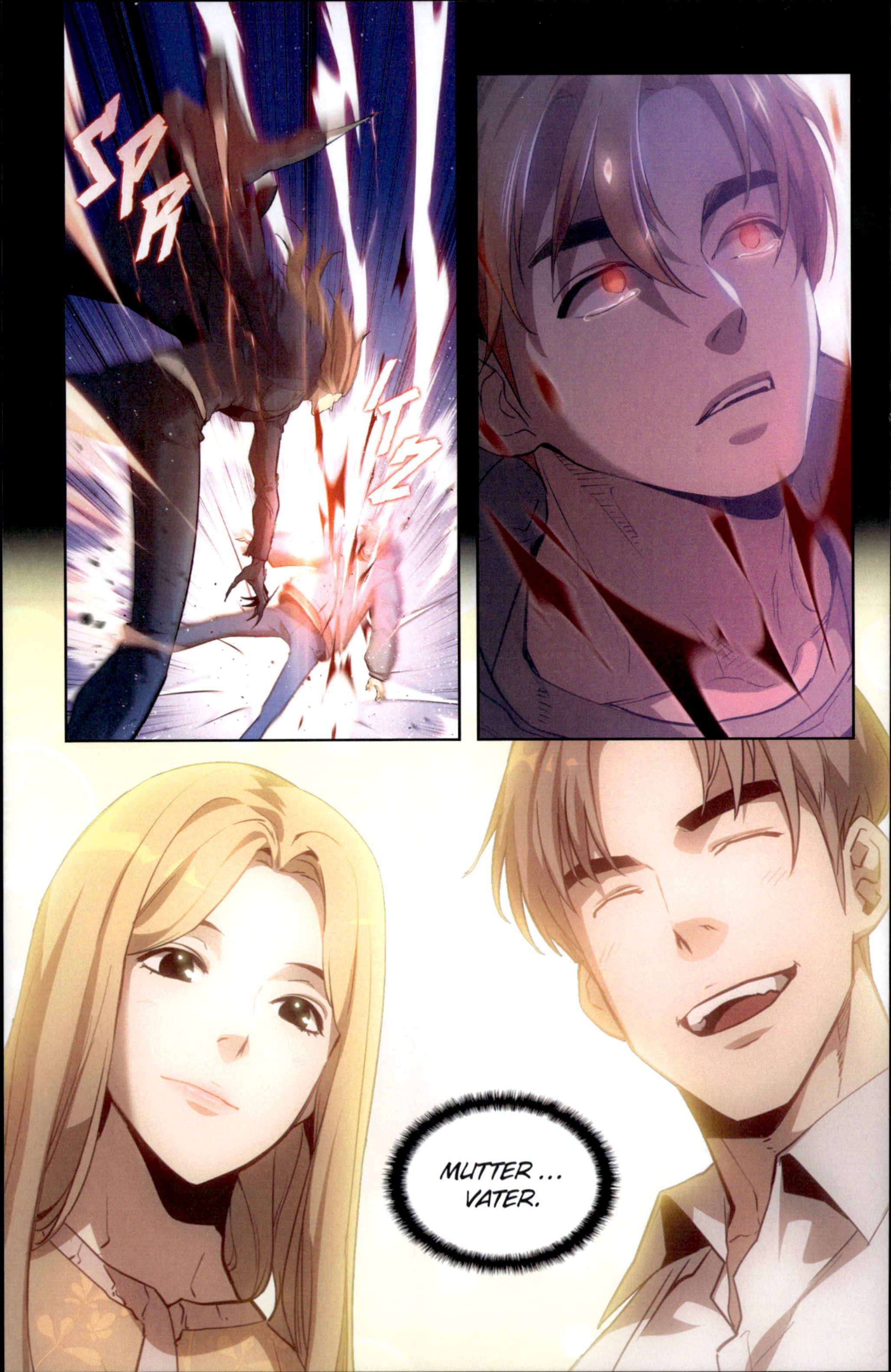
SPRITZ
MUTTER ...
VATER.

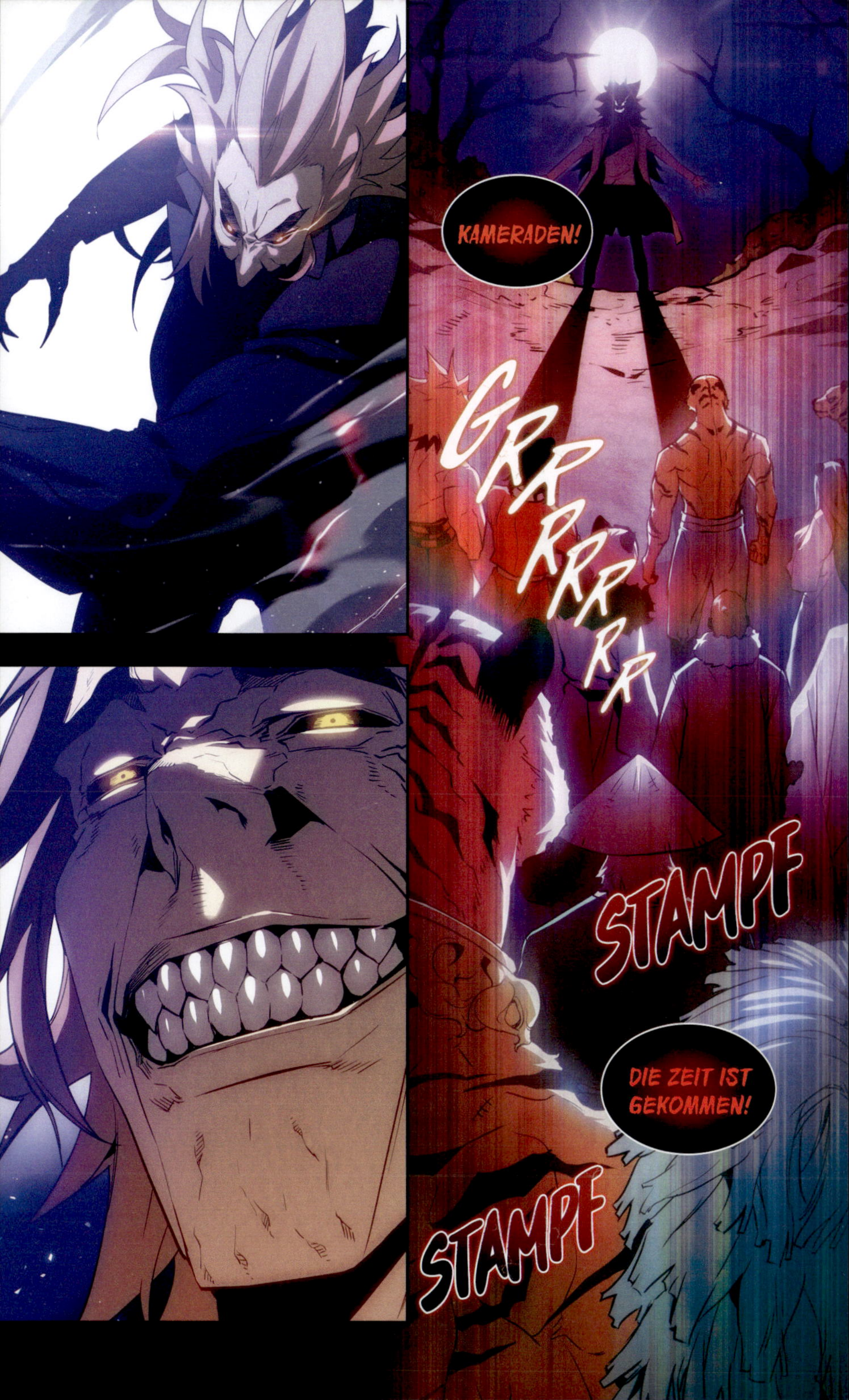
KAMERADEN!
GRRRRRRR
STAMPF
DIE ZEIT IST GEKOMMEN!
STAMPF

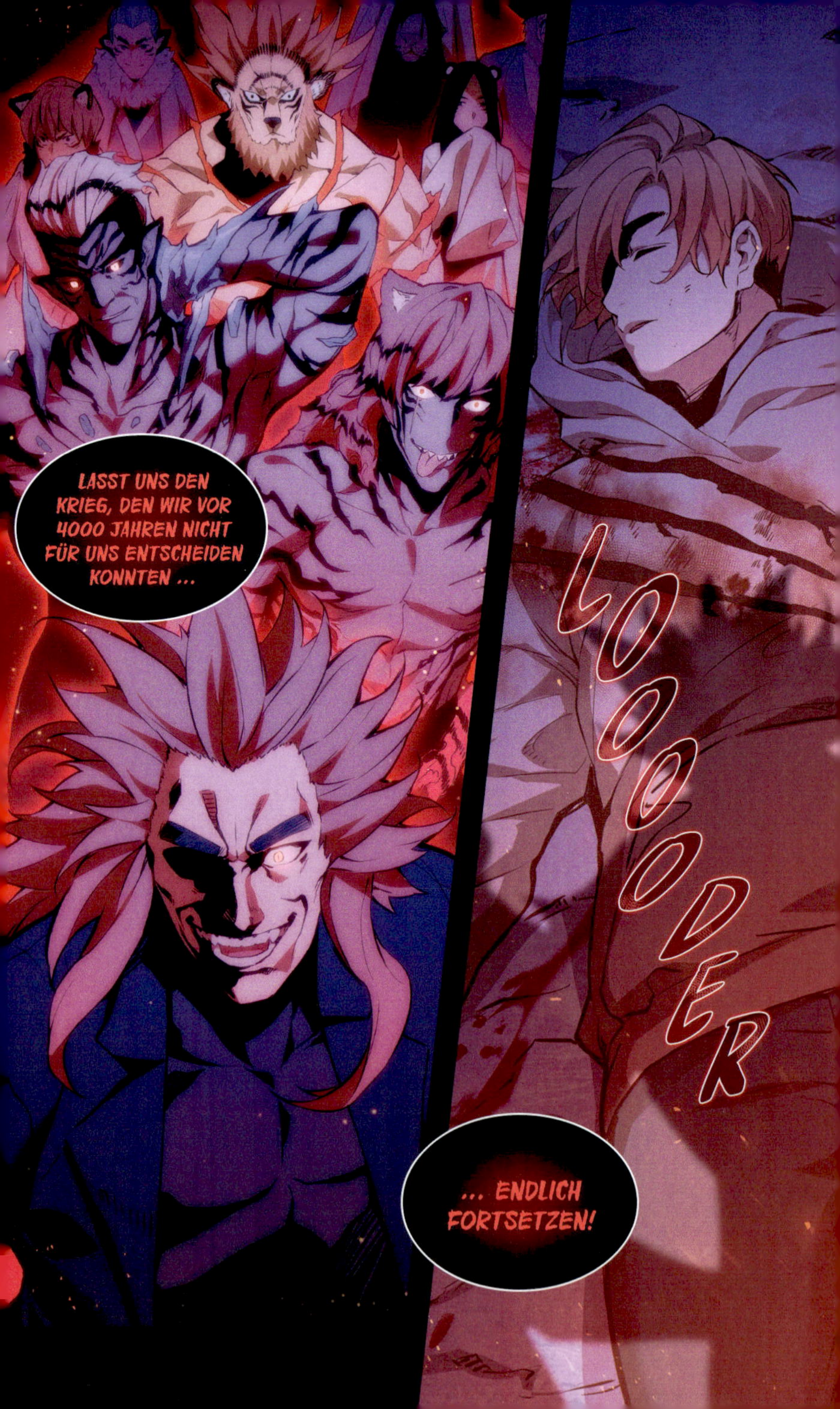
LASST UNS DEN KRIEG, DEN WIR VOR 4000 JAHREN NICHT FÜR UNS ENTSCHEIDEN KONNTEN ...
LOOODER
... ENDLICH FORTSETZEN!

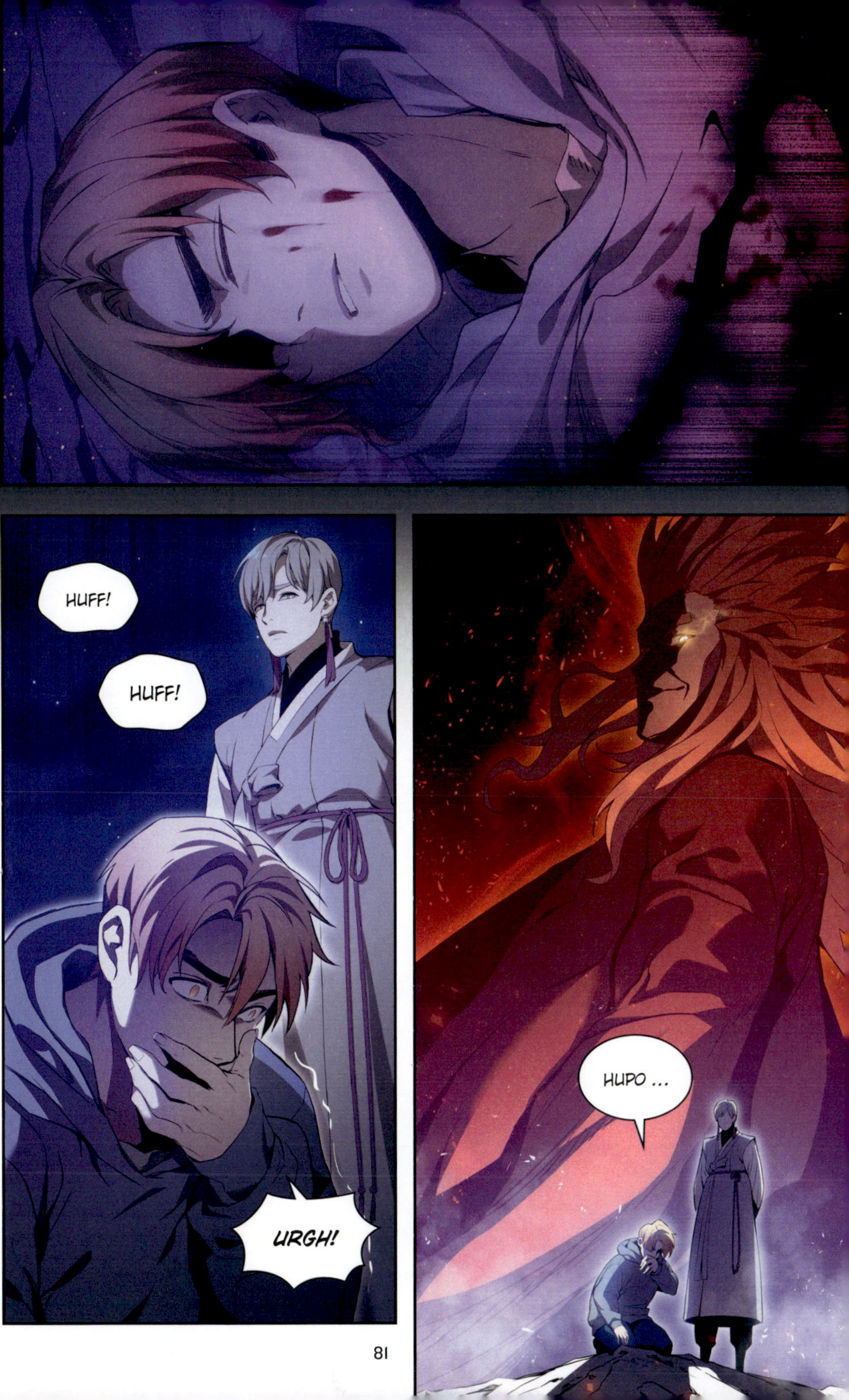
HUFF!
HUFF!
URGH!
HUPO ...

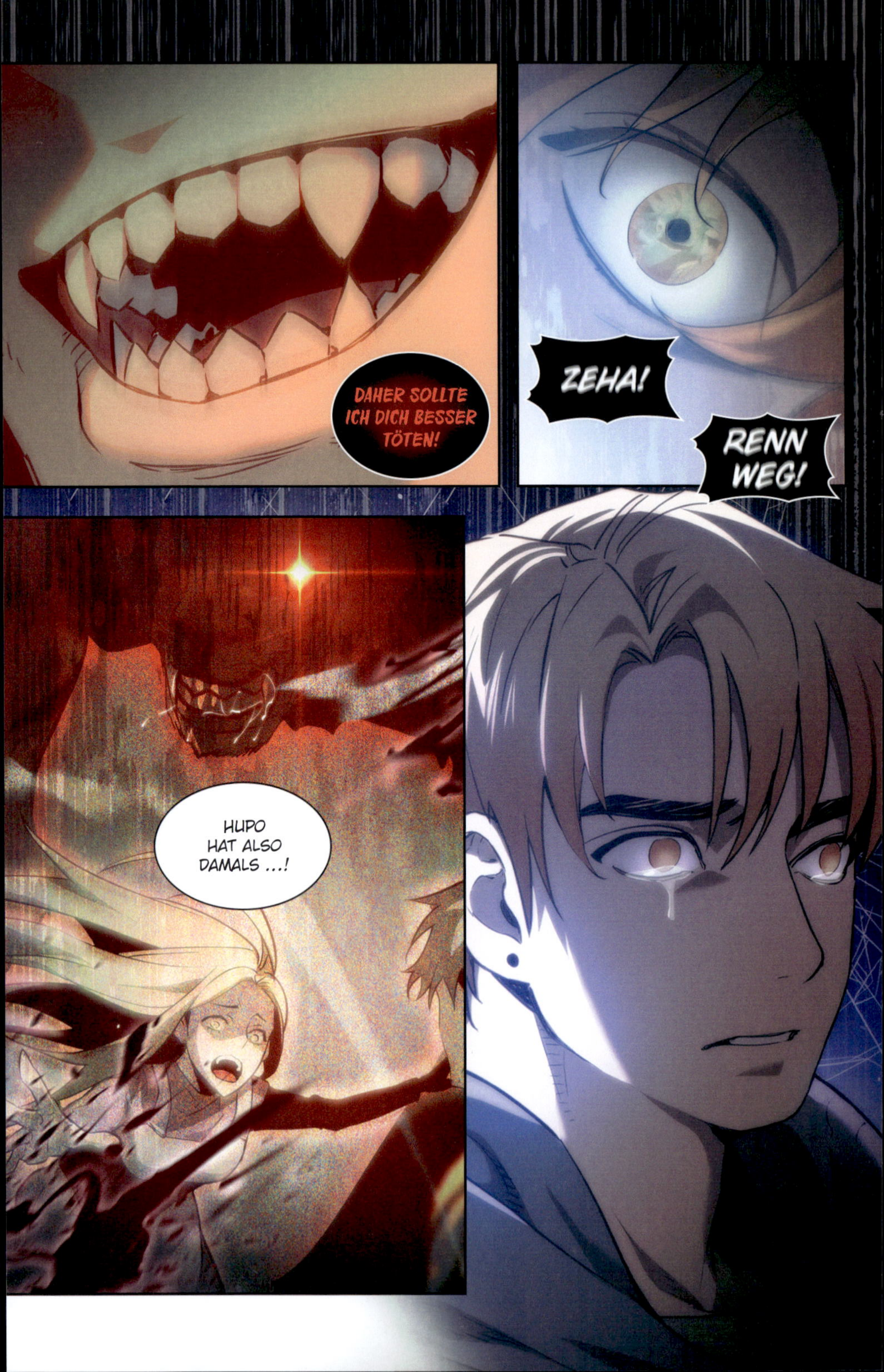
DAHER SOLLTE ICH DICH BESSER TÖTEN!
ZEHA!
RENN WEG!
HUPO HAT ALSO DAMALS ...!

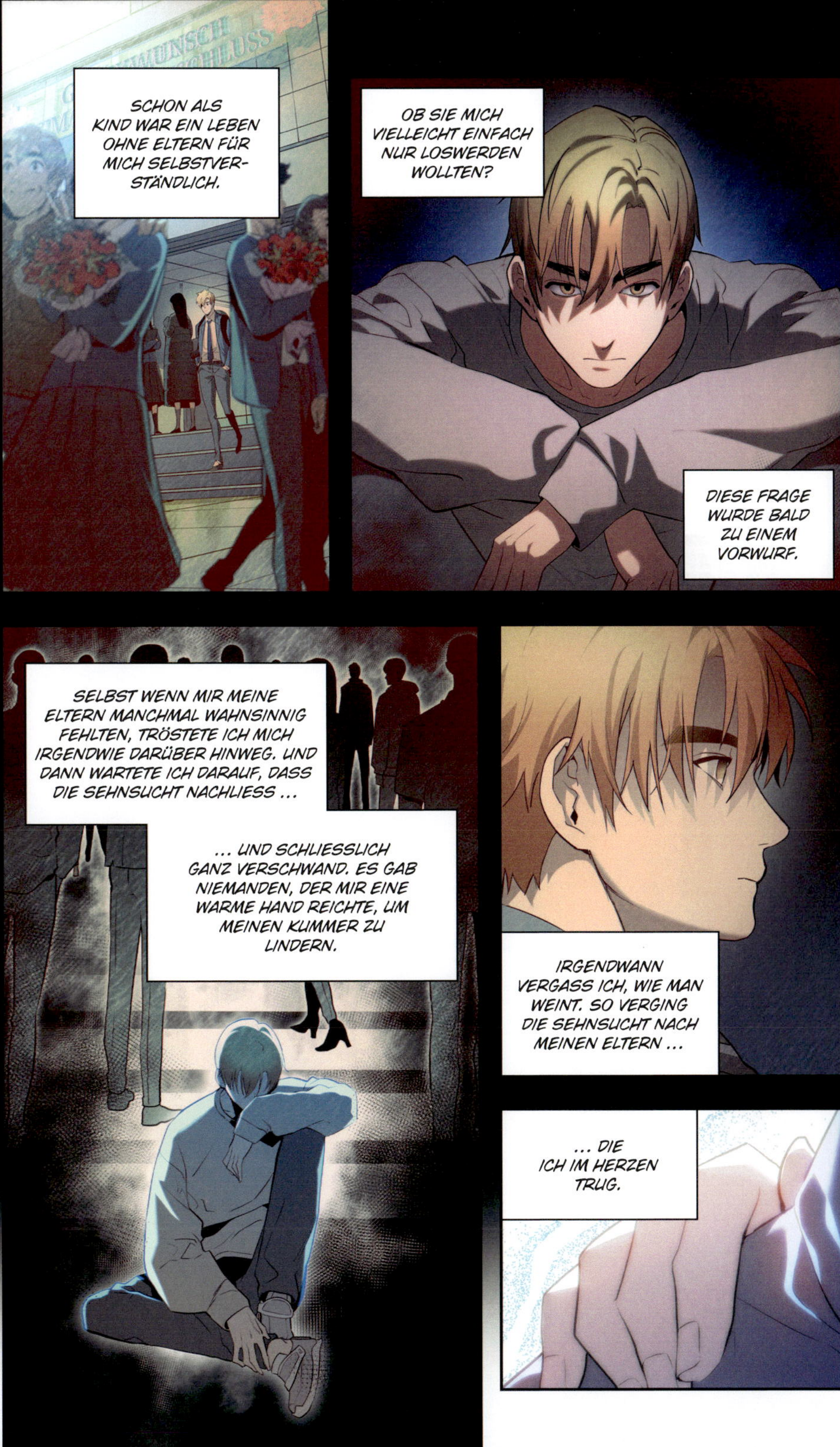
SCHON ALS KIND WAR EIN LEBEN OHNE ELTERN FÜR MICH SELBSTVERSTÄNDLICH.
OB SIE MICH VIELLEICHT EINFACH NUR LOSWERDEN WOLLTEN?
DIESE FRAGE WURDE BALD ZU EINEM VORWURF.
SELBST WENN MIR MEINE ELTERN MANCHMAL WAHNSINNIG FEHLTEN, TRÖSTETE ICH MICH IRGENDWIE DARÜBER HINWEG. UND DANN WARTETE ICH DARAUF, DASS DIE SEHNSUCHT NACHLIESS …
… UND SCHLIESSLICH GANZ VERSCHWAND. ES GAB NIEMANDEN, DER MIR EINE WARME HAND REICHTE, UM MEINEN KUMMER ZU LINDERN.
IRGENDWANN VERGASS ICH, WIE MAN WEINT. SO VERGING DIE SEHNSUCHT NACH MEINEN ELTERN …
… DIE ICH IM HERZEN TRUG.

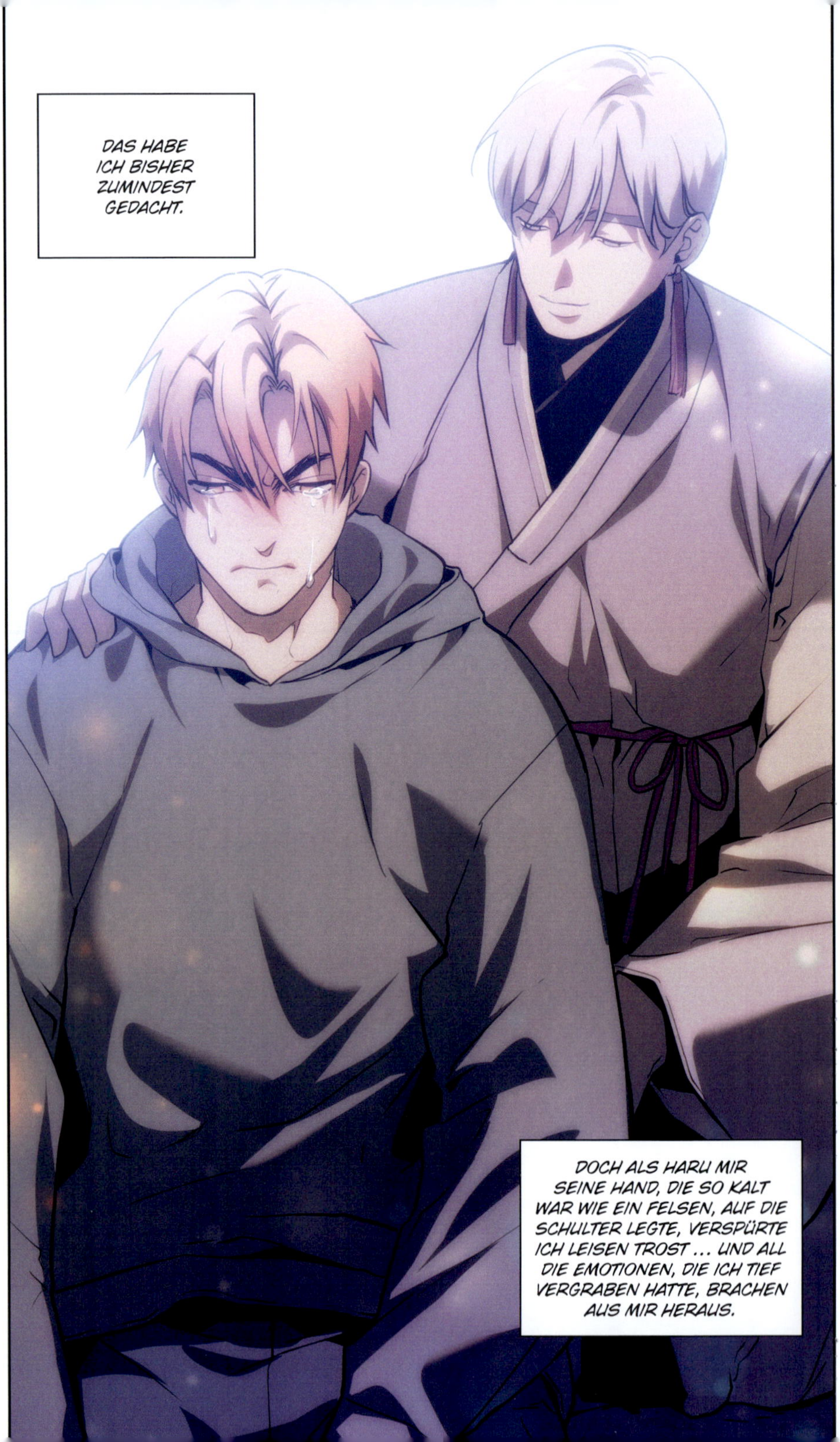
DAS HABE ICH BISHER ZUMINDEST GEDACHT.
DOCH ALS HARU MIR SEINE HAND, DIE SO KALT WAR WIE EIN FELSEN, AUF DIE SCHULTER LEGTE, VERSPÜRTE ICH LEISEN TROST ... UND ALL DIE EMOTIONEN, DIE ICH TIEF VERGRABEN HATTE, BRACHEN AUS MIR HERAUS.

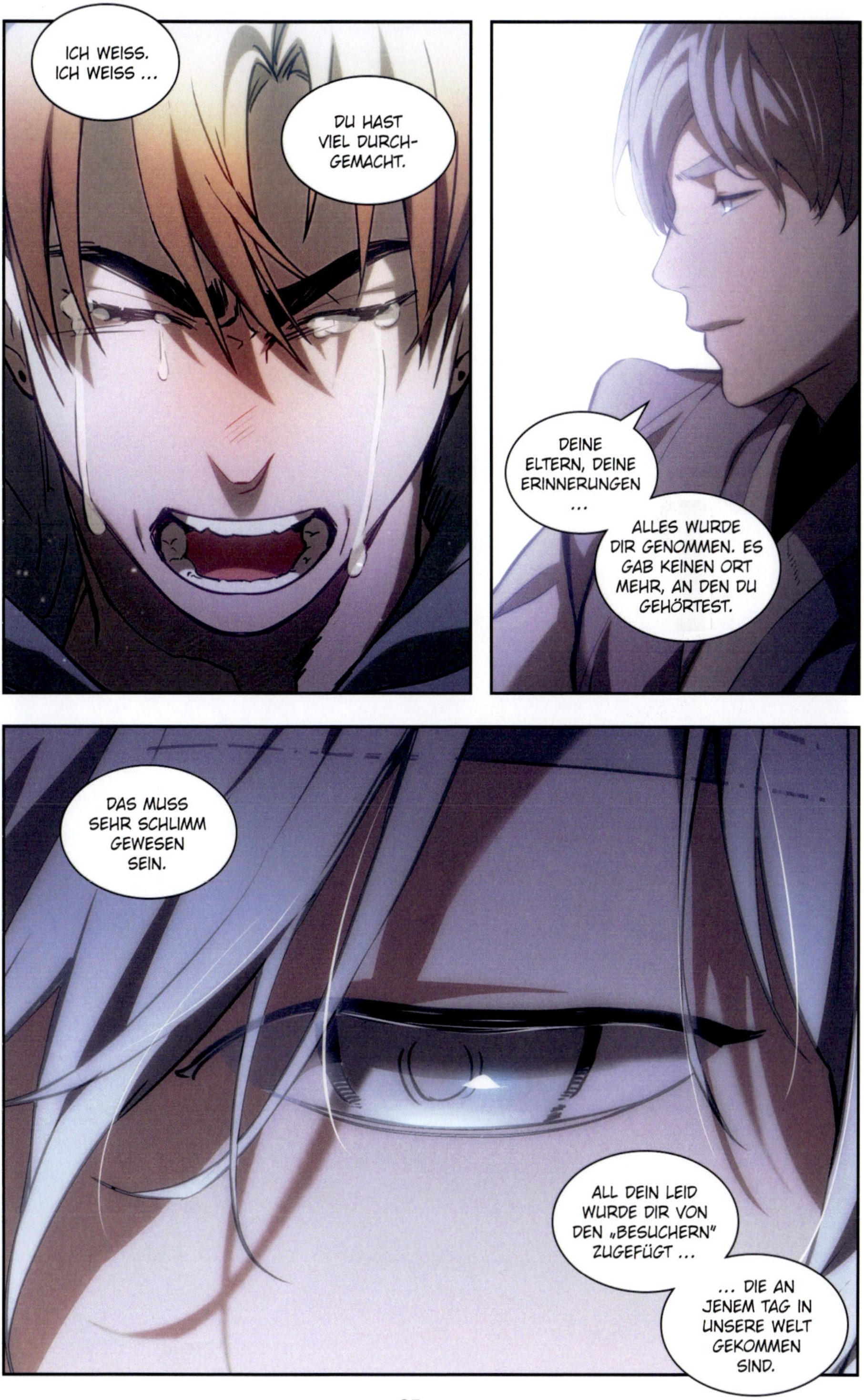
ICH WEISS.
ICH WEISS …
DU HAST VIEL DURCH-GEMACHT.
DEINE ELTERN, DEINE ERINNERUNGEN …
ALLES WURDE DIR GENOMMEN. ES GAB KEINEN ORT MEHR, AN DEN DU GEHÖRTEST.
DAS MUSS SEHR SCHLIMM GEWESEN SEIN.
ALL DEIN LEID WURDE DIR VON DEN „BESUCHERN" ZUGEFÜGT …
… DIE AN JENEM TAG IN UNSERE WELT GEKOMMEN SIND.

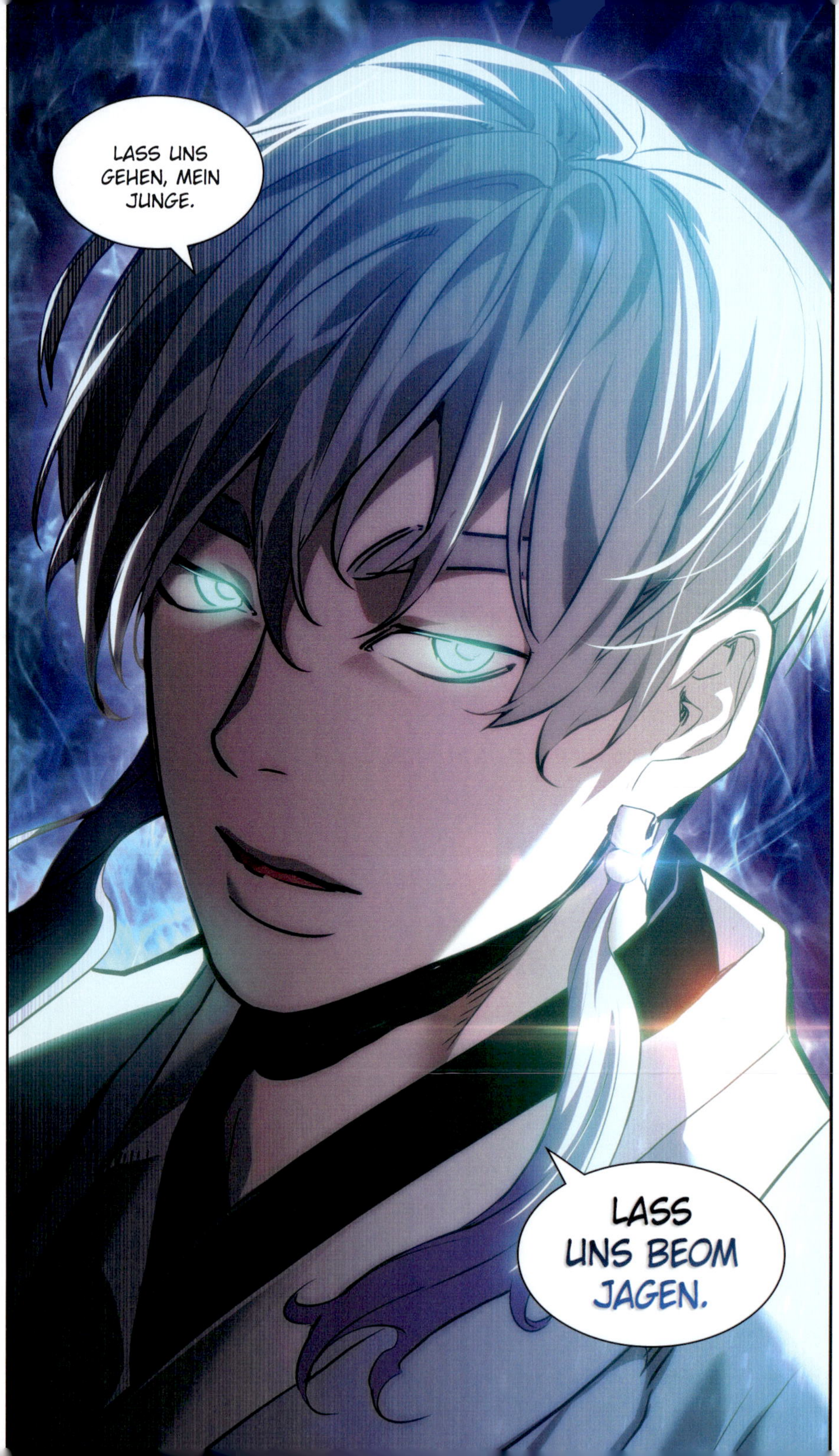
LASS UNS GEHEN, MEIN JUNGE.
LASS UNS BEOM JAGEN.

EPISODE 3

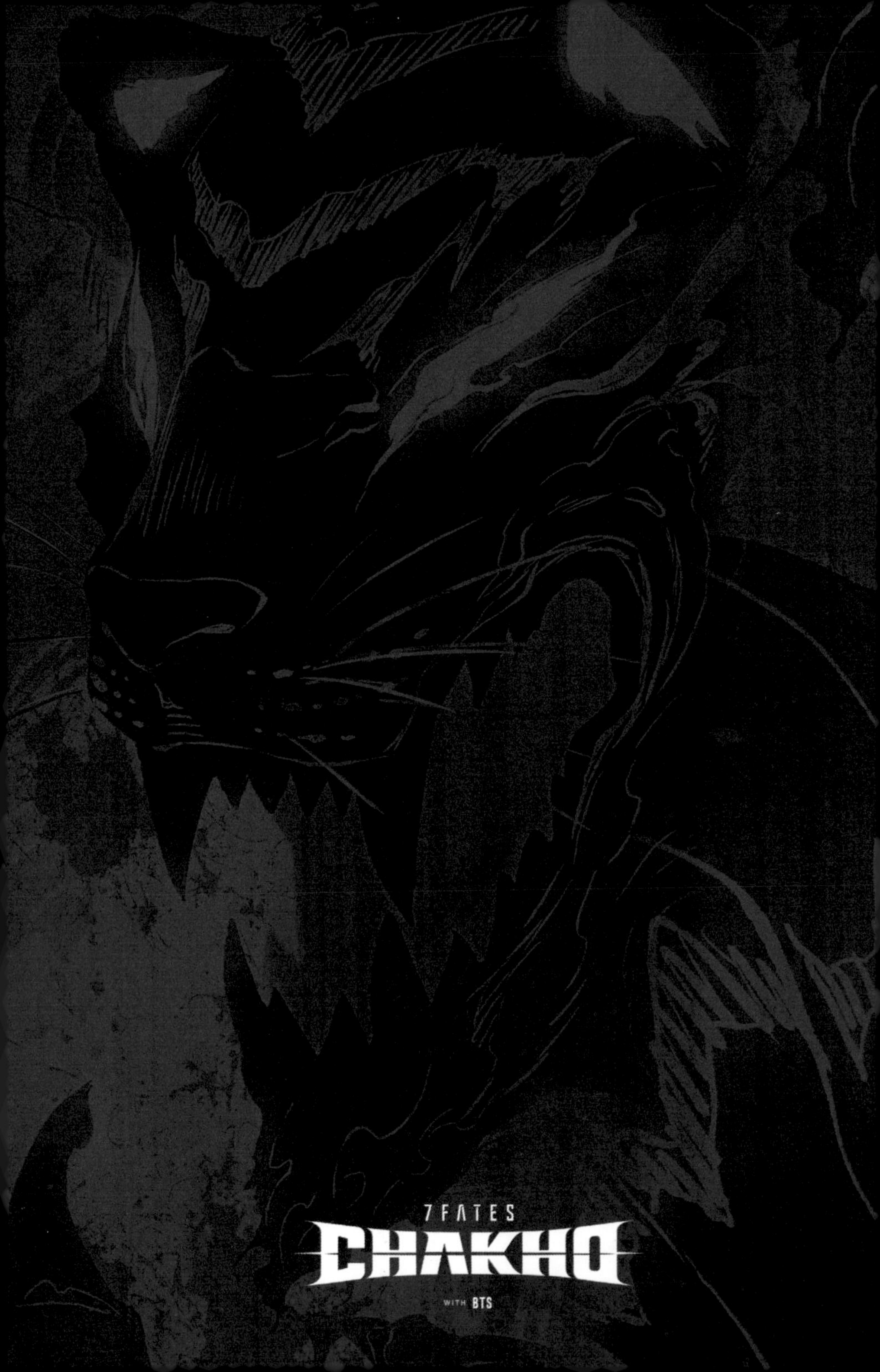
7FATES
CHAKHO
WITH BTS

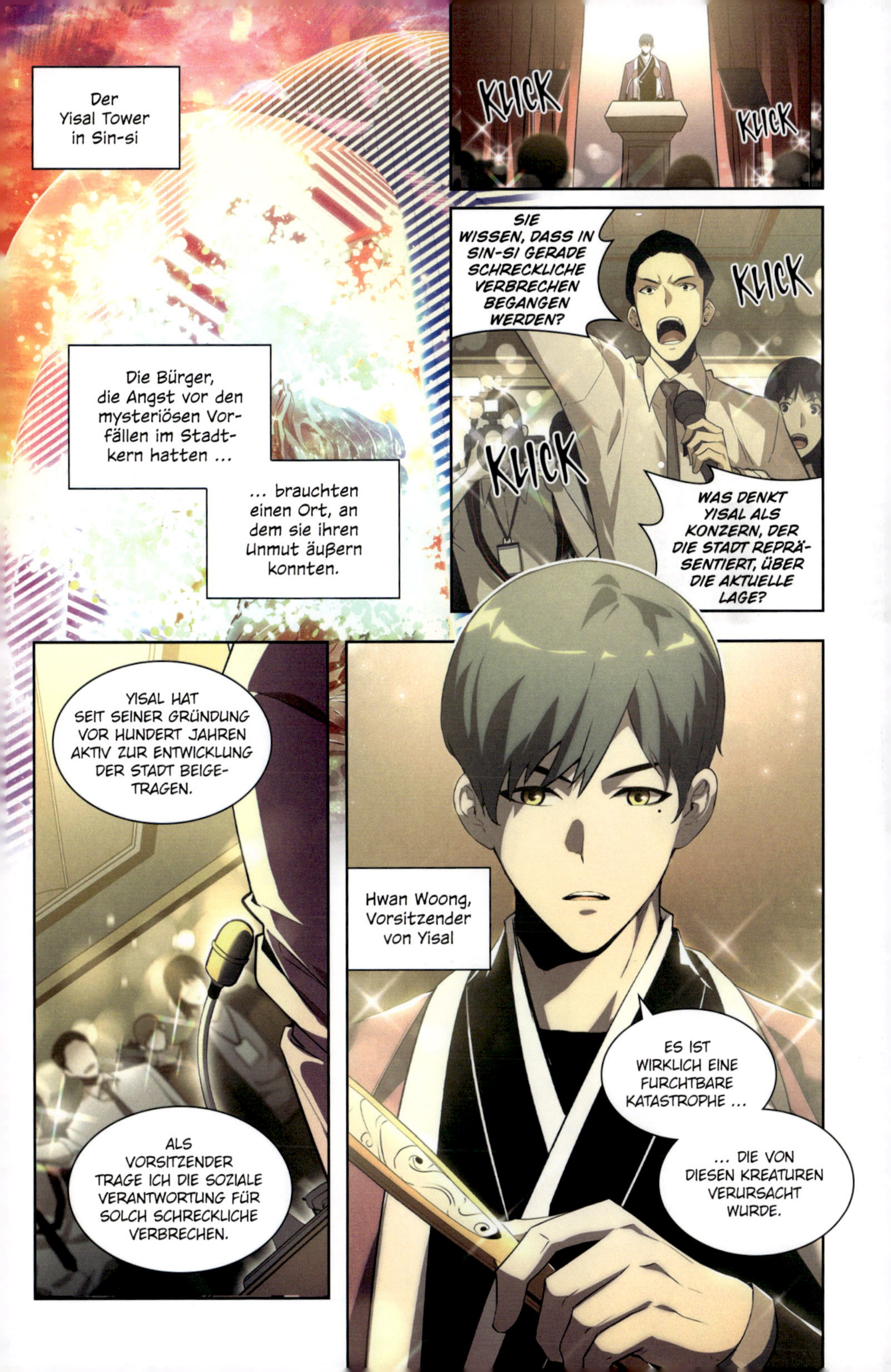
Der Yisal Tower in Sin-si
KLICK
KLICK
Die Bürger, die Angst vor den mysteriösen Vorfällen im Stadtkern hatten …
… brauchten einen Ort, an dem sie ihren Unmut äußern konnten.
SIE WISSEN, DASS IN SIN-SI GERADE SCHRECKLICHE VERBRECHEN BEGANGEN WERDEN?
KLICK
KLICK
WAS DENKT YISAL ALS KONZERN, DER DIE STADT REPRÄSENTIERT, ÜBER DIE AKTUELLE LAGE?
YISAL HAT SEIT SEINER GRÜNDUNG VOR HUNDERT JAHREN AKTIV ZUR ENTWICKLUNG DER STADT BEIGETRAGEN.
ALS VORSITZENDER TRAGE ICH DIE SOZIALE VERANTWORTUNG FÜR SOLCH SCHRECKLICHE VERBRECHEN.
Hwan Woong, Vorsitzender von Yisal
ES IST WIRKLICH EINE FURCHTBARE KATASTROPHE …
… DIE VON DIESEN KREATUREN VERURSACHT WURDE.

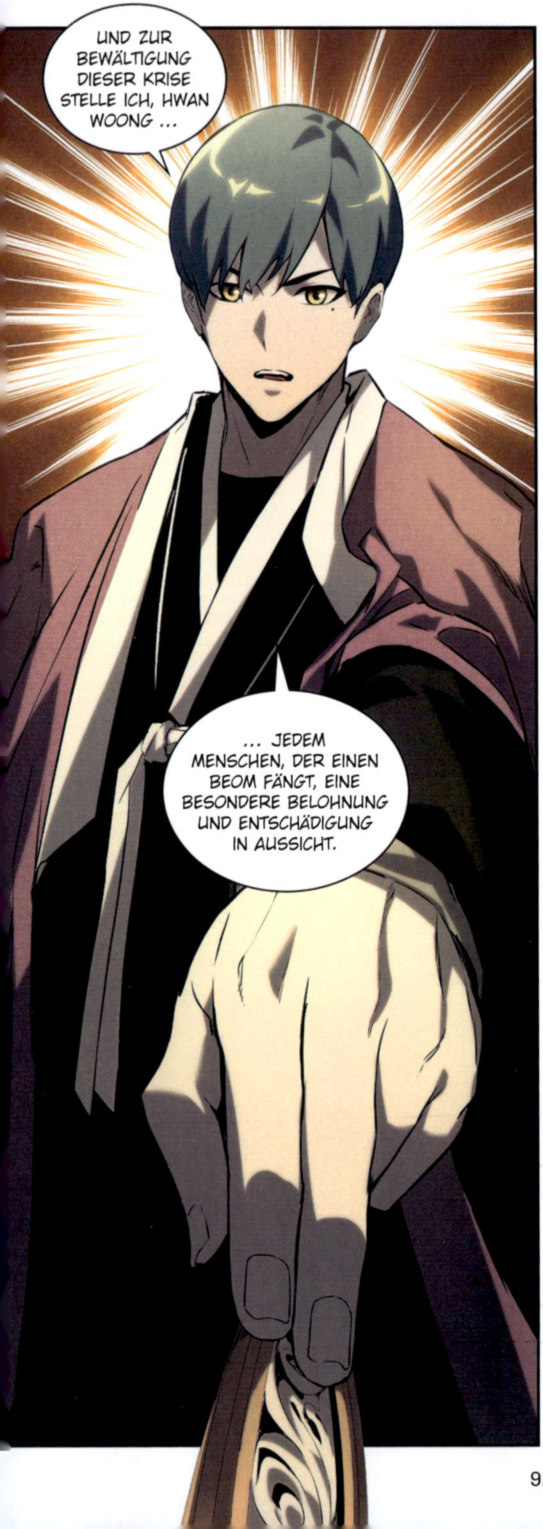

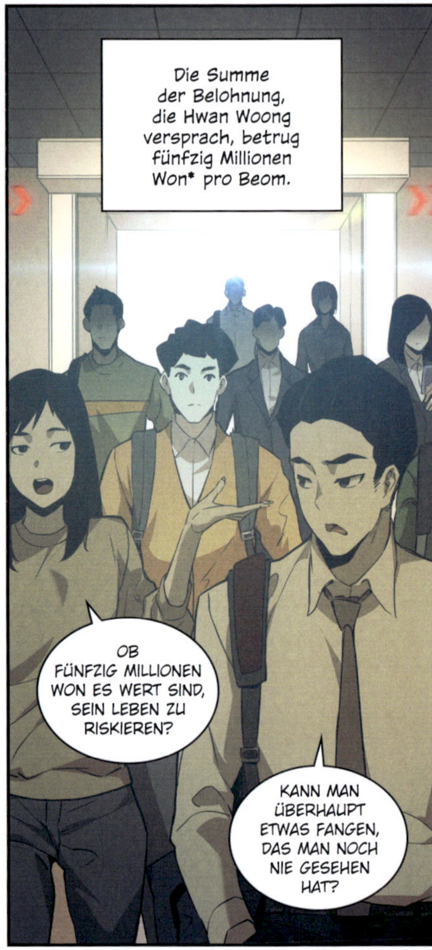

* CA. 37.200 EURO

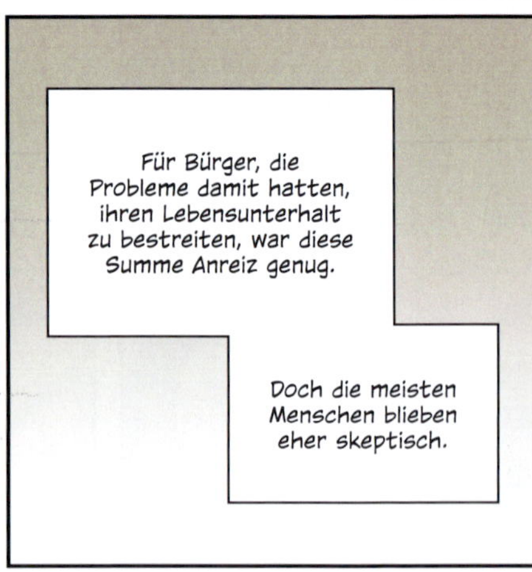

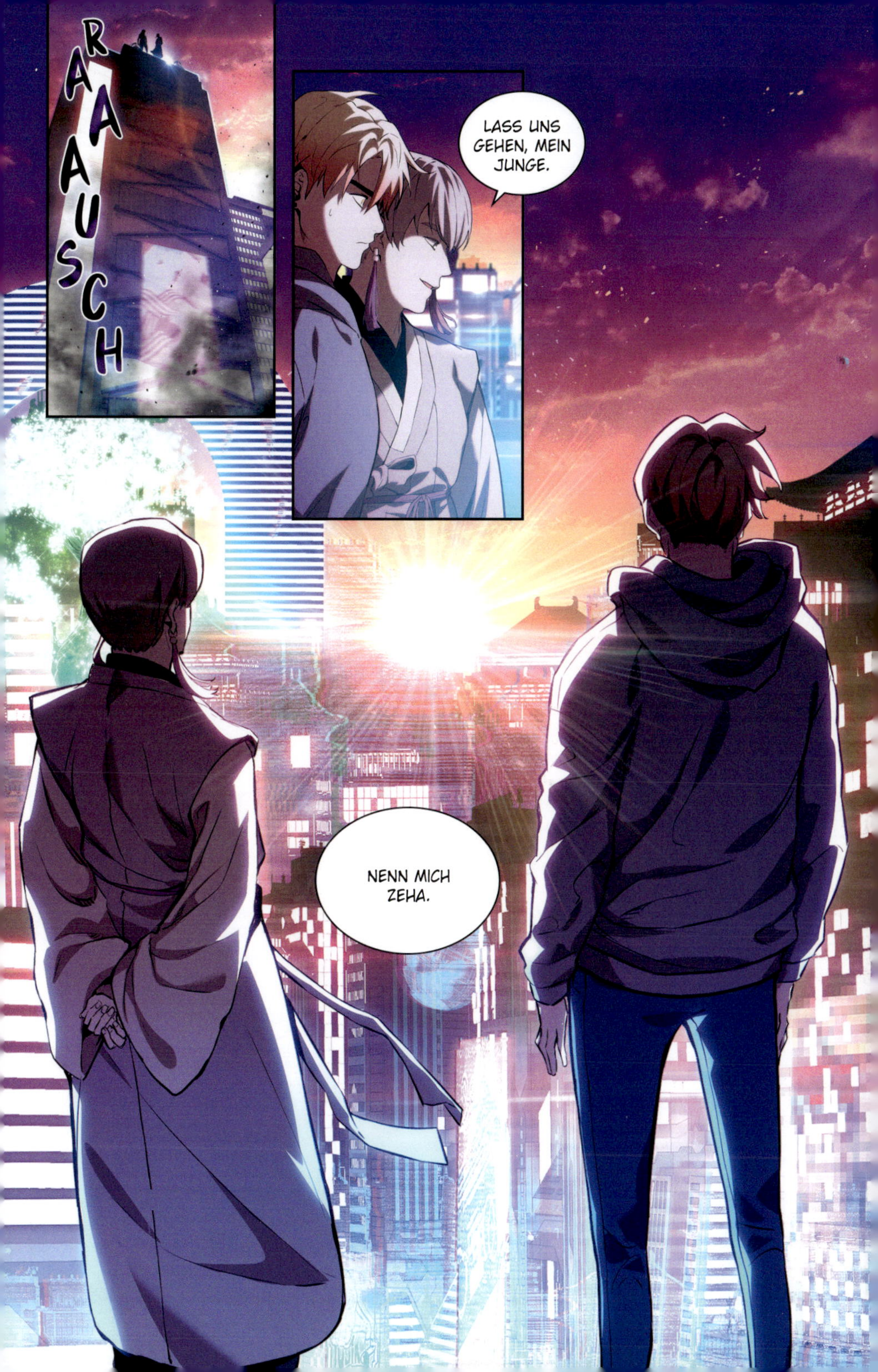
RAAAUSCH
LASS UNS GEHEN, MEIN JUNGE.
NENN MICH ZEHA.

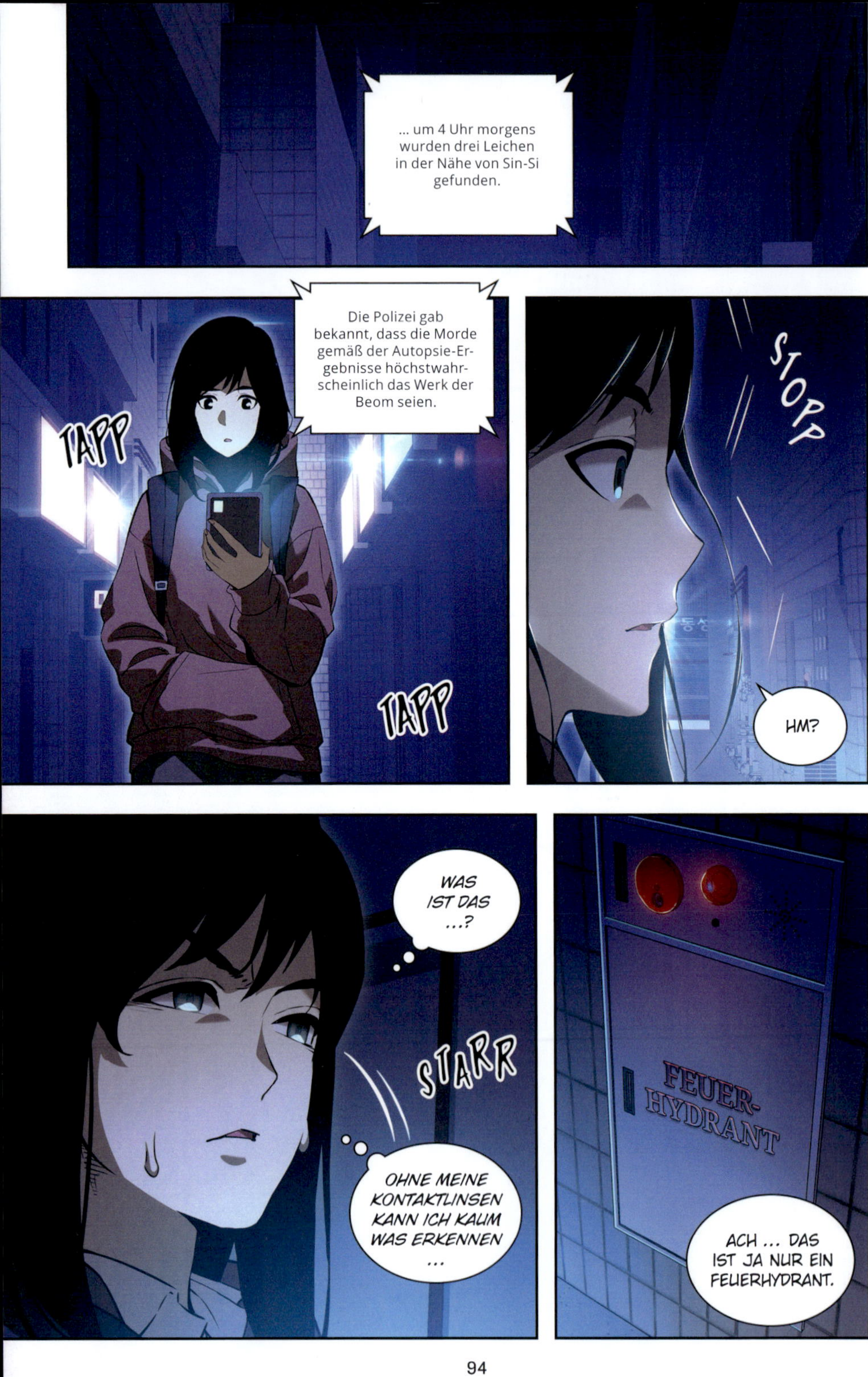
… um 4 Uhr morgens wurden drei Leichen in der Nähe von Sin-Si gefunden.
Die Polizei gab bekannt, dass die Morde gemäß der Autopsie-Ergebnisse höchstwahrscheinlich das Werk der Beom seien.
TAPP
TAPP
STOPP
HM?
WAS IST DAS …?
STARR
OHNE MEINE KONTAKTLINSEN KANN ICH KAUM WAS ERKENNEN …
FEUER-HYDRANT
ACH … DAS IST JA NUR EIN FEUERHYDRANT.

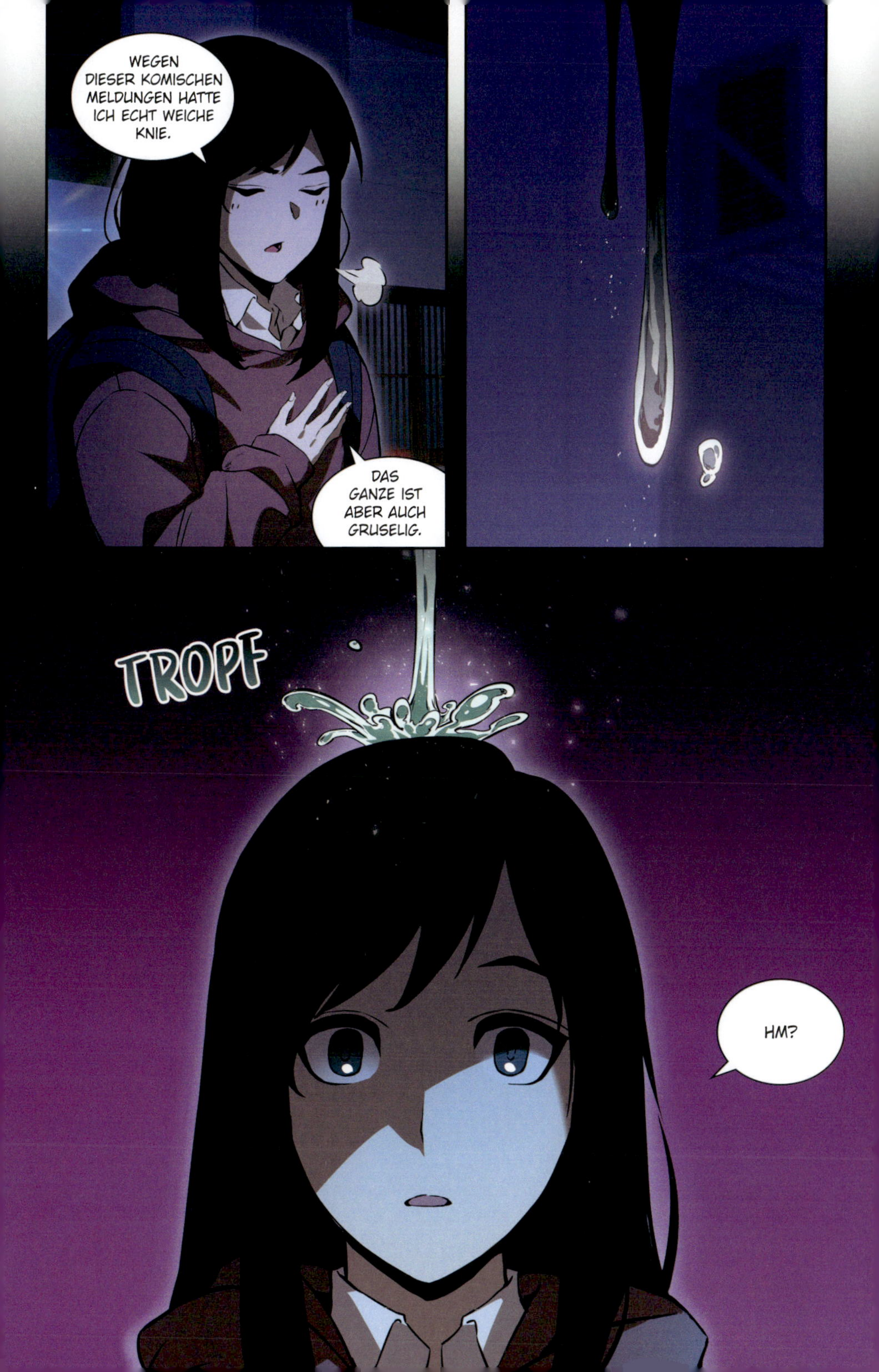
WEGEN DIESER KOMISCHEN MELDUNGEN HATTE ICH ECHT WEICHE KNIE.
DAS GANZE IST ABER AUCH GRUSELIG.
TROPF
HM?

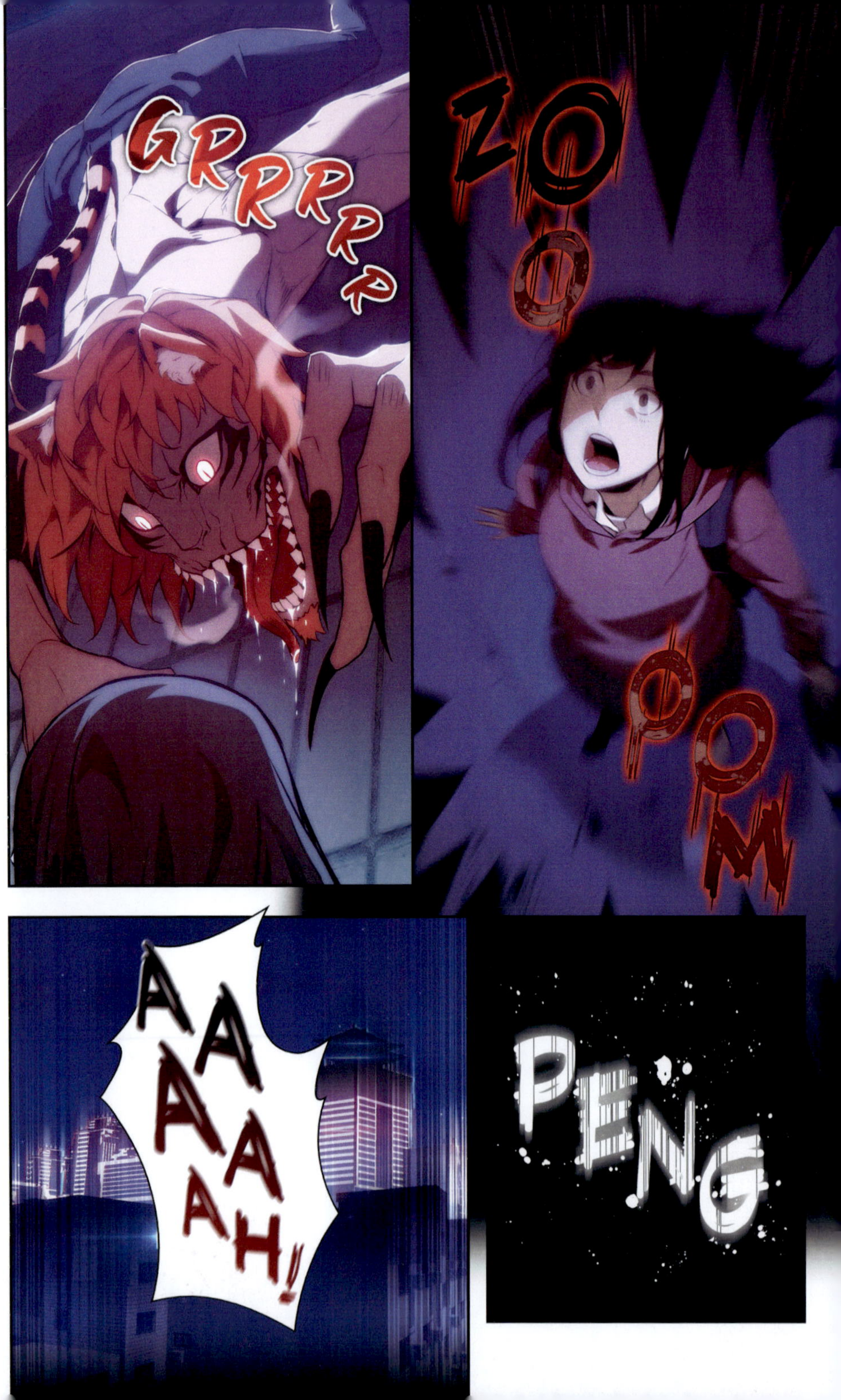
GRRRRRR
ZOOOOOM
AAAAAAH!!
PENG

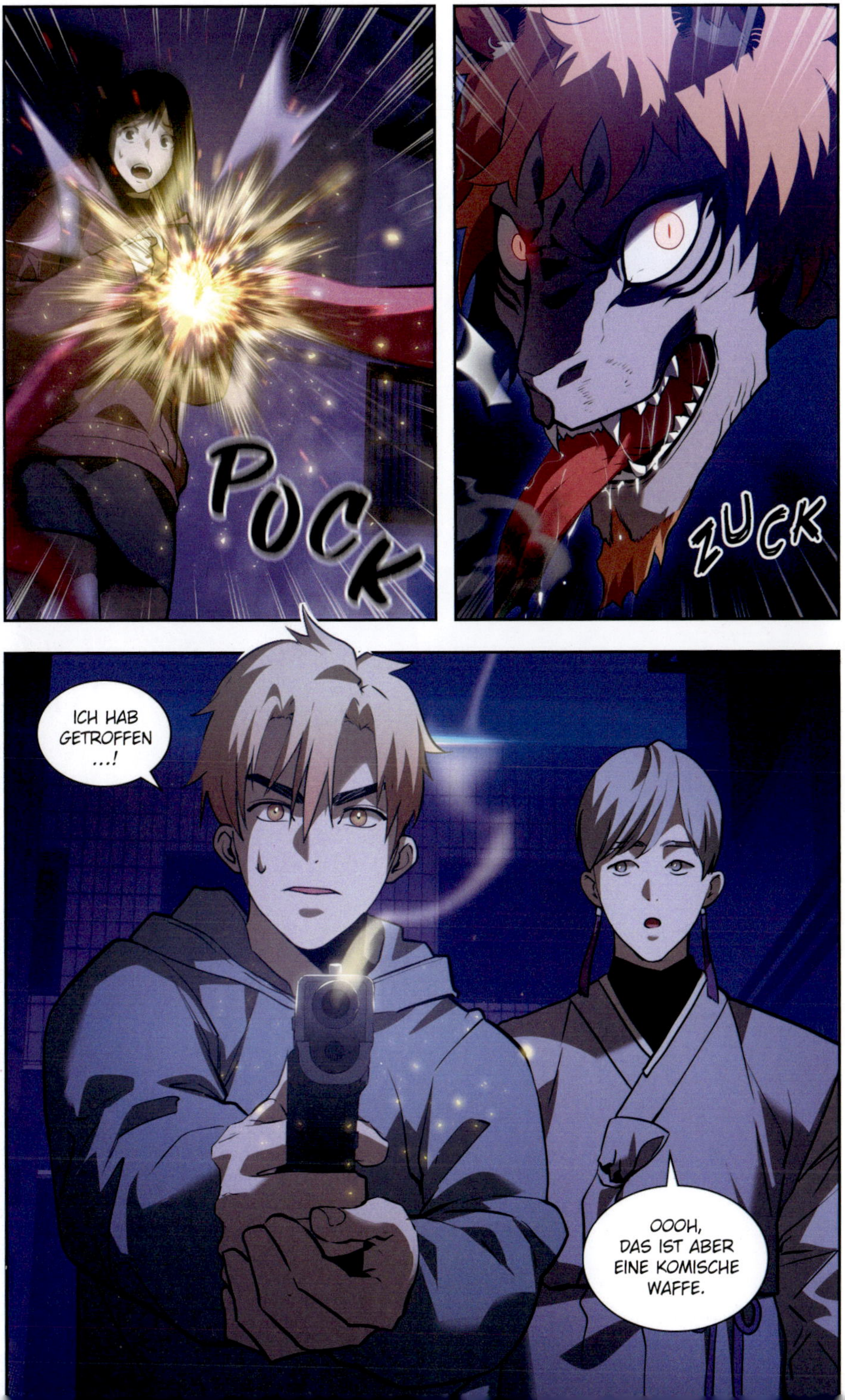
POCK
ZUCK
ICH HAB GETROFFEN ...!
OOOH, DAS IST ABER EINE KOMISCHE WAFFE.

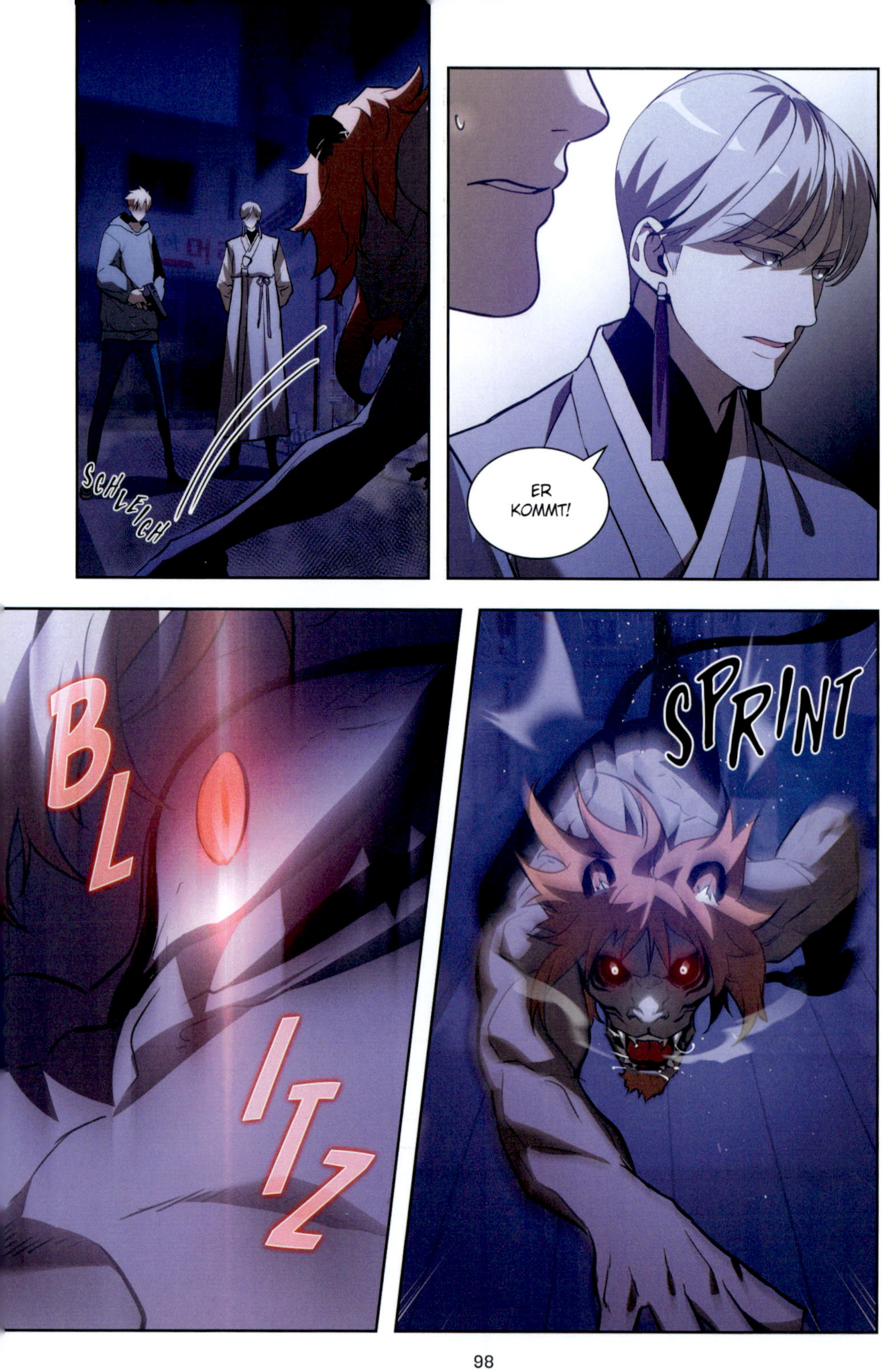
SCHLEICH
ER KOMMT!
BLITZ
SPRINT

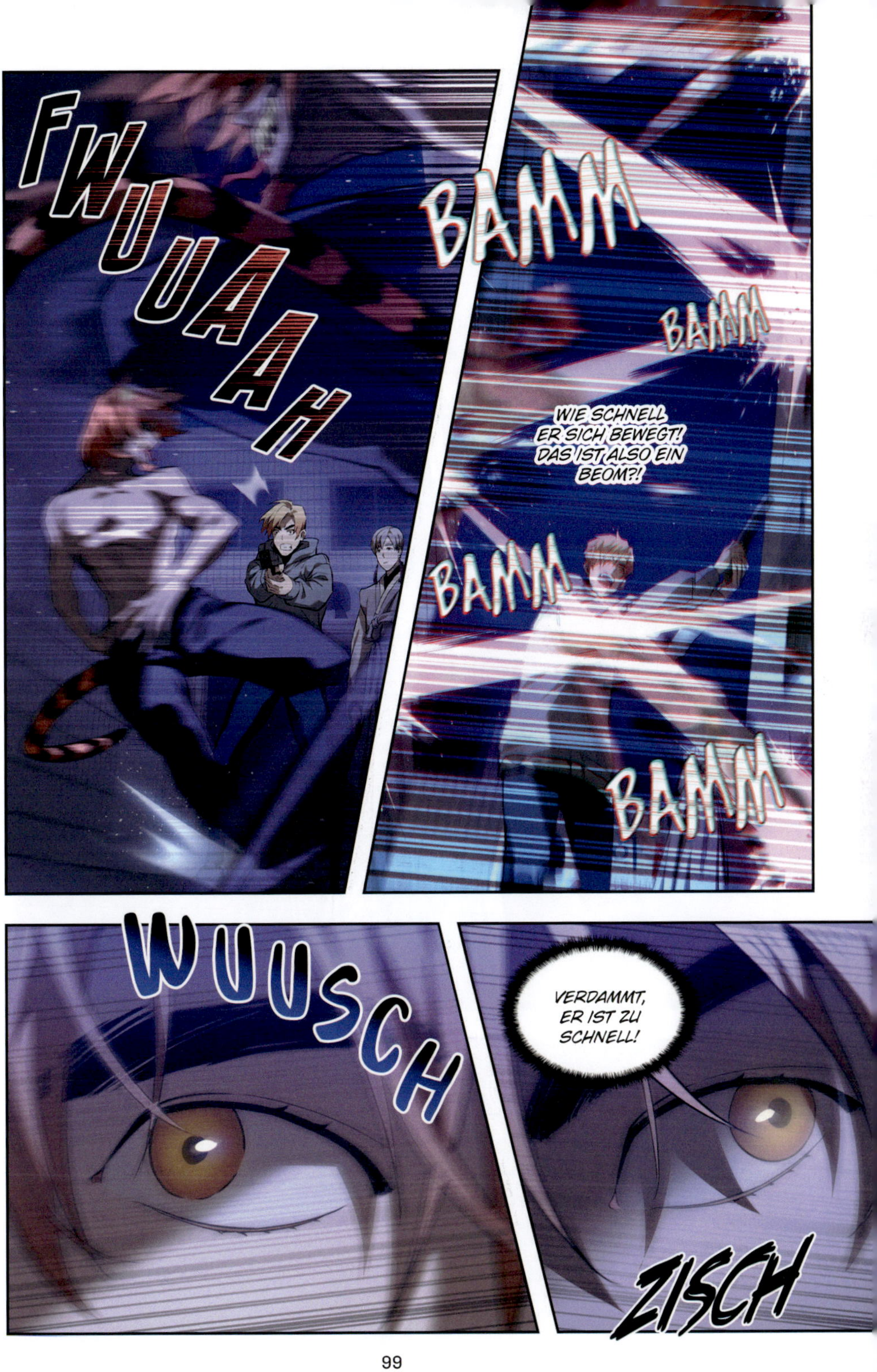
FWUUAAAH
BAMM
BAMM
WIE SCHNELL ER SICH BEWEGT! DAS IST ALSO EIN BEOM?!
BAMM
BAMM
WUUSCH
VERDAMMT, ER IST ZU SCHNELL!
ZISCH

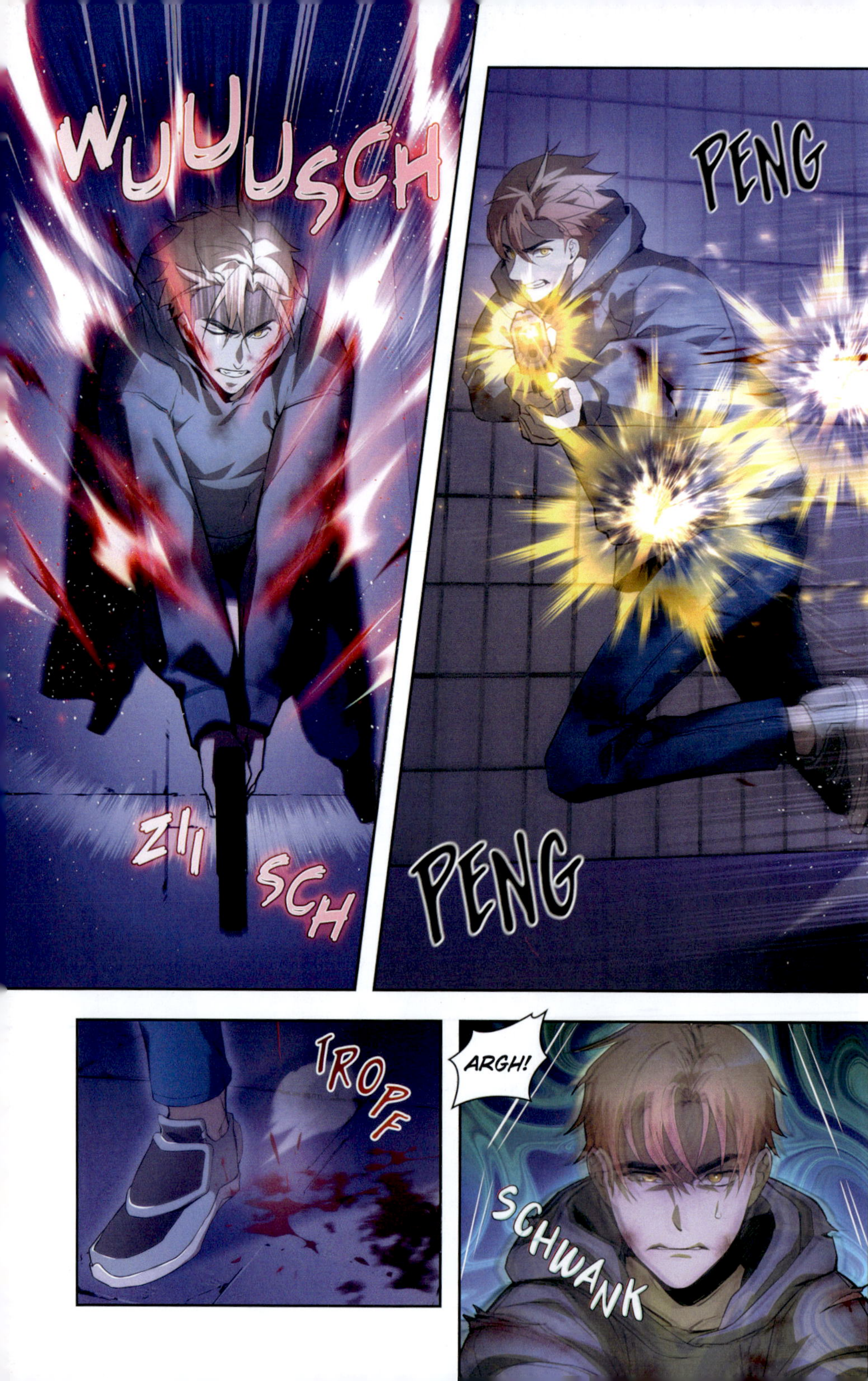
WUUUSCH
ZIISCH
PENG
PENG
TROPF
ARGH!
SCHWANK

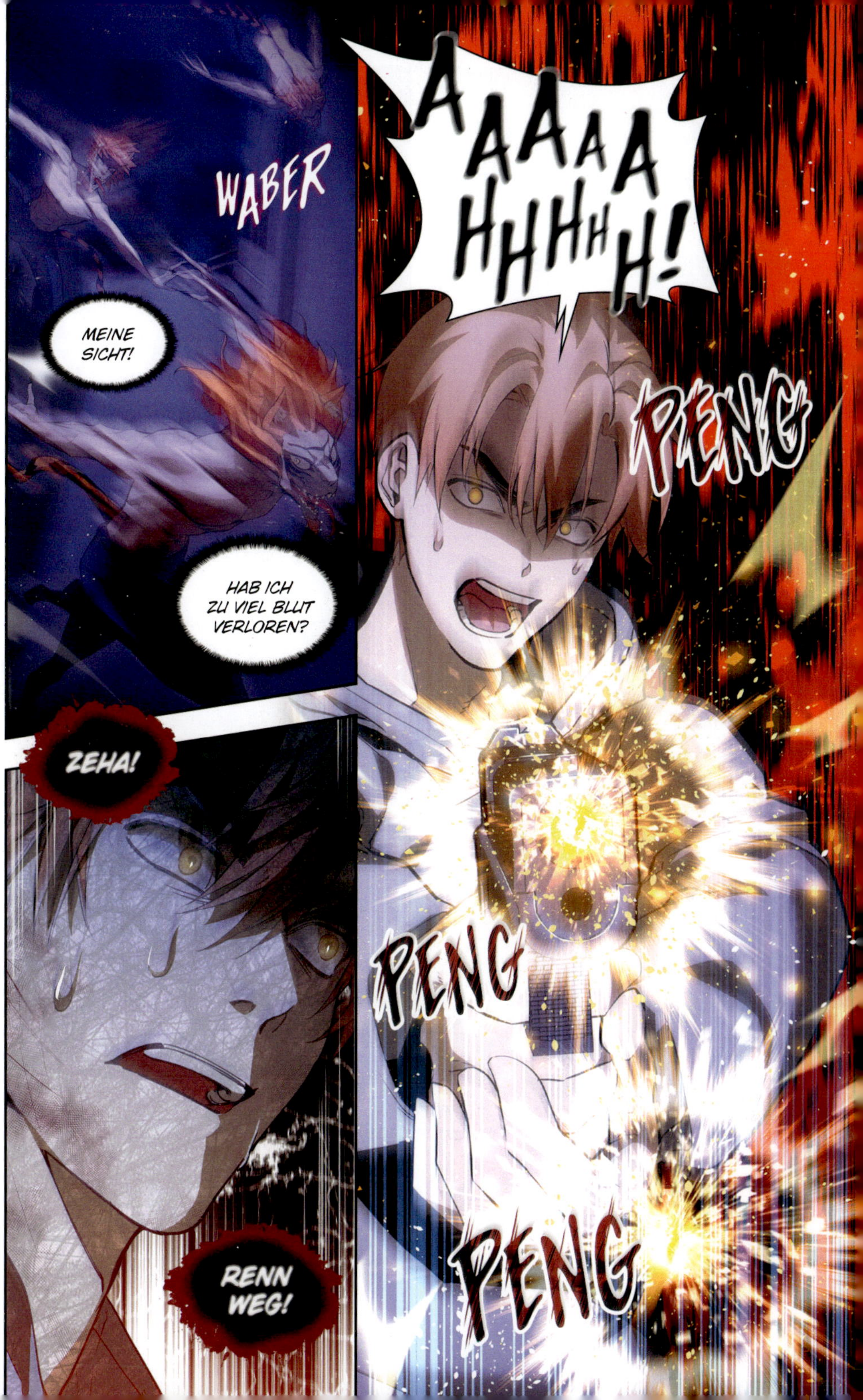
WABER
MEINE SICHT!
HAB ICH ZU VIEL BLUT VERLOREN?
AAAAAHHHHH!
PENG
ZEHA!
PENG
RENN WEG!
PENG

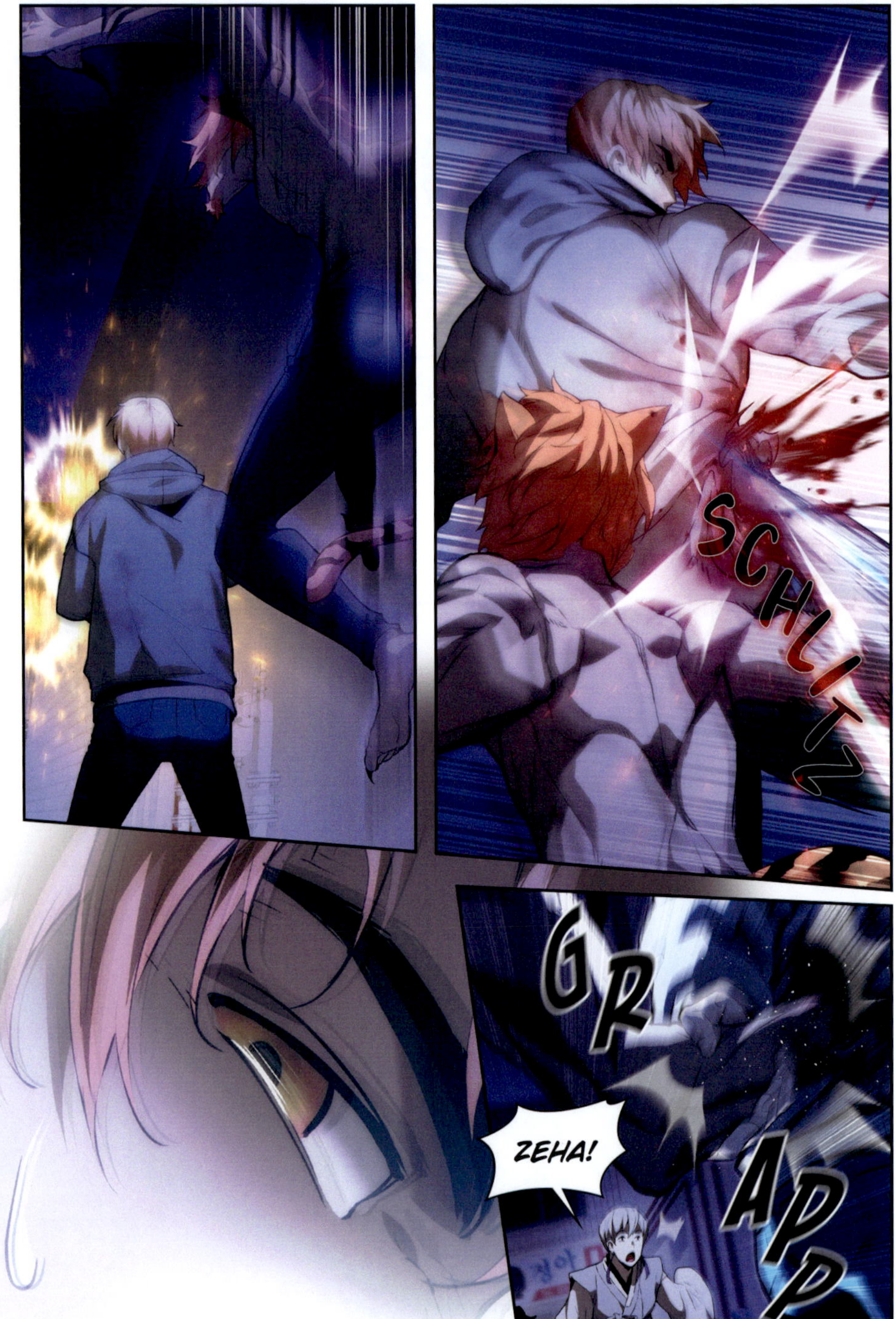
SCHLITZ
GRAPP
ZEHA!

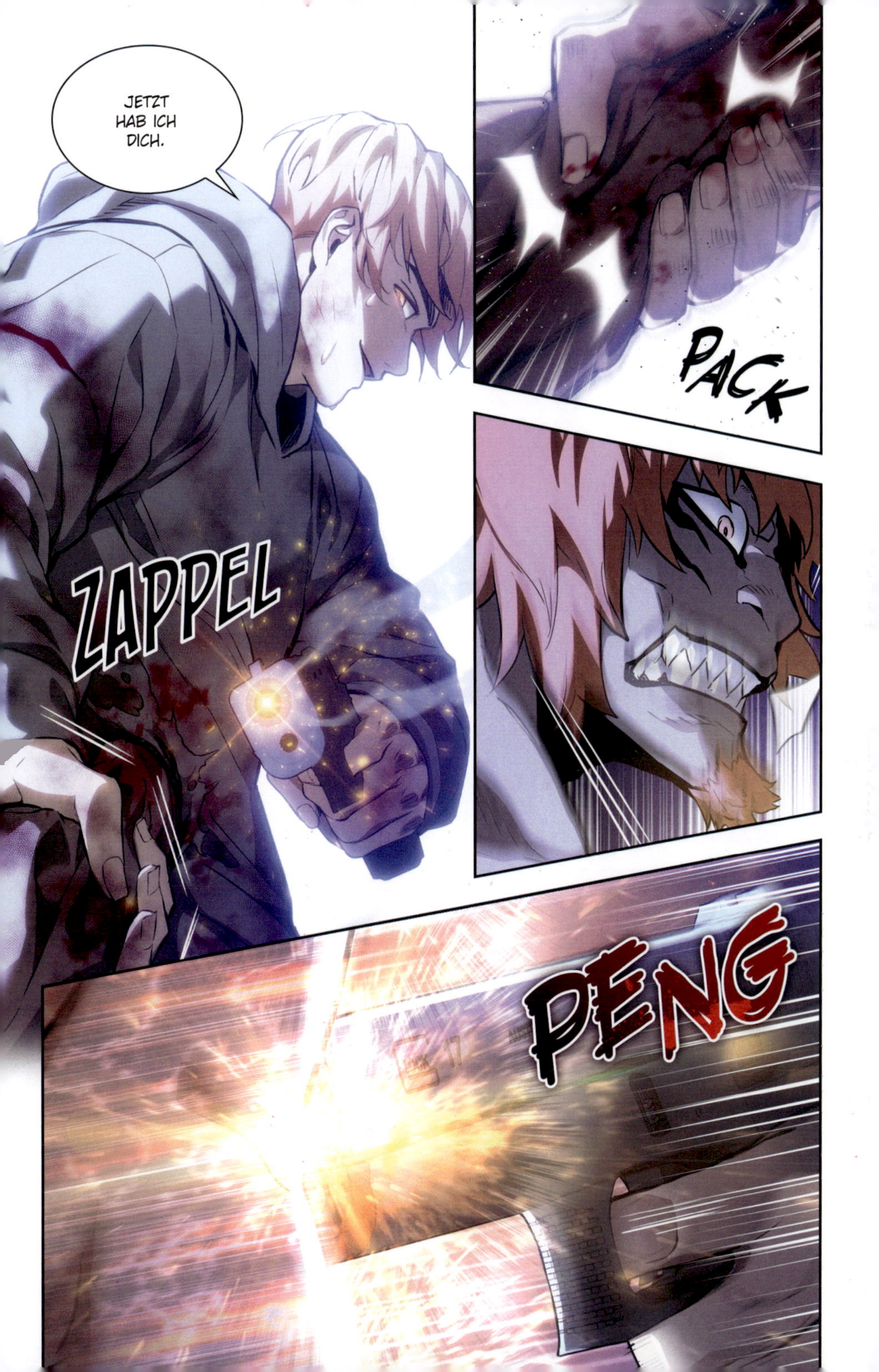
JETZT HAB ICH DICH.
PACK
ZAPPEL
PENG

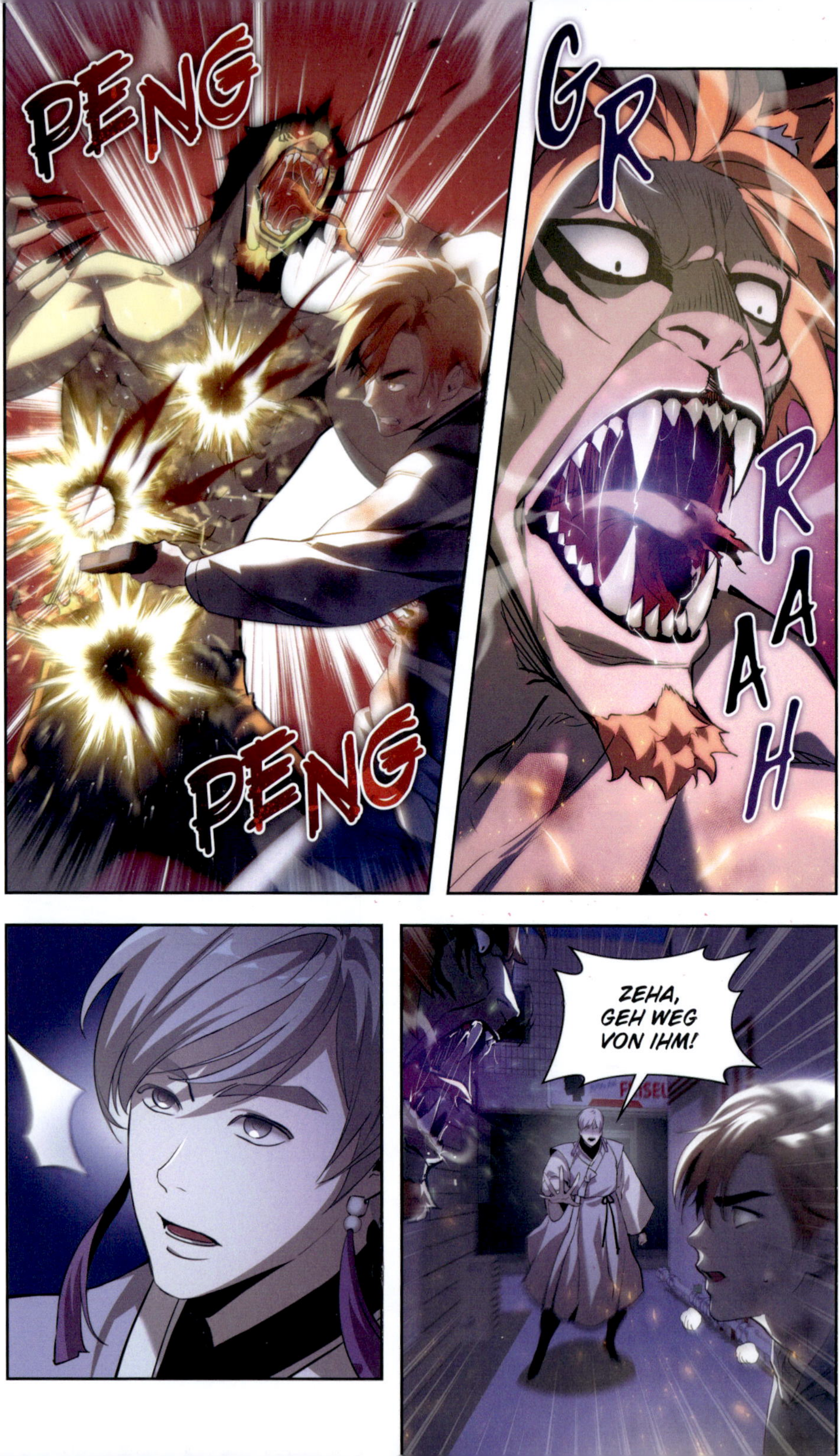
PENG
PENG
GRRAAH
ZEHA, GEH WEG VON IHM!

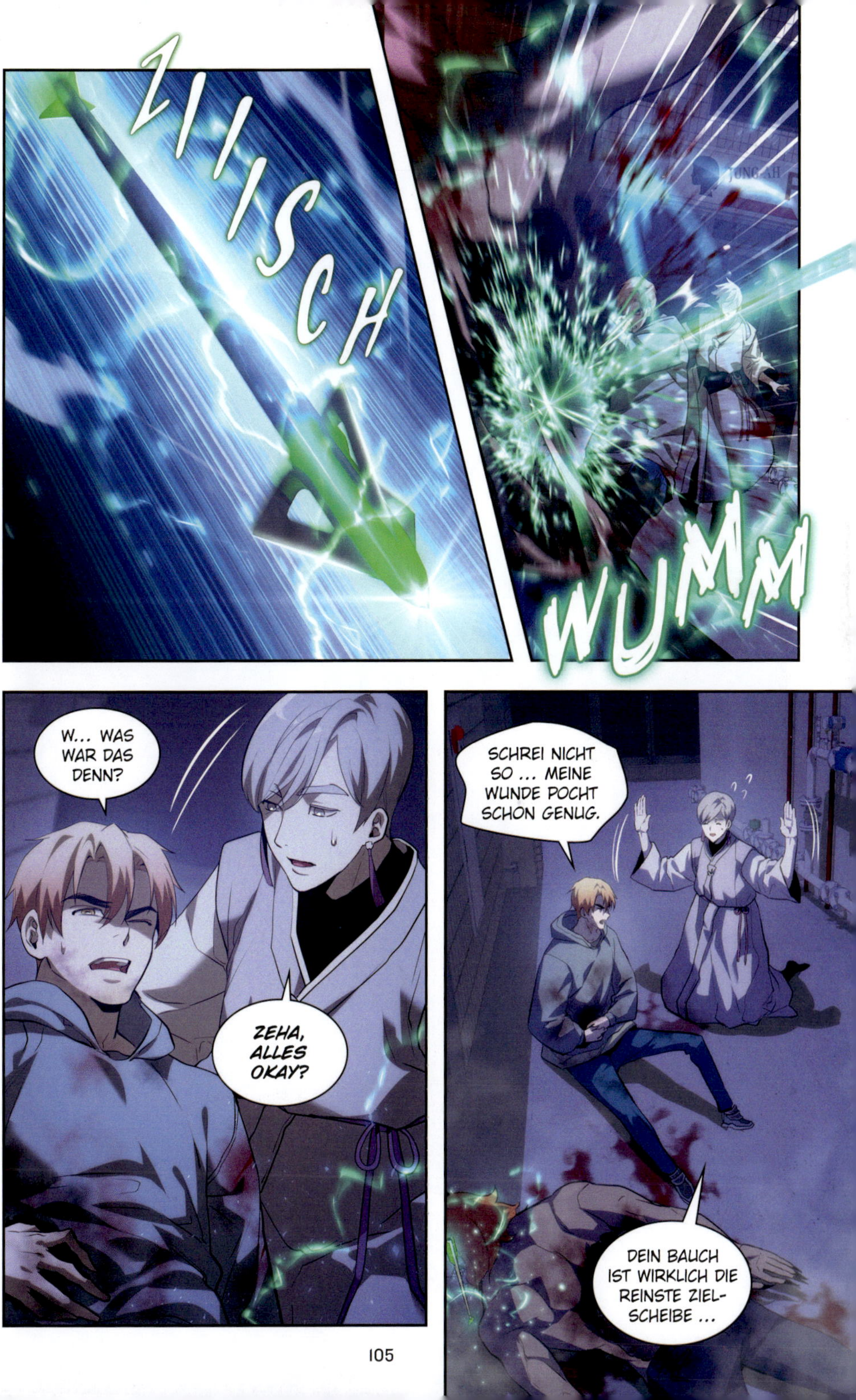
ZIIISCH
JUNGAH
WUMM
W… WAS WAR DAS DENN?
ZEHA, ALLES OKAY?
SCHREI NICHT SO … MEINE WUNDE POCHT SCHON GENUG.
DEIN BAUCH IST WIRKLICH DIE REINSTE ZIEL-SCHEIBE …

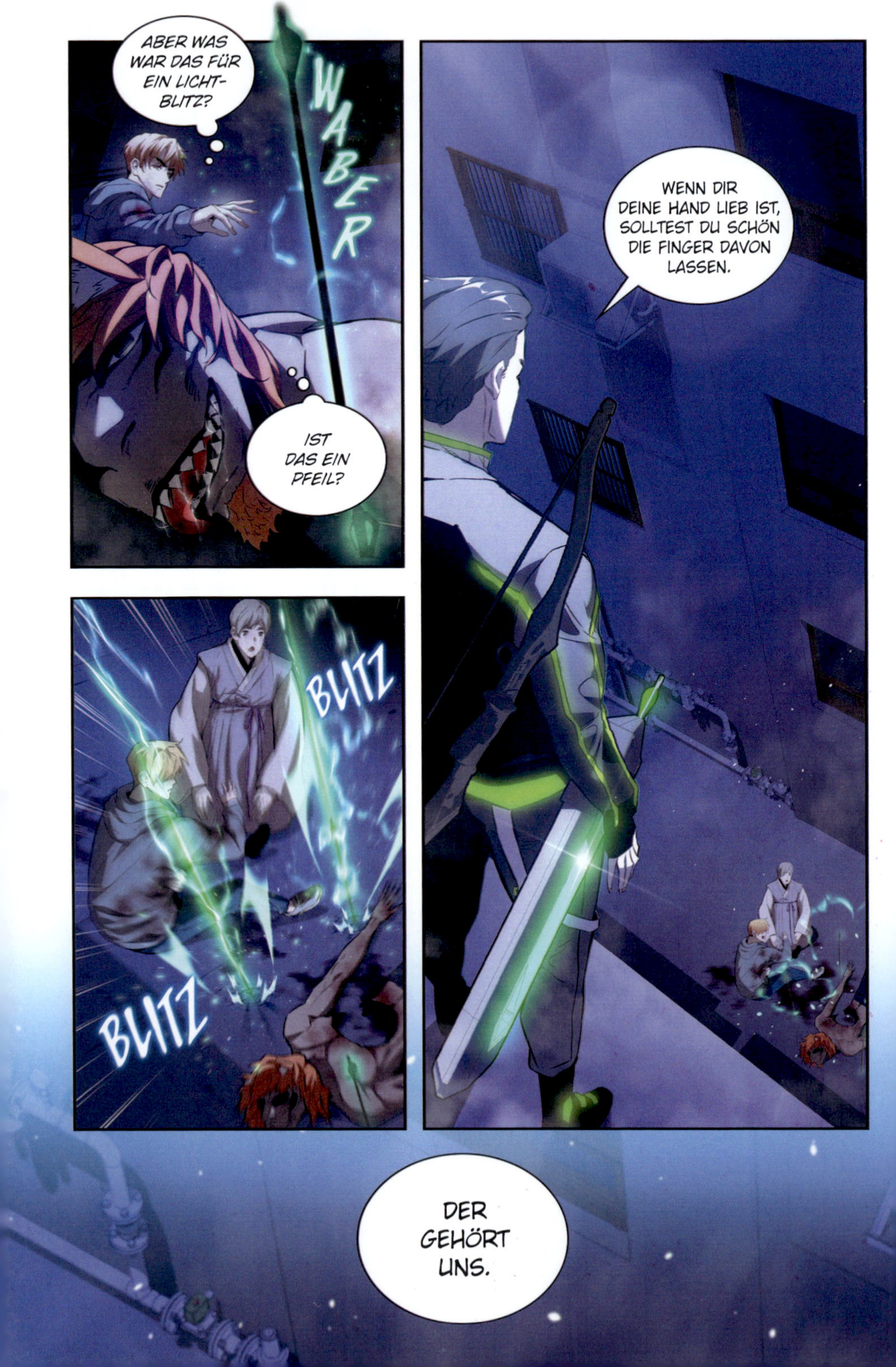
ABER WAS WAR DAS FÜR EIN LICHT-BLITZ?
WABER
IST DAS EIN PFEIL?
BLITZ
BLITZ
WENN DIR DEINE HAND LIEB IST, SOLLTEST DU SCHÖN DIE FINGER DAVON LASSEN.
DER GEHÖRT UNS.

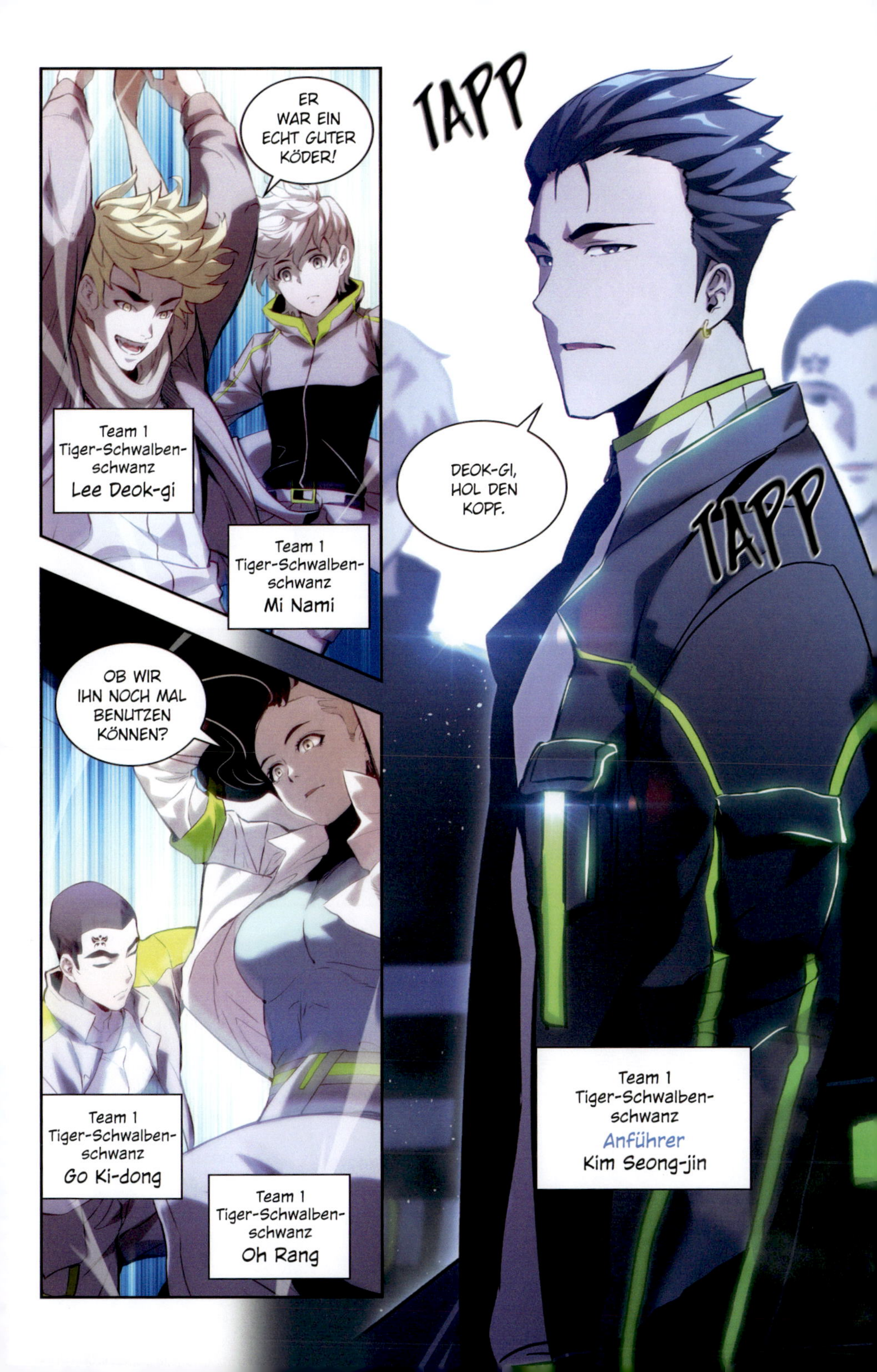
ER WAR EIN ECHT GUTER KÖDER!
Team 1 Tiger-Schwalben-schwanz Lee Deok-gi
Team 1 Tiger-Schwalben-schwanz Mi Nami
OB WIR IHN NOCH MAL BENUTZEN KÖNNEN?
Team 1 Tiger-Schwalben-schwanz Go Ki-dong
Team 1 Tiger-Schwalben-schwanz Oh Rang
TAPP
DEOK-GI, HOL DEN KOPF.
TAPP
Team 1 Tiger-Schwalben-schwanz Anführer Kim Seong-jin

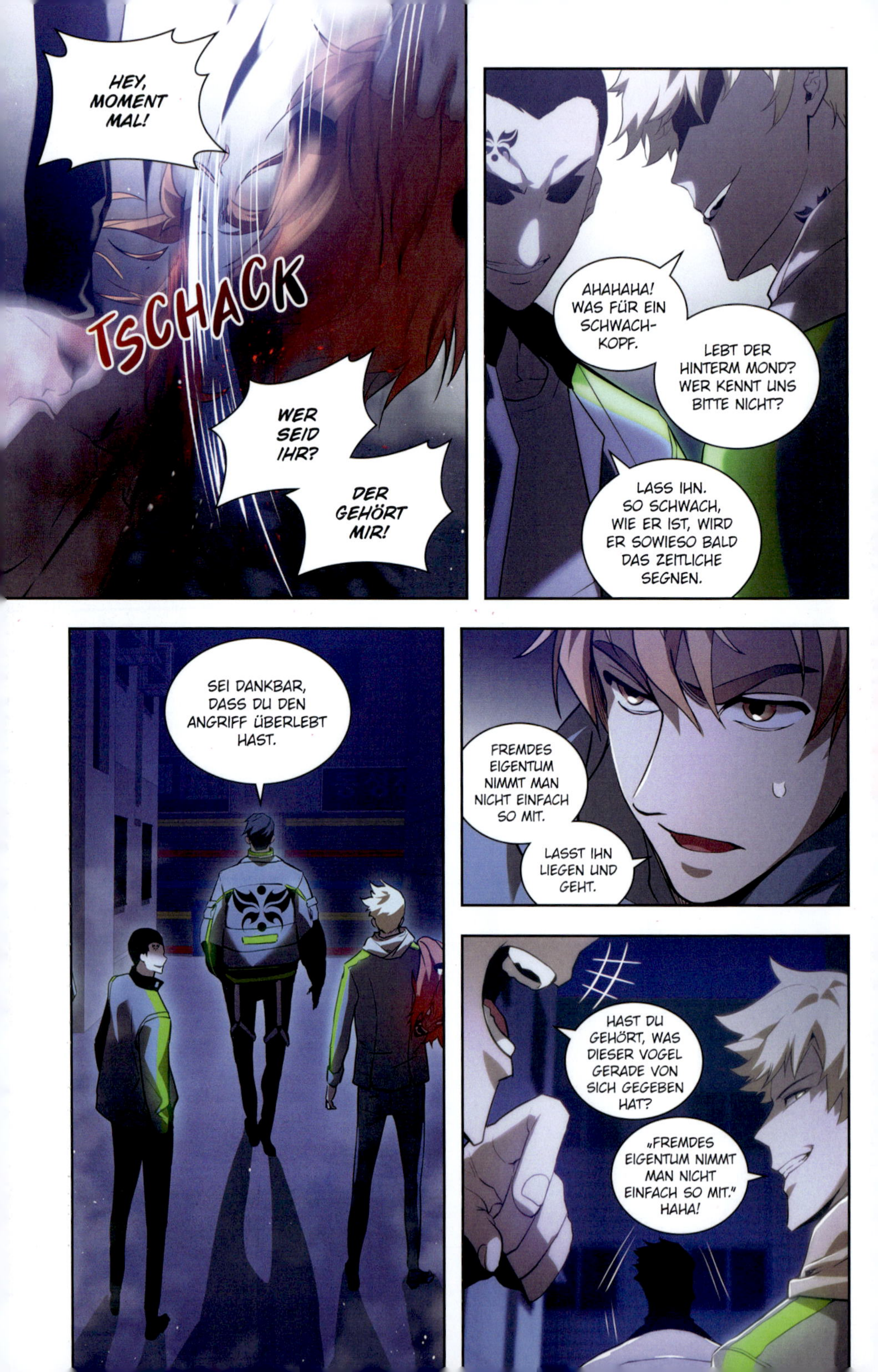

HEY, MOMENT MAL!
TSCHACK
WER SEID IHR?
DER GEHÖRT MIR!
AHAHAHA! WAS FÜR EIN SCHWACH-KOPF.
LEBT DER HINTERM MOND? WER KENNT UNS BITTE NICHT?
LASS IHN. SO SCHWACH, WIE ER IST, WIRD ER SOWIESO BALD DAS ZEITLICHE SEGNEN.
SEI DANKBAR, DASS DU DEN ANGRIFF ÜBERLEBT HAST.
FREMDES EIGENTUM NIMMT MAN NICHT EINFACH SO MIT.
LASST IHN LIEGEN UND GEHT.
HAST DU GEHÖRT, WAS DIESER VOGEL GERADE VON SICH GEGEBEN HAT?
„FREMDES EIGENTUM NIMMT MAN NICHT EINFACH SO MIT.“ HAHA!

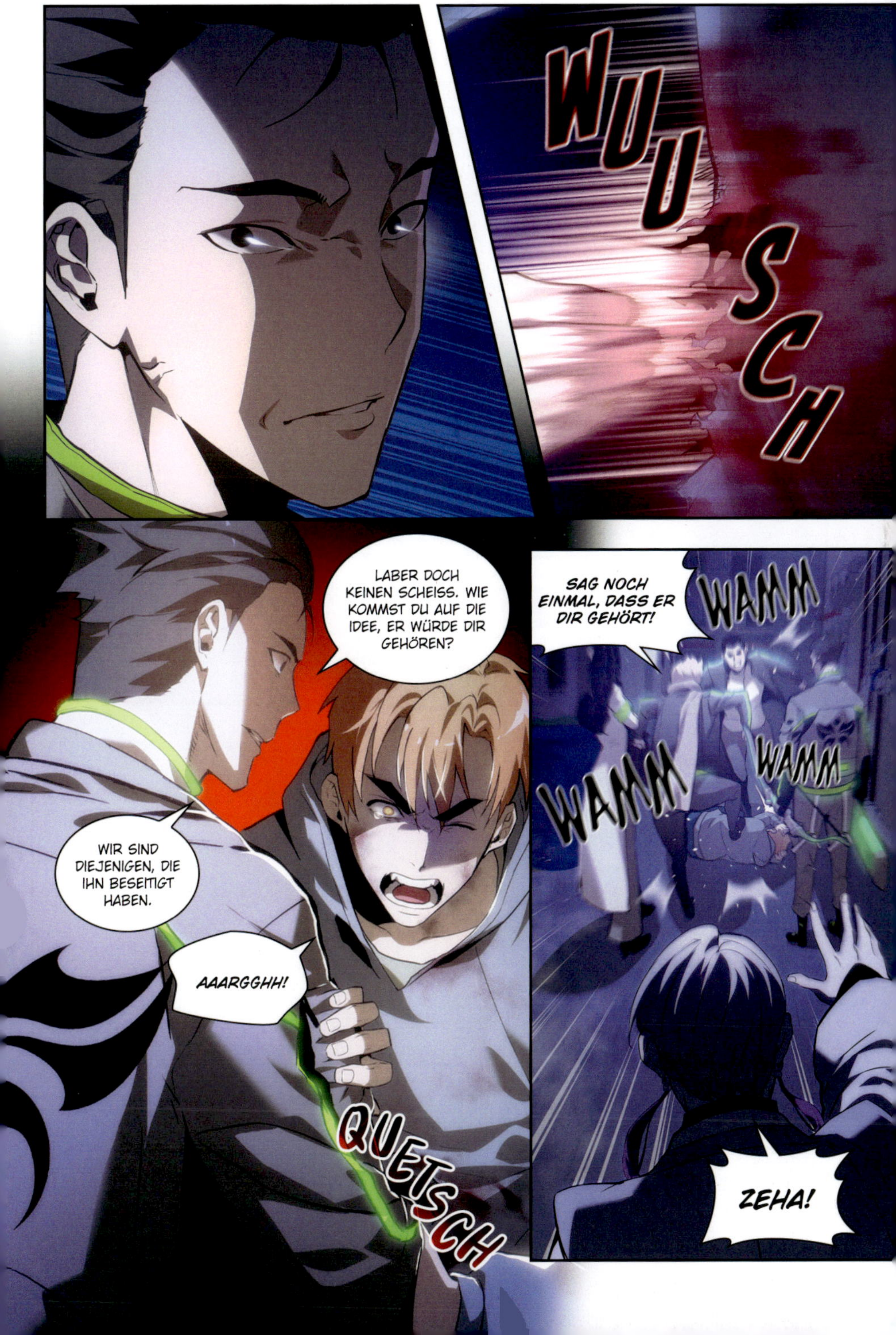
WUUUSCH
LABER DOCH KEINEN SCHEISS. WIE KOMMST DU AUF DIE IDEE, ER WÜRDE DIR GEHÖREN?
WIR SIND DIEJENIGEN, DIE IHN BESEITIGT HABEN.
AAARGGHH!
QUETSCH
SAG NOCH EINMAL, DASS ER DIR GEHÖRT!
WAMM
WAMM
WAMM
ZEHA!

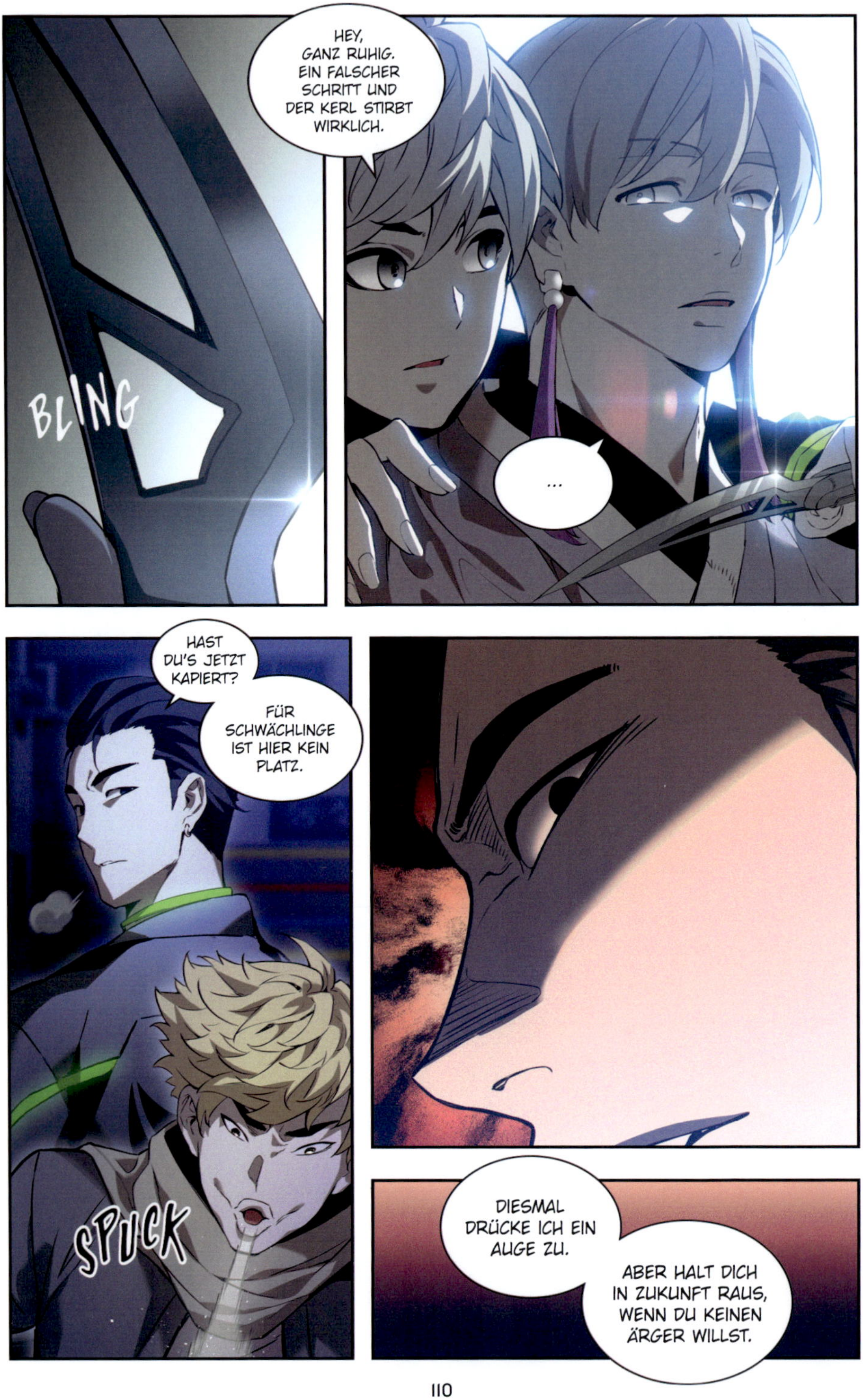
HEY, GANZ RUHIG. EIN FALSCHER SCHRITT UND DER KERL STIRBT WIRKLICH.
BLING
...
HAST DU'S JETZT KAPIERT?
FÜR SCHWÄCHLINGE IST HIER KEIN PLATZ.
SPUCK
DIESMAL DRÜCKE ICH EIN AUGE ZU.
ABER HALT DICH IN ZUKUNFT RAUS, WENN DU KEINEN ÄRGER WILLST.

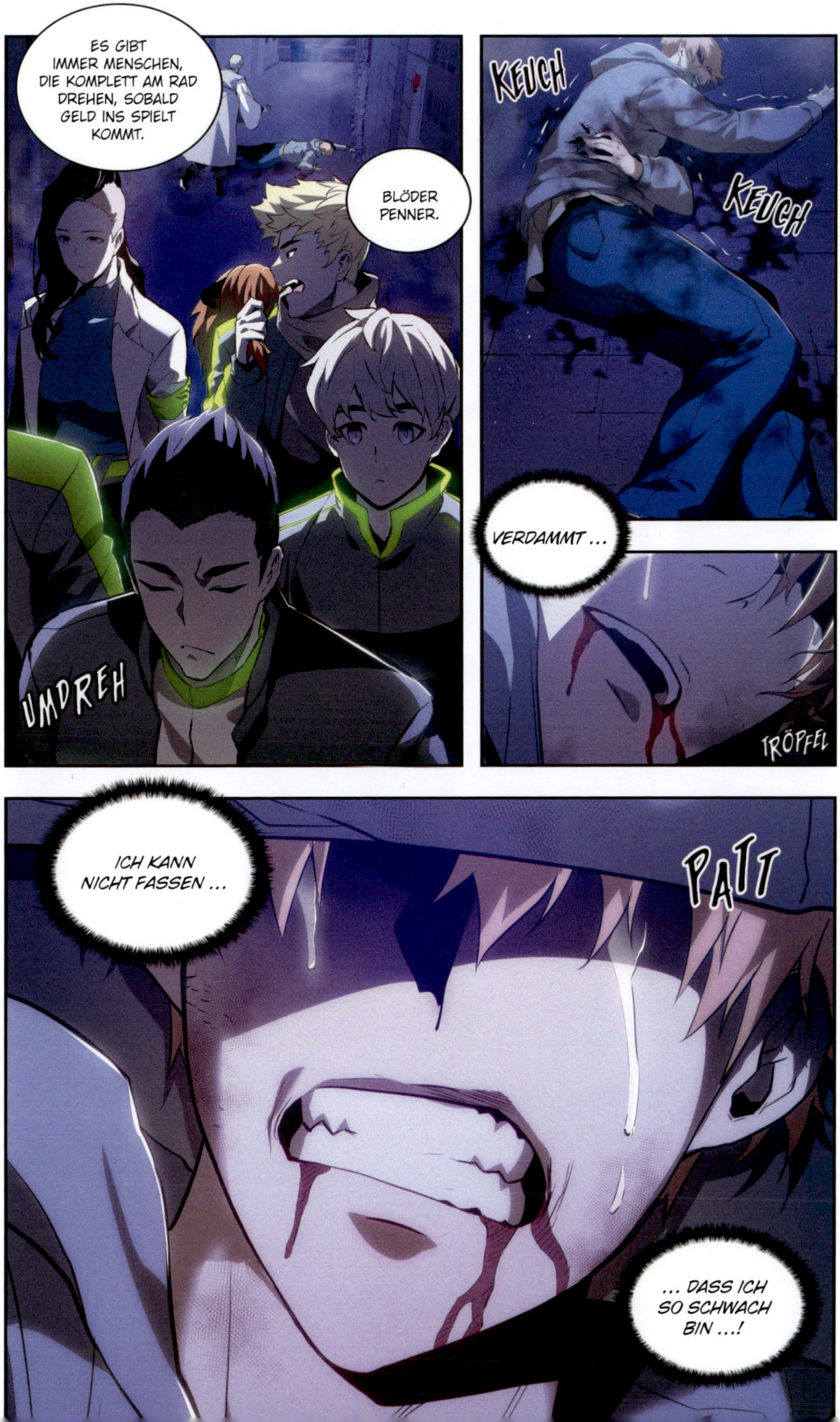
ES GIBT IMMER MENSCHEN, DIE KOMPLETT AM RAD DREHEN, SOBALD GELD INS SPIELT KOMMT.
BLÖDER PENNER.
UMDREH
KEUCH
KEUCH
VERDAMMT …
TRÖPFEL
ICH KANN NICHT FASSEN …
PATT
… DASS ICH SO SCHWACH BIN …!

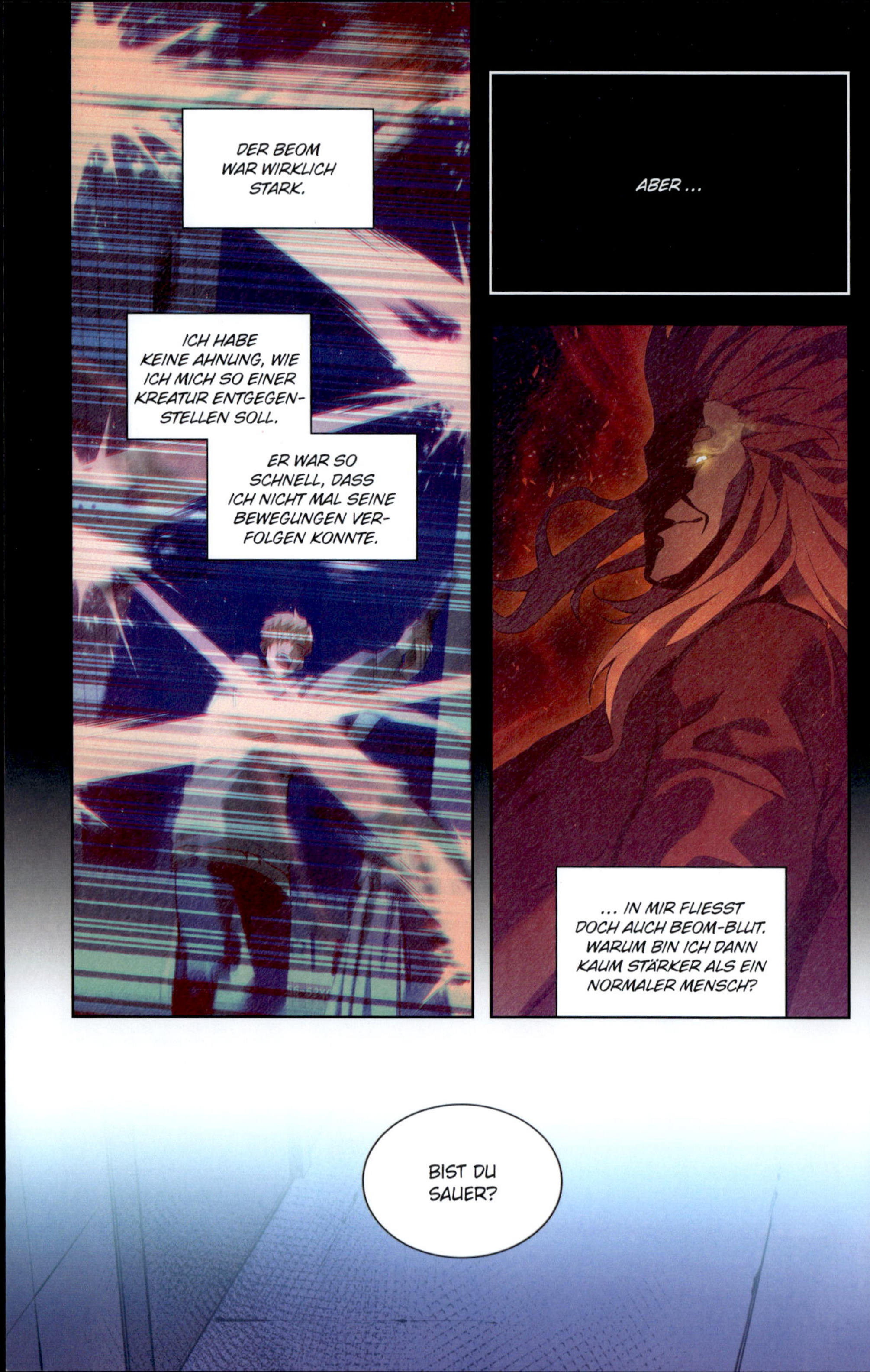

DER BEOM WAR WIRKLICH STARK.
ABER …
ICH HABE KEINE AHNUNG, WIE ICH MICH SO EINER KREATUR ENTGEGEN-STELLEN SOLL.
ER WAR SO SCHNELL, DASS ICH NICHT MAL SEINE BEWEGUNGEN VER-FOLGEN KONNTE.
… IN MIR FLIESST DOCH AUCH BEOM-BLUT. WARUM BIN ICH DANN KAUM STÄRKER ALS EIN NORMALER MENSCH?
BIST DU SAUER?

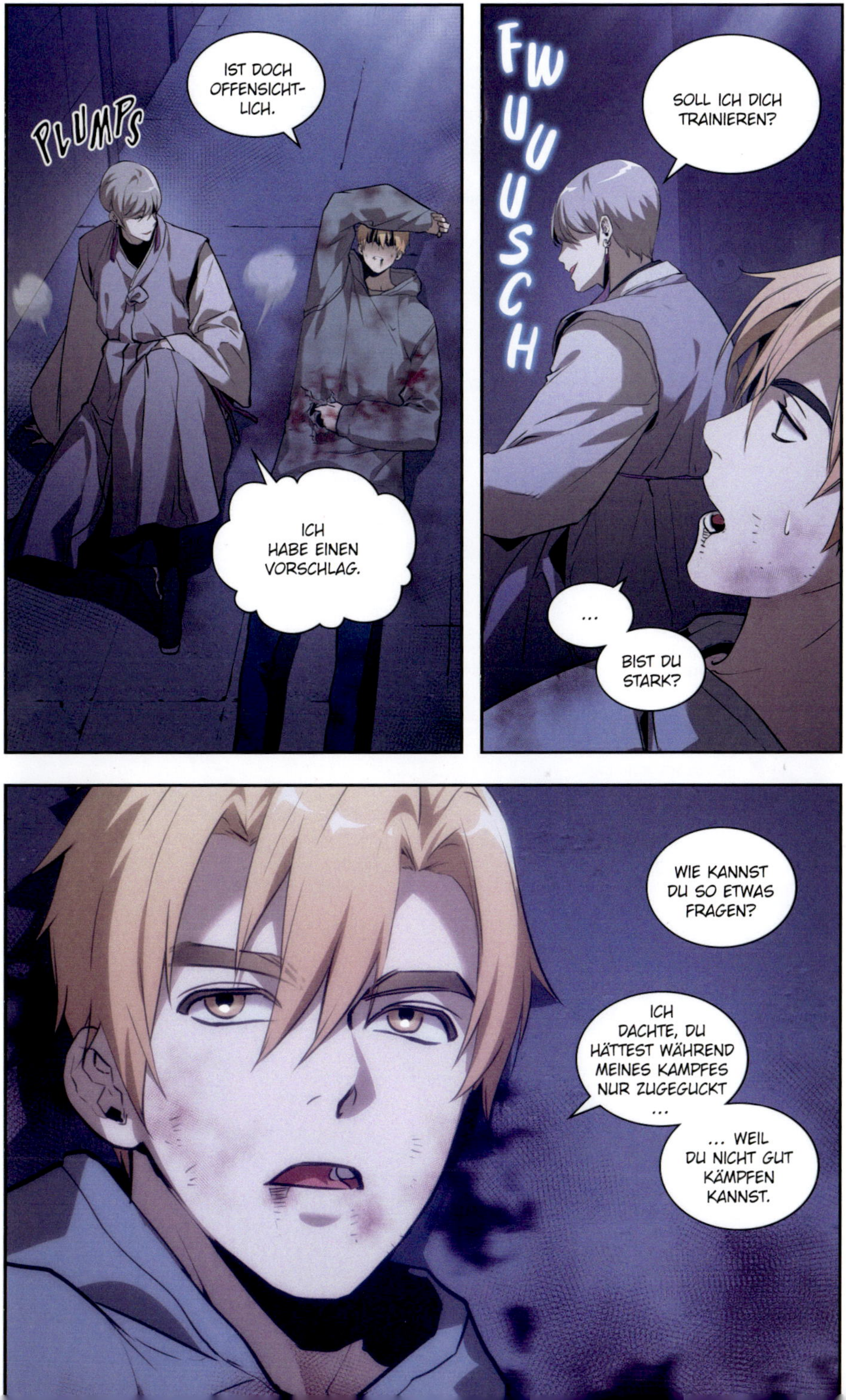
PLUMPS
IST DOCH OFFENSICHT-LICH.
ICH HABE EINEN VORSCHLAG.
FWUUUSCH
SOLL ICH DICH TRAINIEREN?
...
BIST DU STARK?
WIE KANNST DU SO ETWAS FRAGEN?
ICH DACHTE, DU HÄTTEST WÄHREND MEINES KAMPFES NUR ZUGEGUCKT ...
... WEIL DU NICHT GUT KÄMPFEN KANNST.

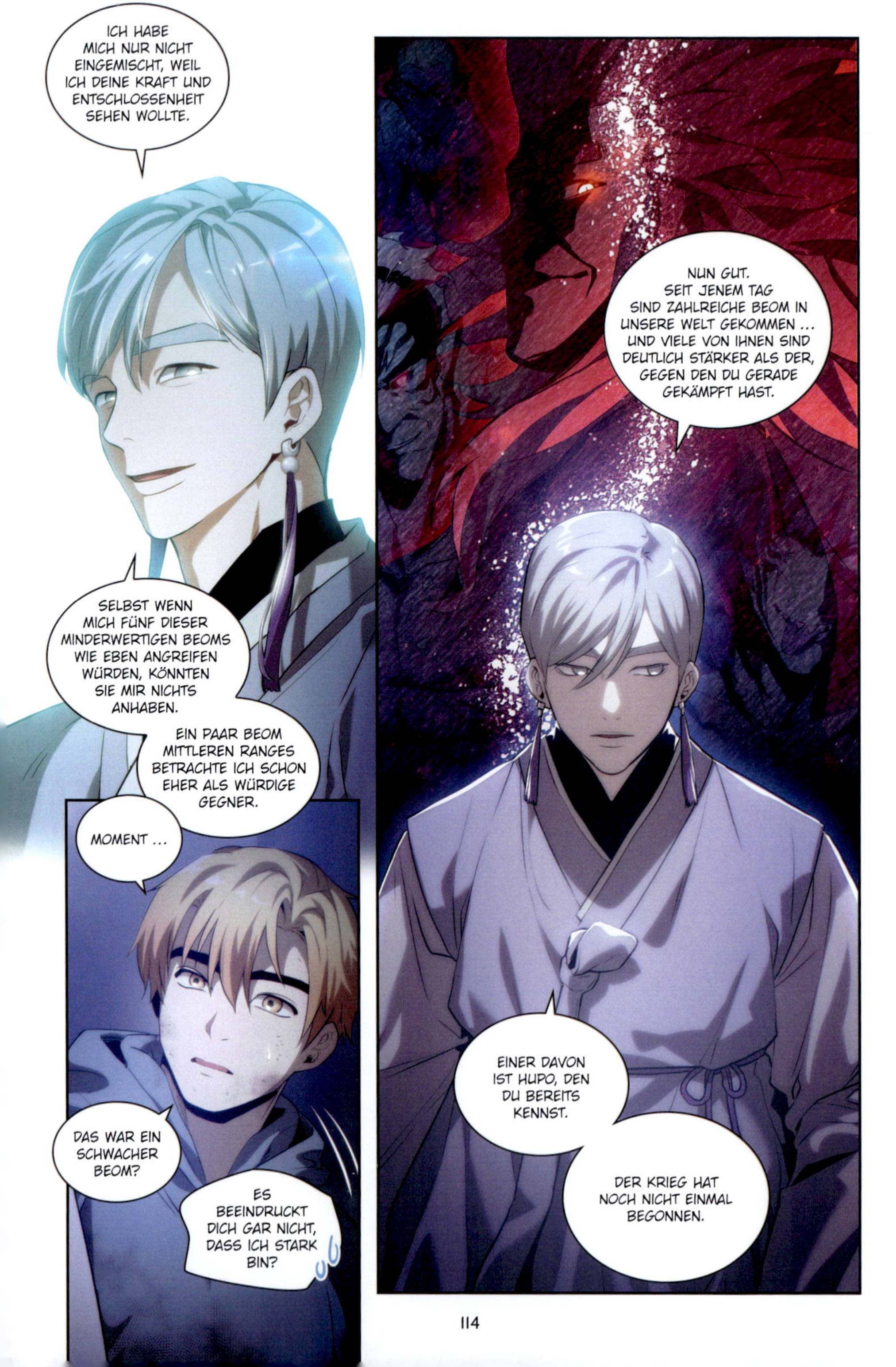
ICH HABE MICH NUR NICHT EINGEMISCHT, WEIL ICH DEINE KRAFT UND ENTSCHLOSSENHEIT SEHEN WOLLTE.
SELBST WENN MICH FÜNF DIESER MINDERWERTIGEN BEOMS WIE EBEN ANGREIFEN WÜRDEN, KÖNNTEN SIE MIR NICHTS ANHABEN.
EIN PAAR BEOM MITTLEREN RANGES BETRACHTE ICH SCHON EHER ALS WÜRDIGE GEGNER.
MOMENT …
DAS WAR EIN SCHWACHER BEOM?
ES BEEINDRUCKT DICH GAR NICHT, DASS ICH STARK BIN?
NUN GUT. SEIT JENEM TAG SIND ZAHLREICHE BEOM IN UNSERE WELT GEKOMMEN … … UND VIELE VON IHNEN SIND DEUTLICH STÄRKER ALS DER, GEGEN DEN DU GERADE GEKÄMPFT HAST.
EINER DAVON IST HUPO, DEN DU BEREITS KENNST.
DER KRIEG HAT NOCH NICHT EINMAL BEGONNEN.

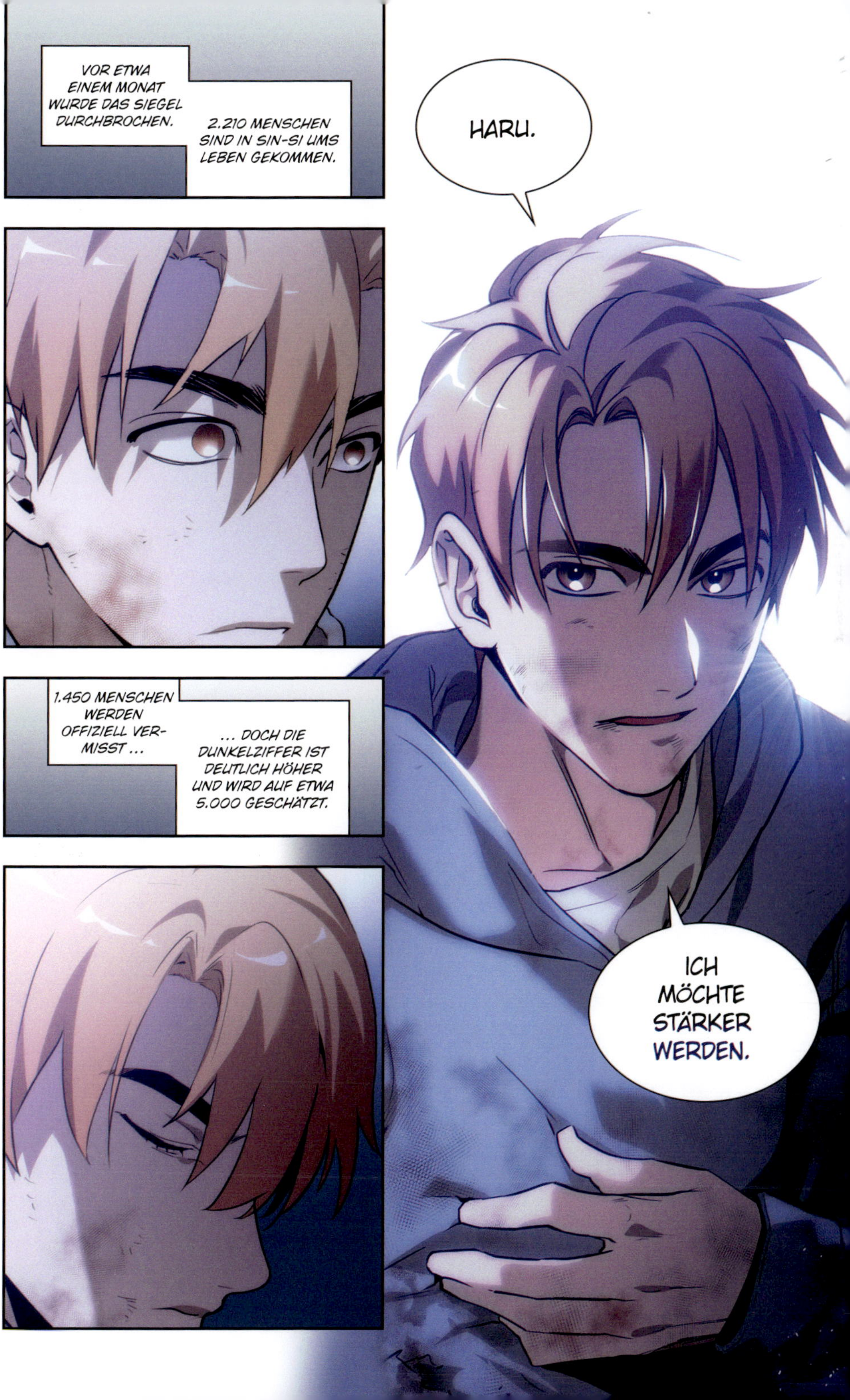
VOR ETWA EINEM MONAT WURDE DAS SIEGEL DURCHBROCHEN.
2.210 MENSCHEN SIND IN SIN-SI UMS LEBEN GEKOMMEN.
HARU.
1.450 MENSCHEN WERDEN OFFIZIELL VER- MISST …
… DOCH DIE DUNKELZIFFER IST DEUTLICH HÖHER UND WIRD AUF ETWA 5.000 GESCHÄTZT.
ICH MÖCHTE STÄRKER WERDEN.

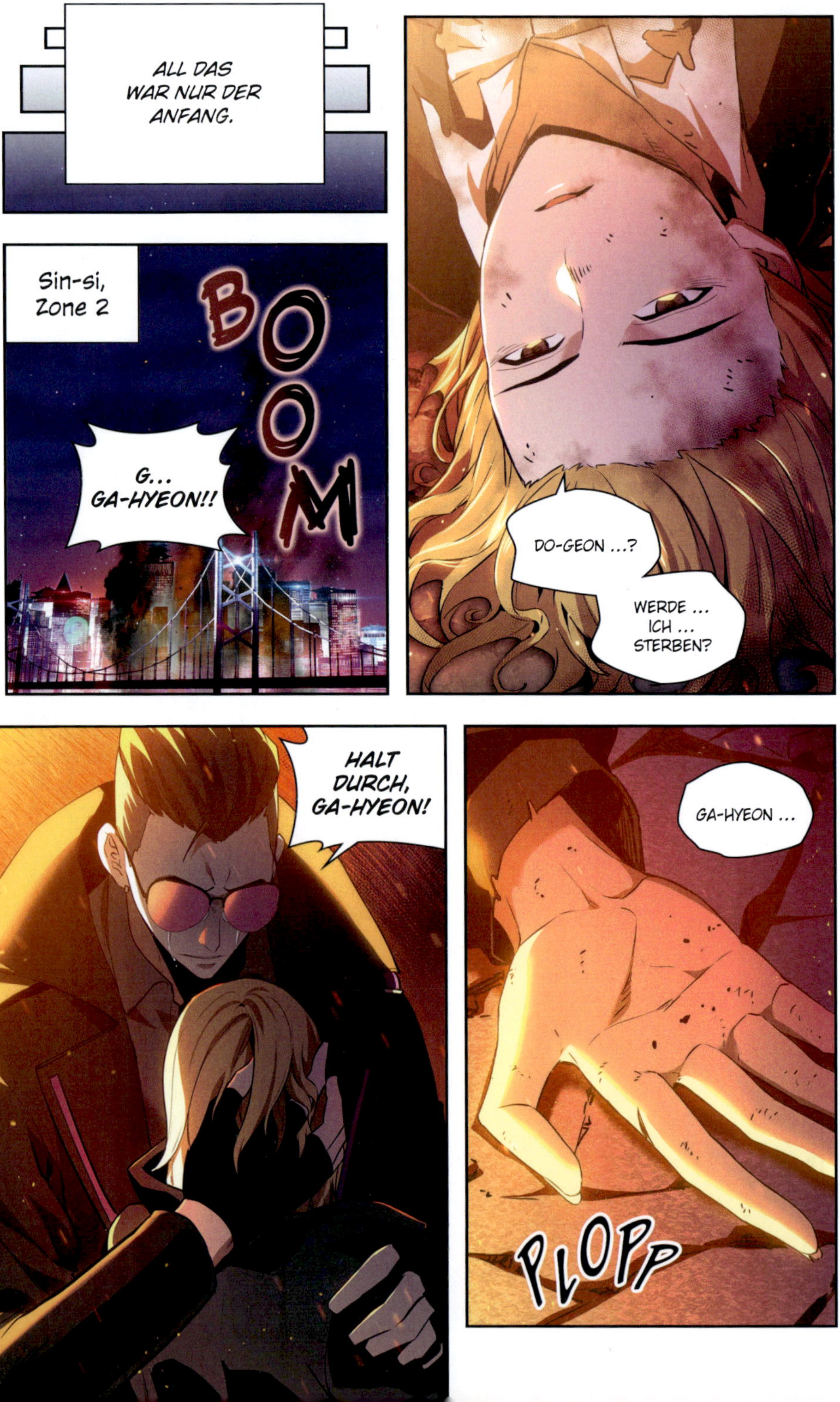
ALL DAS WAR NUR DER ANFANG.
Sin-si, Zone 2
BOOM
G... GA-HYEON!!
DO-GEON ...?
WERDE ... ICH ... STERBEN?
HALT DURCH, GA-HYEON!
GA-HYEON ...
PLOPP

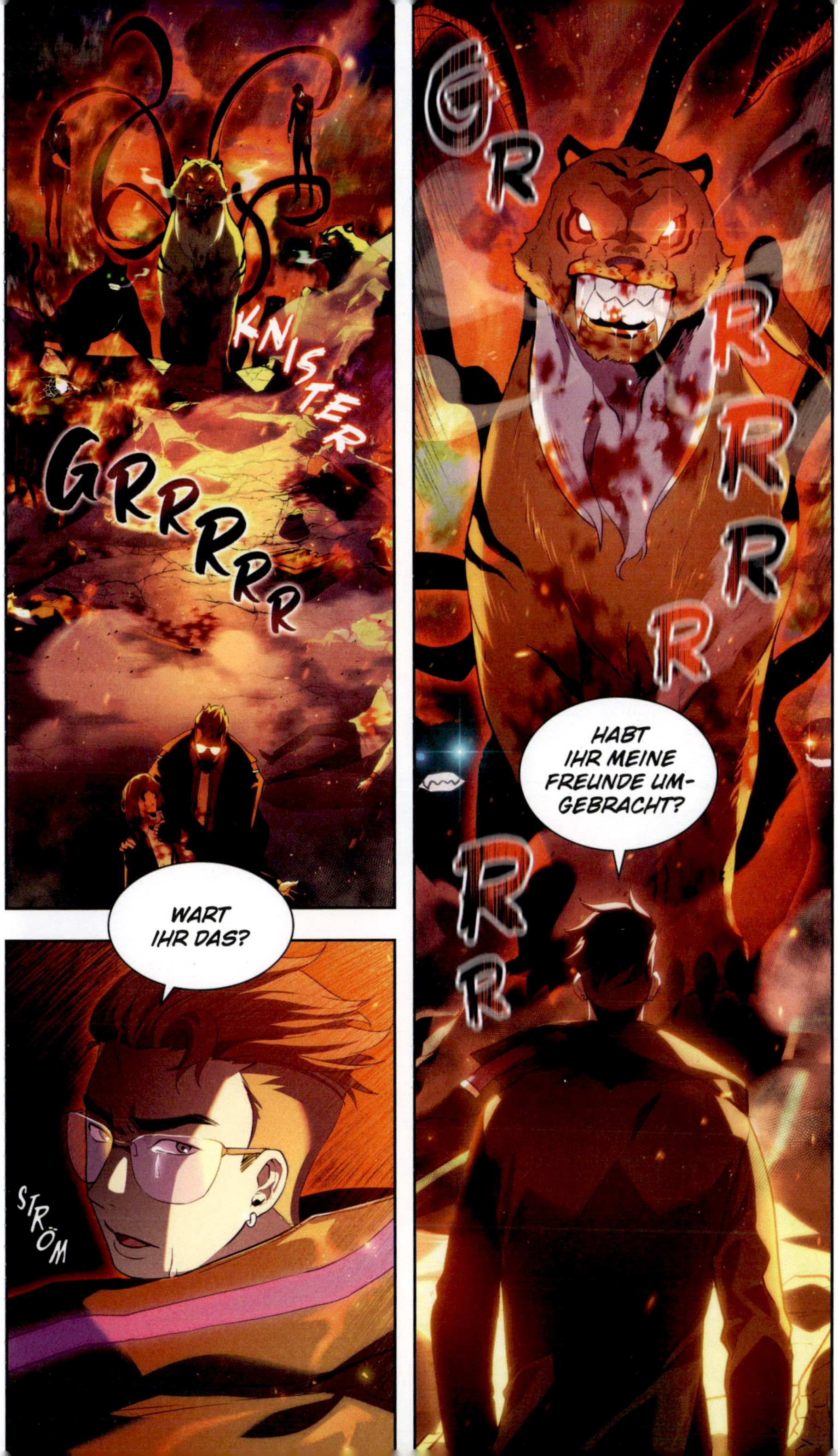
KNISTER
GRRRRRR
WART IHR DAS?
STRÖM
GRRRRRR
HABT IHR MEINE FREUNDE UMGEBRACHT?
RRR

EPISODE 4

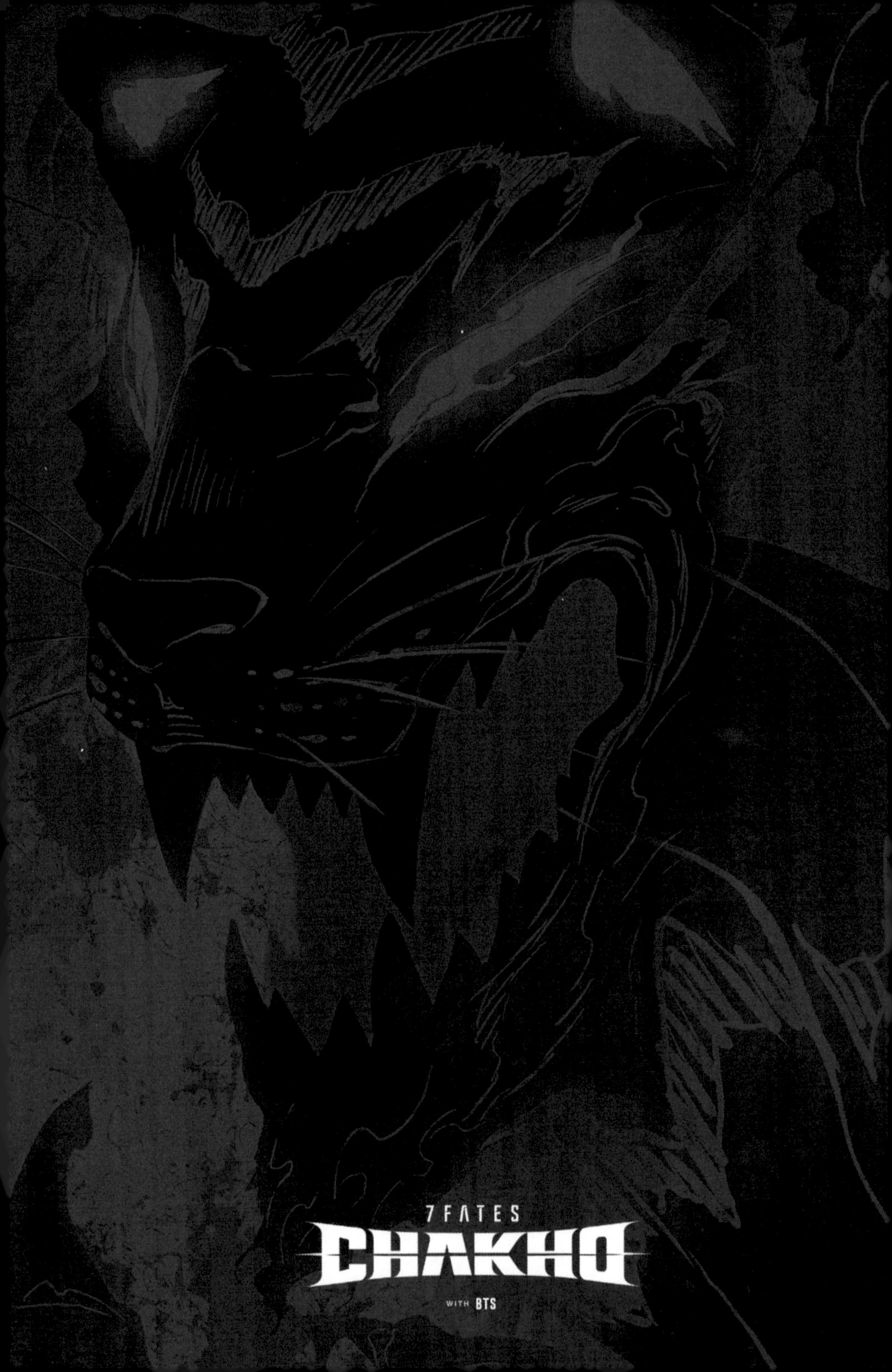
7FATES
CHAKHO
WITH BTS

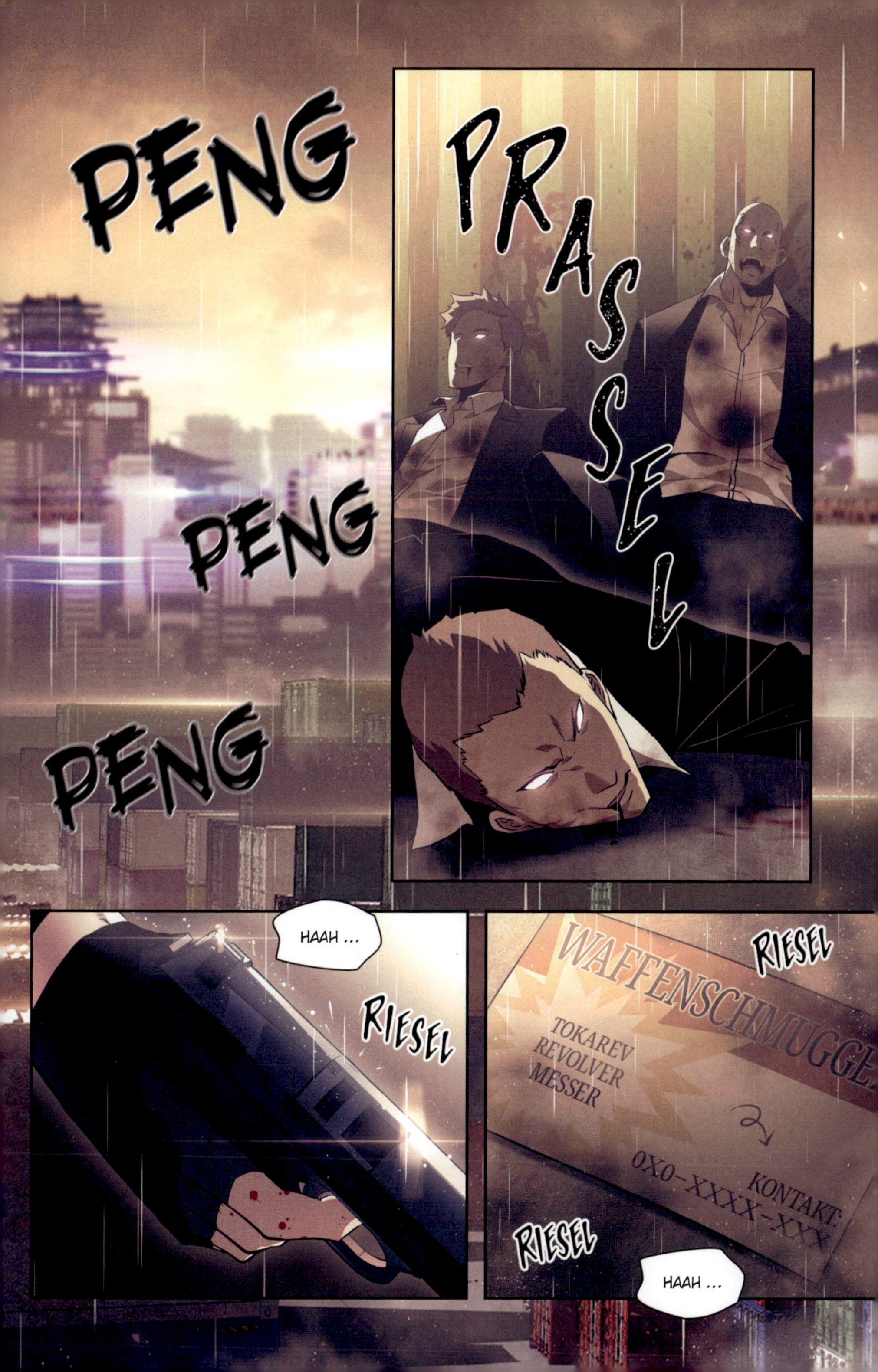
PENG
PRASSEL
PENG
PENG
HAAH ...
RIESEL
WAFFENSCHMUGGEL
TOKAREV
REVOLVER
MESSER
0X0-XXXX-XXX
KONTAKT
RIESEL
RIESEL
HAAH ...

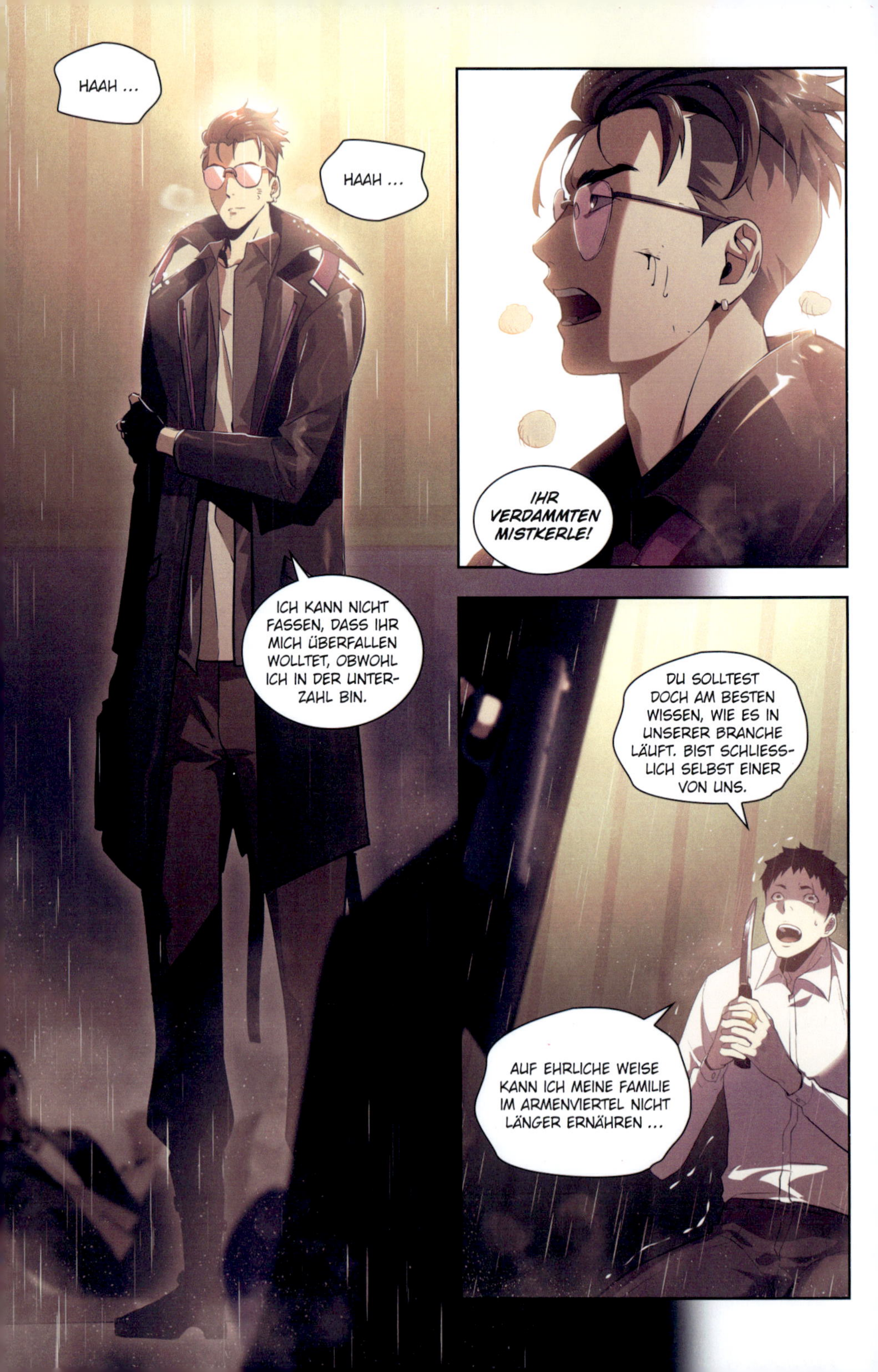
HAAH ...
HAAH ...
IHR VERDAMMTEN MISTKERLE!
ICH KANN NICHT FASSEN, DASS IHR MICH ÜBERFALLEN WOLLTET, OBWOHL ICH IN DER UNTERZAHL BIN.
DU SOLLTEST DOCH AM BESTEN WISSEN, WIE ES IN UNSERER BRANCHE LÄUFT. BIST SCHLIESSLICH SELBST EINER VON UNS.
AUF EHRLICHE WEISE KANN ICH MEINE FAMILIE IM ARMENVIERTEL NICHT LÄNGER ERNÄHREN ...

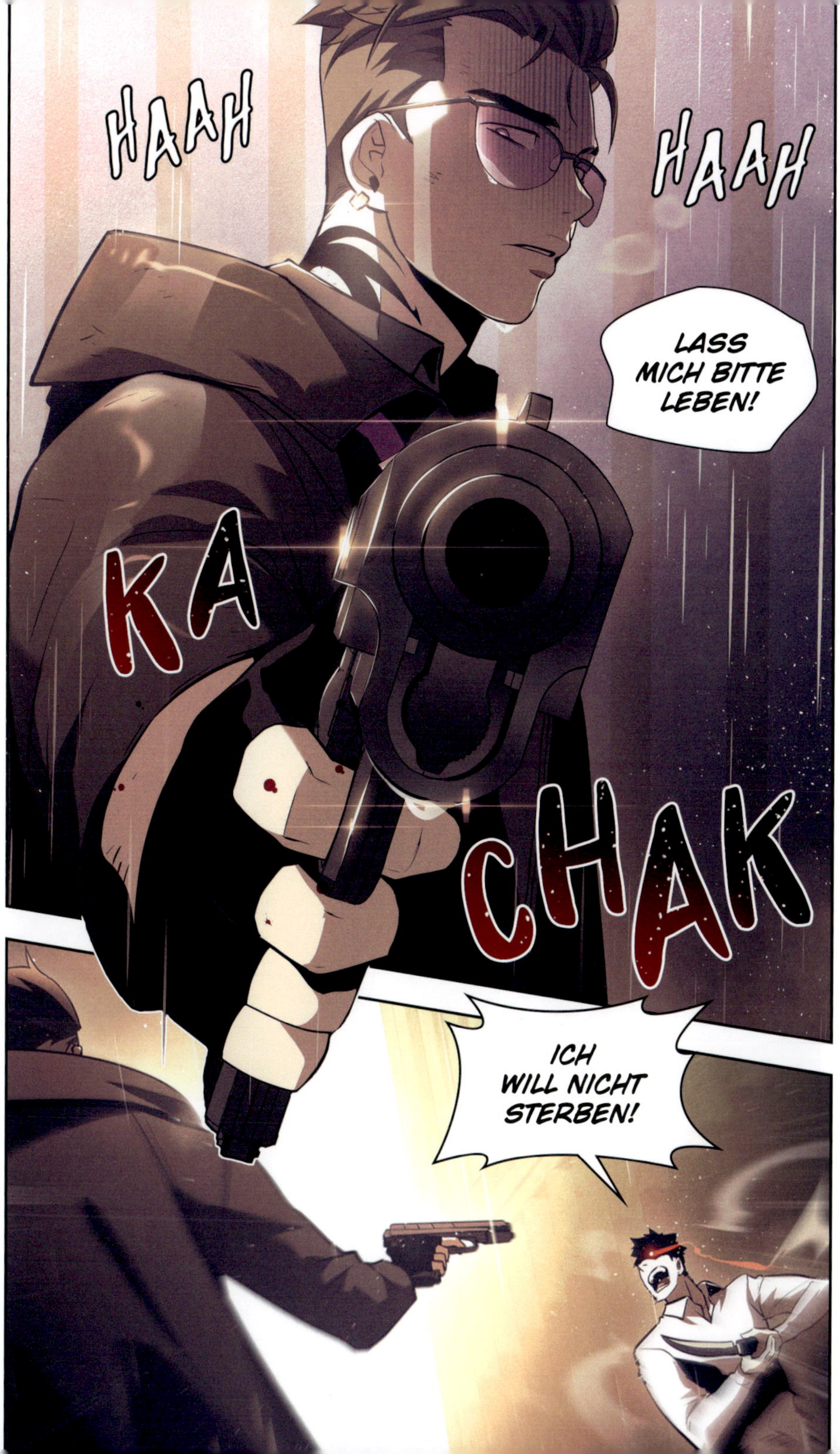
HAAH
HAAH
LASS MICH BITTE LEBEN!
KA
CHAK
ICH WILL NICHT STERBEN!

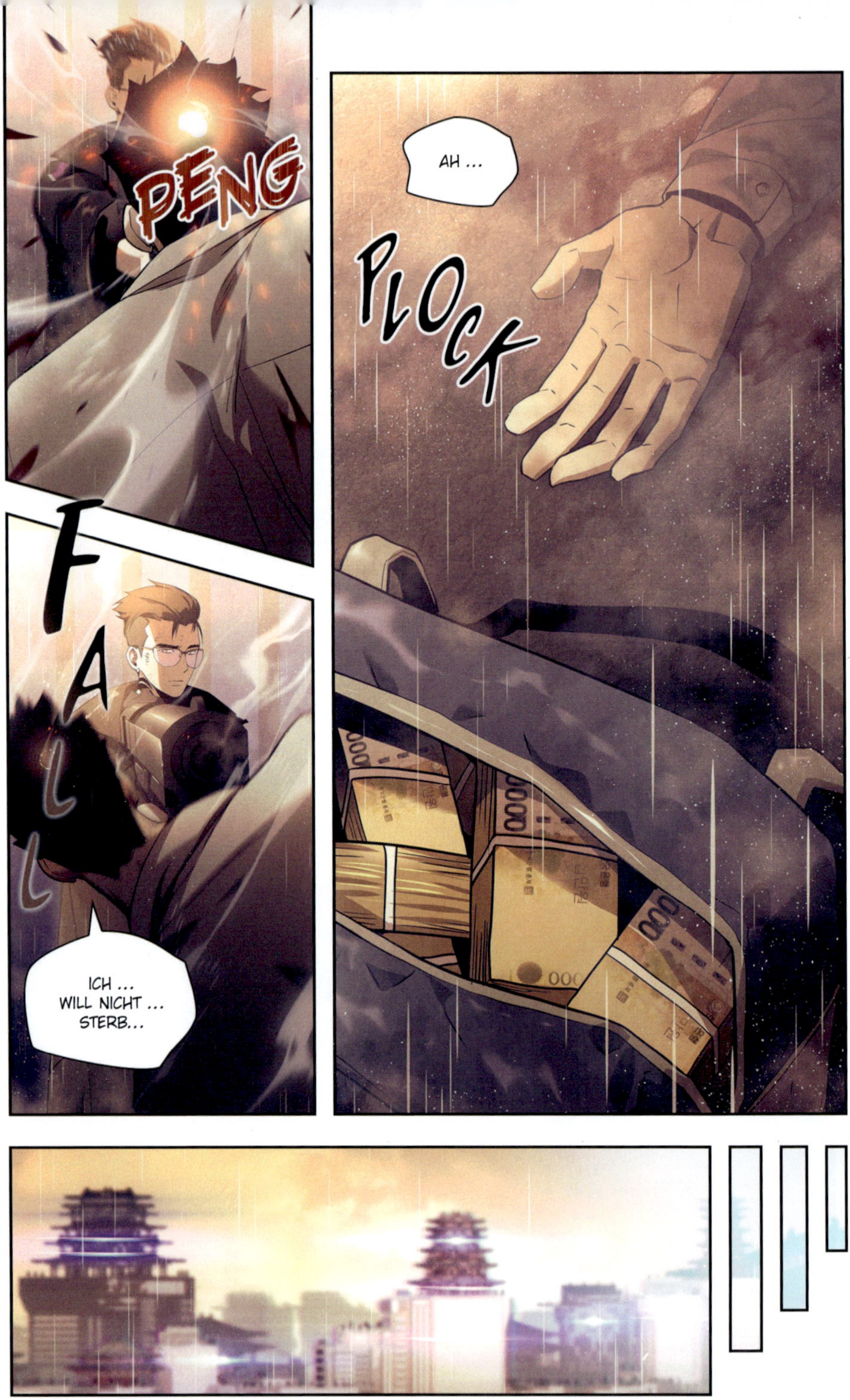
PENG
FALL
ICH ... WILL NICHT ... STERB...
AH ...
PLOCK

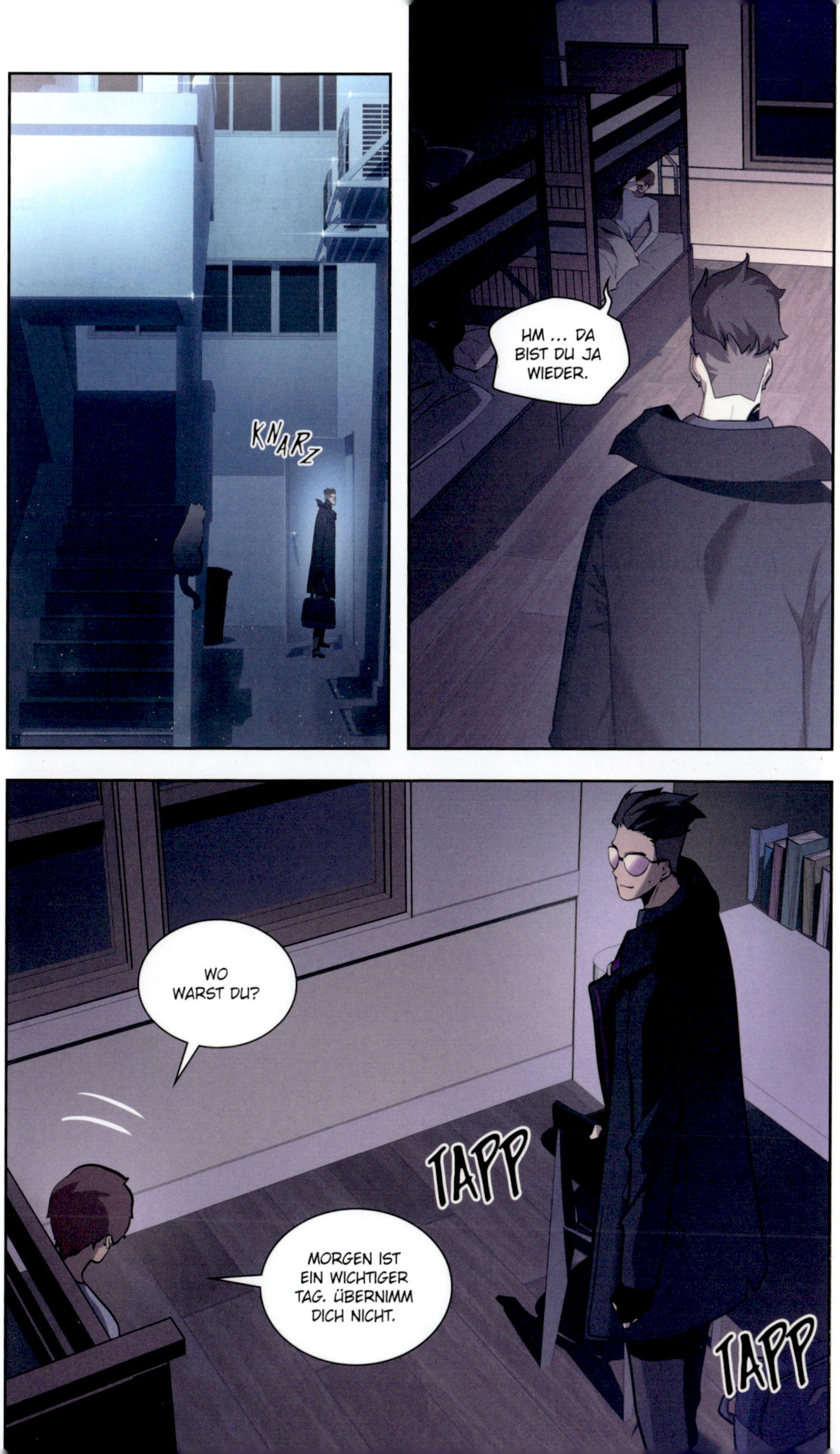
KNARZ
HM ... DA BIST DU JA WIEDER.
WO WARST DU?
TAPP
MORGEN IST EIN WICHTIGER TAG. ÜBERNIMM DICH NICHT.
TAPP

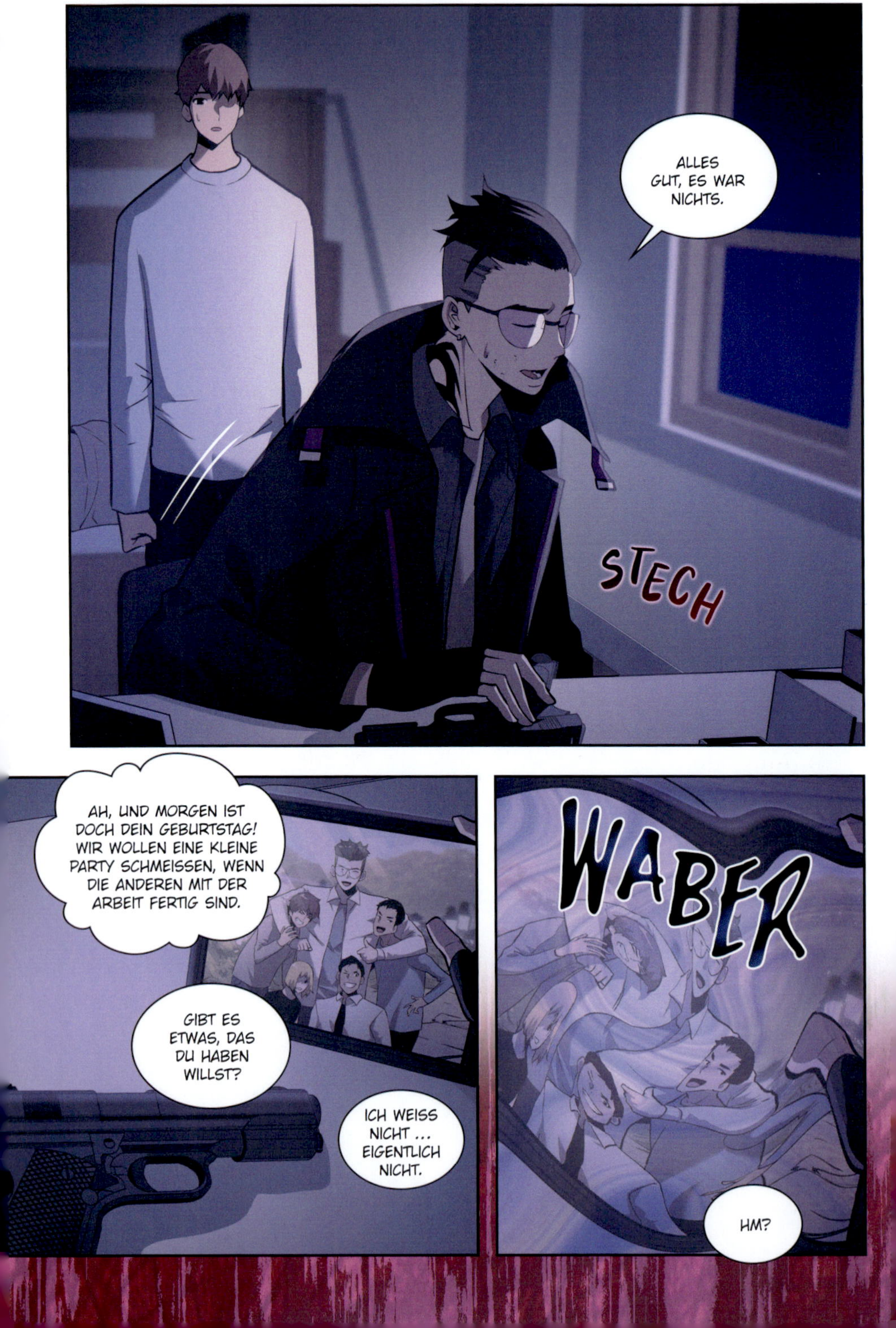
ALLES GUT, ES WAR NICHTS.
STECH
AH, UND MORGEN IST DOCH DEIN GEBURTSTAG! WIR WOLLEN EINE KLEINE PARTY SCHMEISSEN, WENN DIE ANDEREN MIT DER ARBEIT FERTIG SIND.
GIBT ES ETWAS, DAS DU HABEN WILLST?
ICH WEISS NICHT … EIGENTLICH NICHT.
WABER
HM?

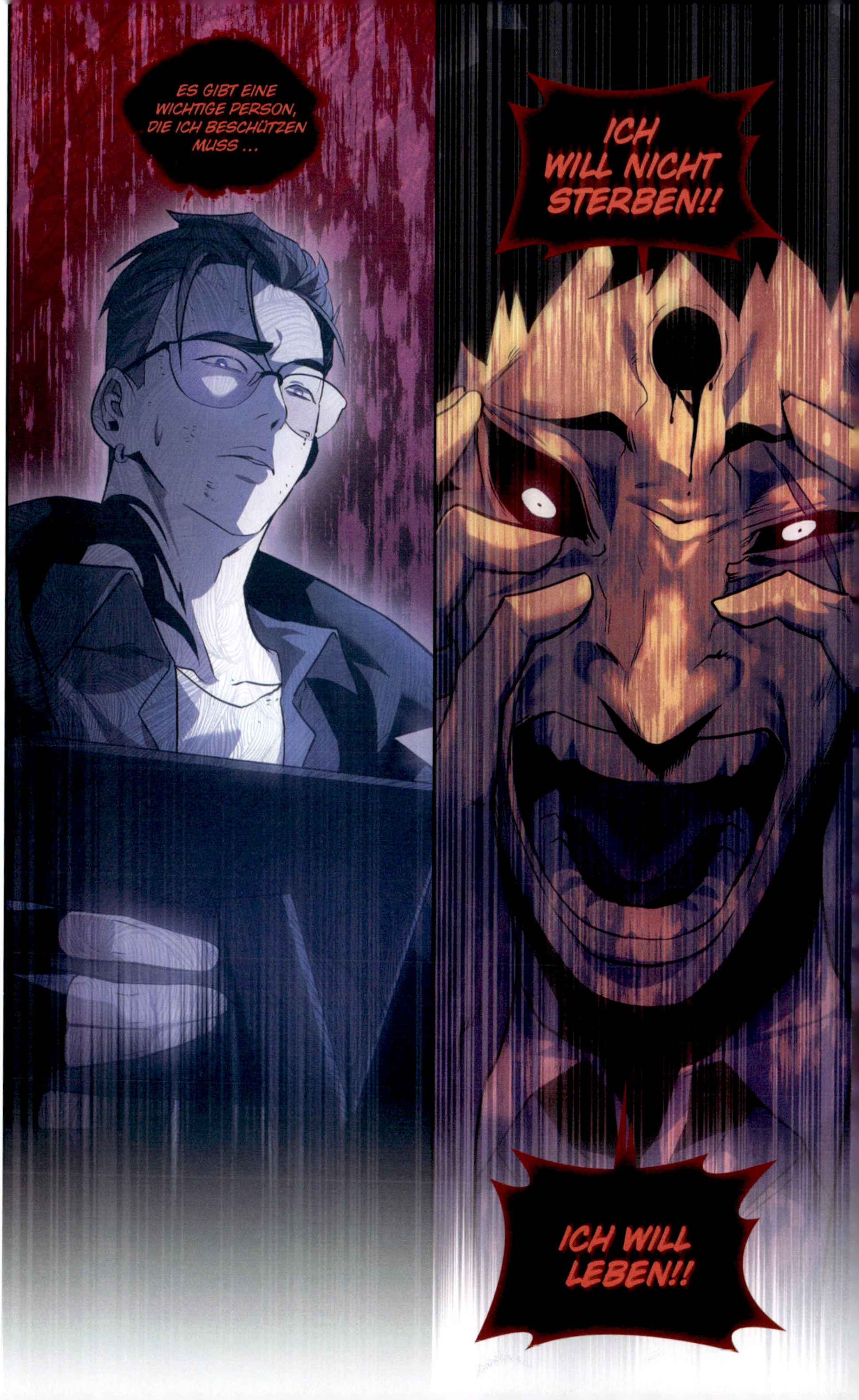
ES GIBT EINE WICHTIGE PERSON, DIE ICH BESCHÜTZEN MUSS ...
ICH WILL NICHT STERBEN!!
ICH WILL LEBEN!!

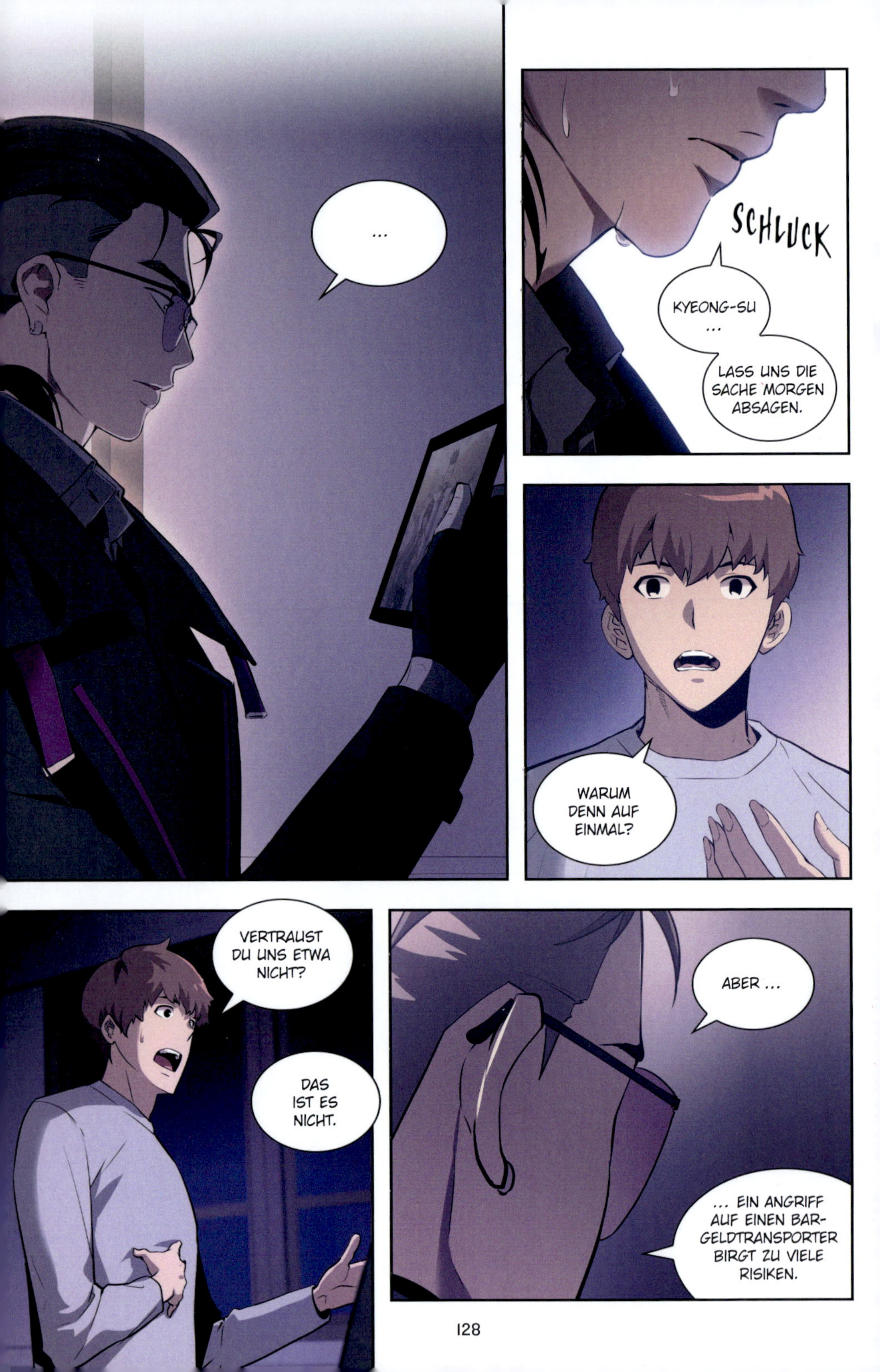
...
SCHLUCK
KYEONG-SU ...
LASS UNS DIE SACHE MORGEN ABSAGEN.
WARUM DENN AUF EINMAL?
VERTRAUST DU UNS ETWA NICHT?
DAS IST ES NICHT.
ABER ...
... EIN ANGRIFF AUF EINEN BAR-GELDTRANSPORTER BIRGT ZU VIELE RISIKEN.

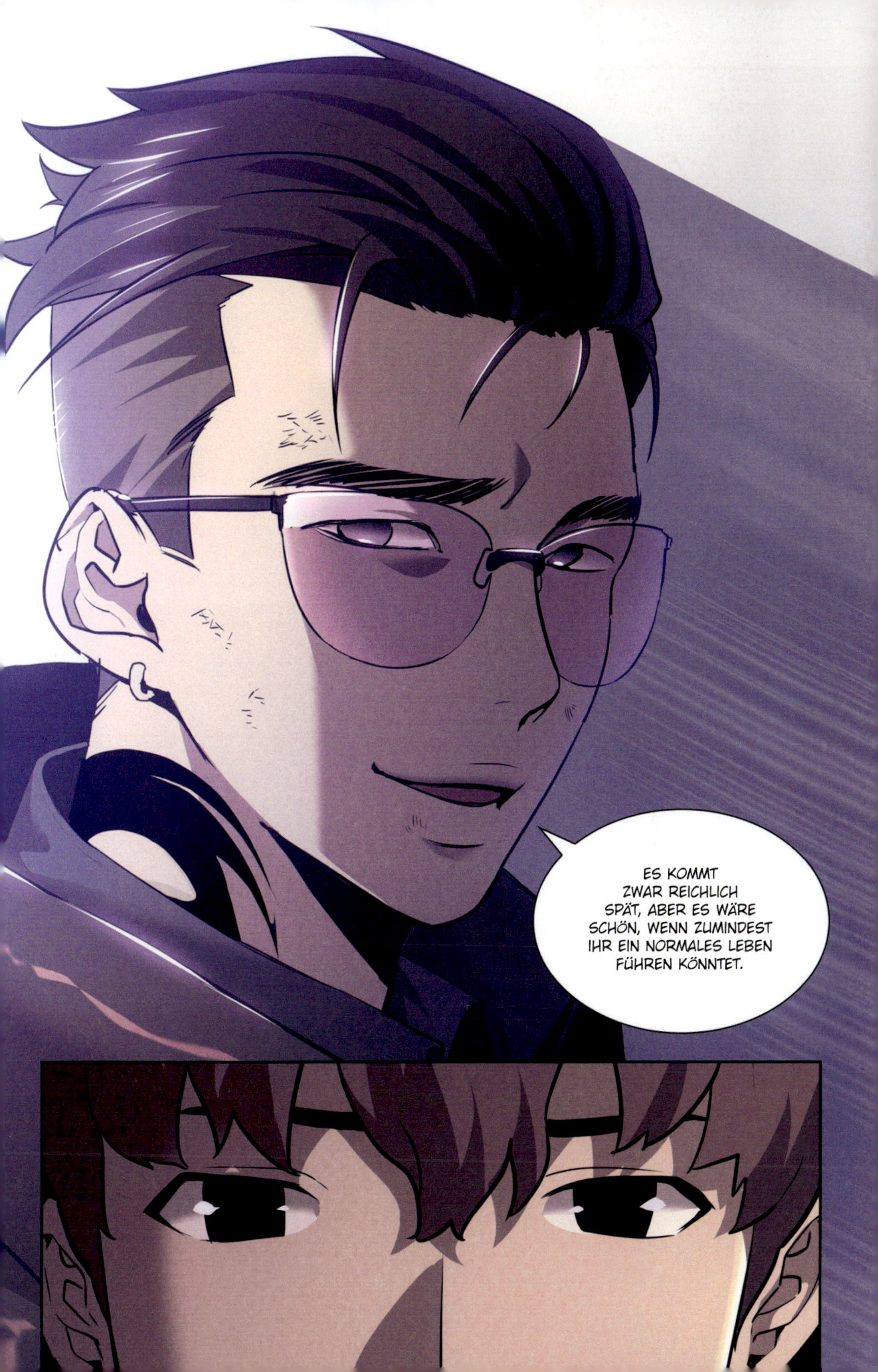
ES KOMMT ZWAR REICHLICH SPÄT, ABER ES WÄRE SCHÖN, WENN ZUMINDEST IHR EIN NORMALES LEBEN FÜHREN KÖNNTET.

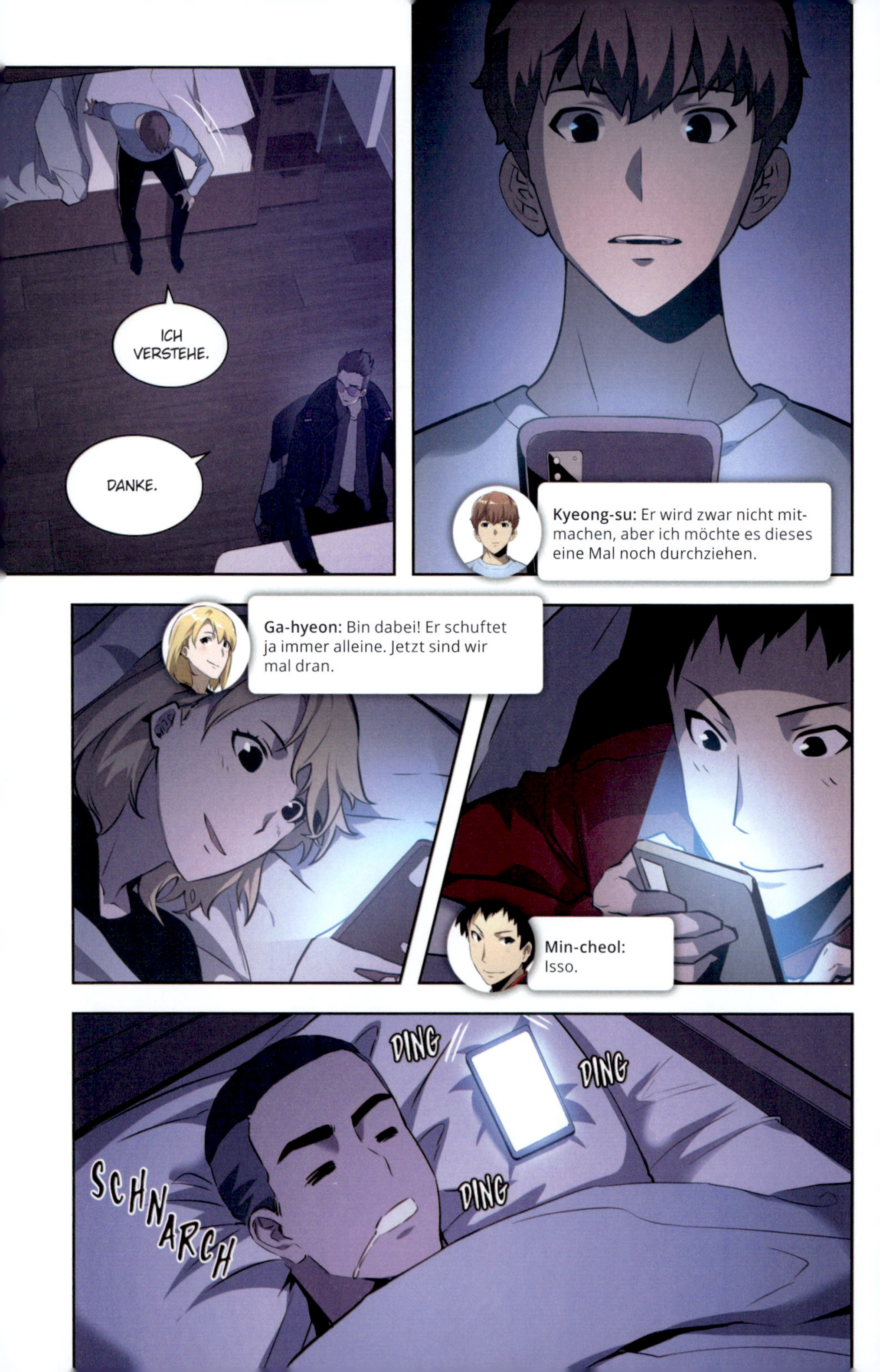
ICH VERSTEHE.
DANKE.
Kyeong-su: Er wird zwar nicht mitmachen, aber ich möchte es dieses eine Mal noch durchziehen.
Ga-hyeon: Bin dabei! Er schuftet ja immer alleine. Jetzt sind wir mal dran.
Min-cheol: Isso.
DING
DING
DING
SCHNARCH

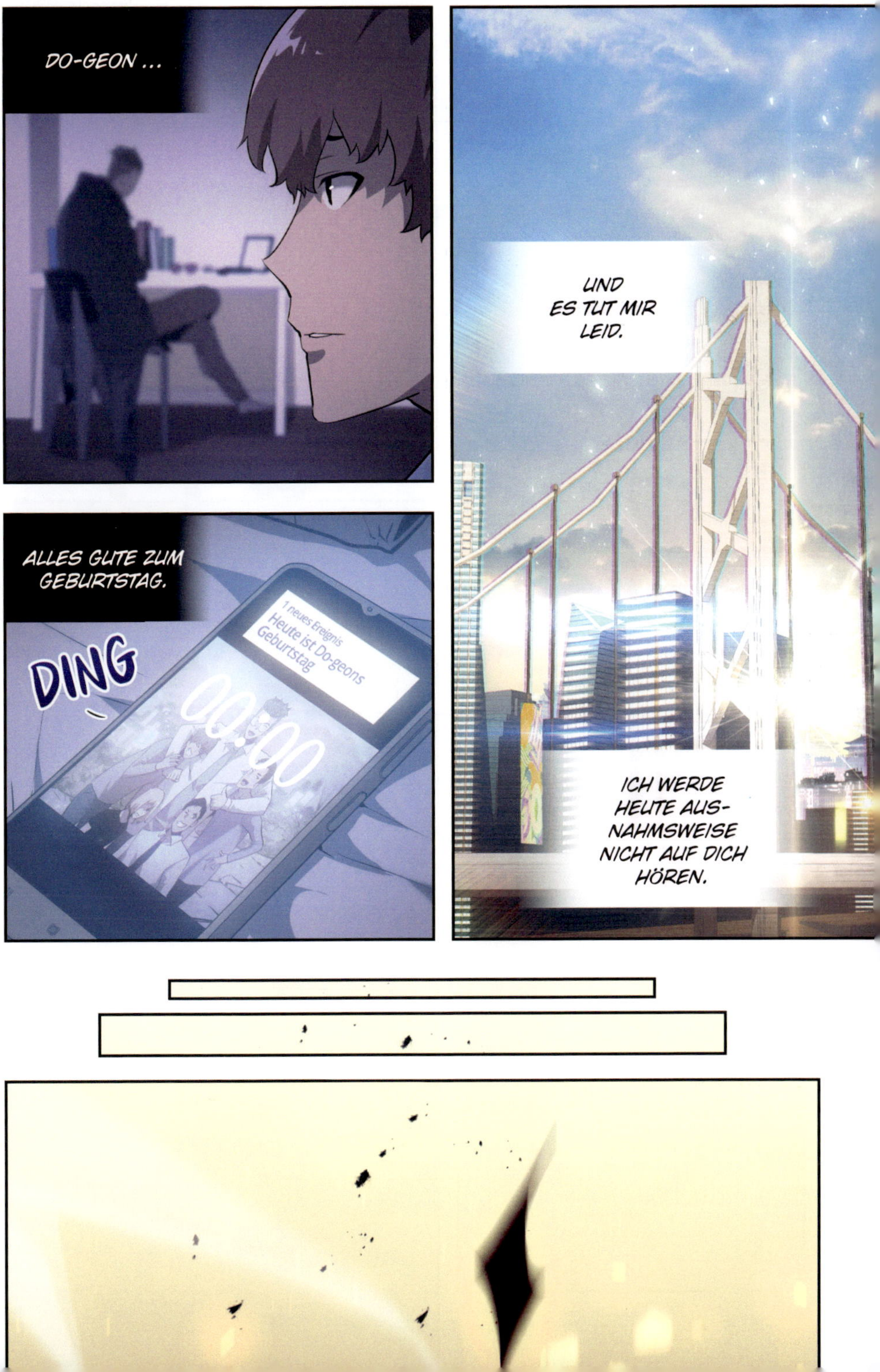
DO-GEON ...
ALLES GUTE ZUM GEBURTSTAG.
DING
1 neues Ereignis
Heute ist Do-geons Geburtstag
00:00
UND ES TUT MIR LEID.
ICH WERDE HEUTE AUS-NAHMSWEISE NICHT AUF DICH HÖREN.

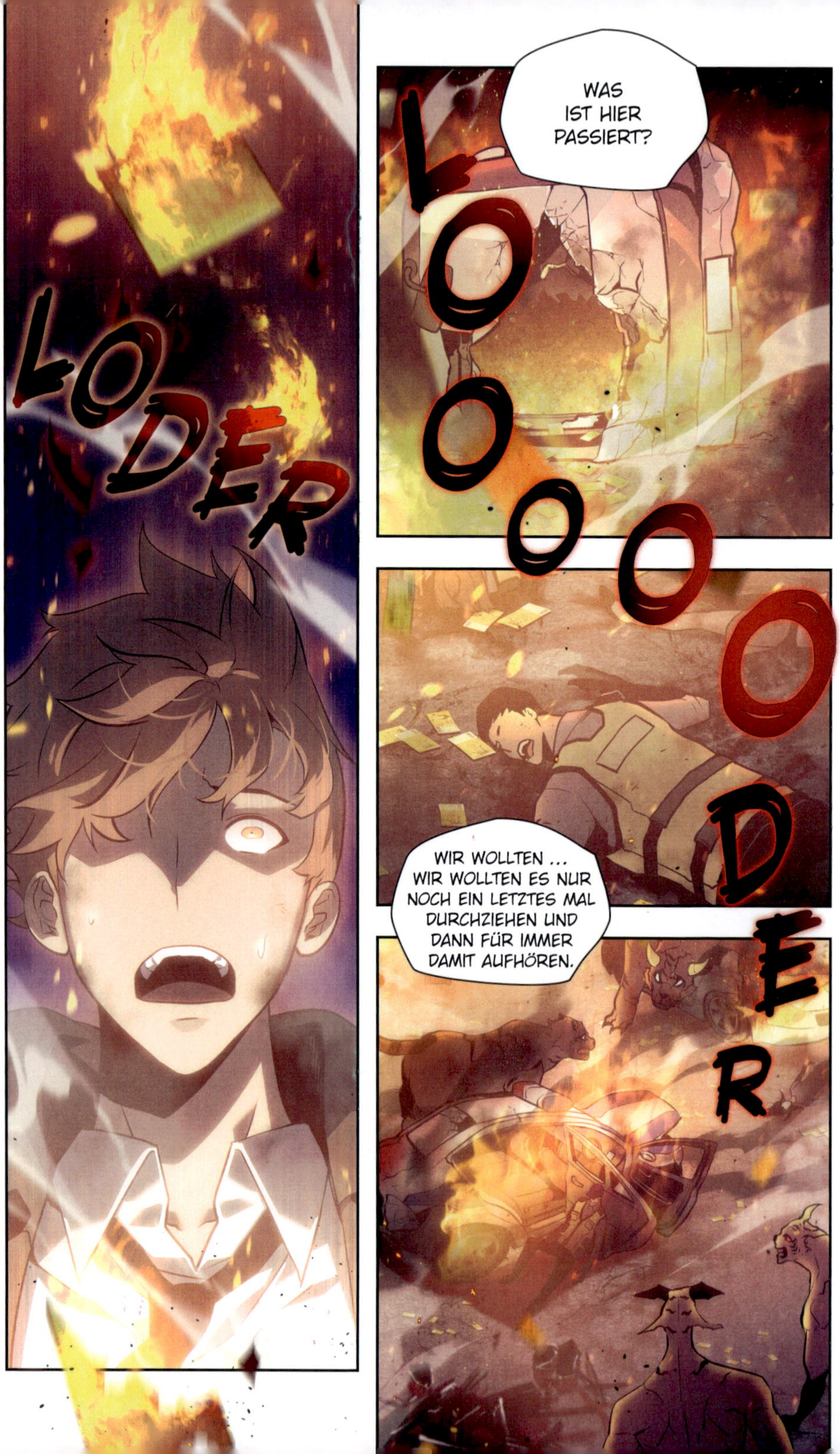
LODER
WAS IST HIER PASSIERT?
LOOOOODER
WIR WOLLTEN ... WIR WOLLTEN ES NUR NOCH EIN LETZTES MAL DURCHZIEHEN UND DANN FÜR IMMER DAMIT AUFHÖREN.

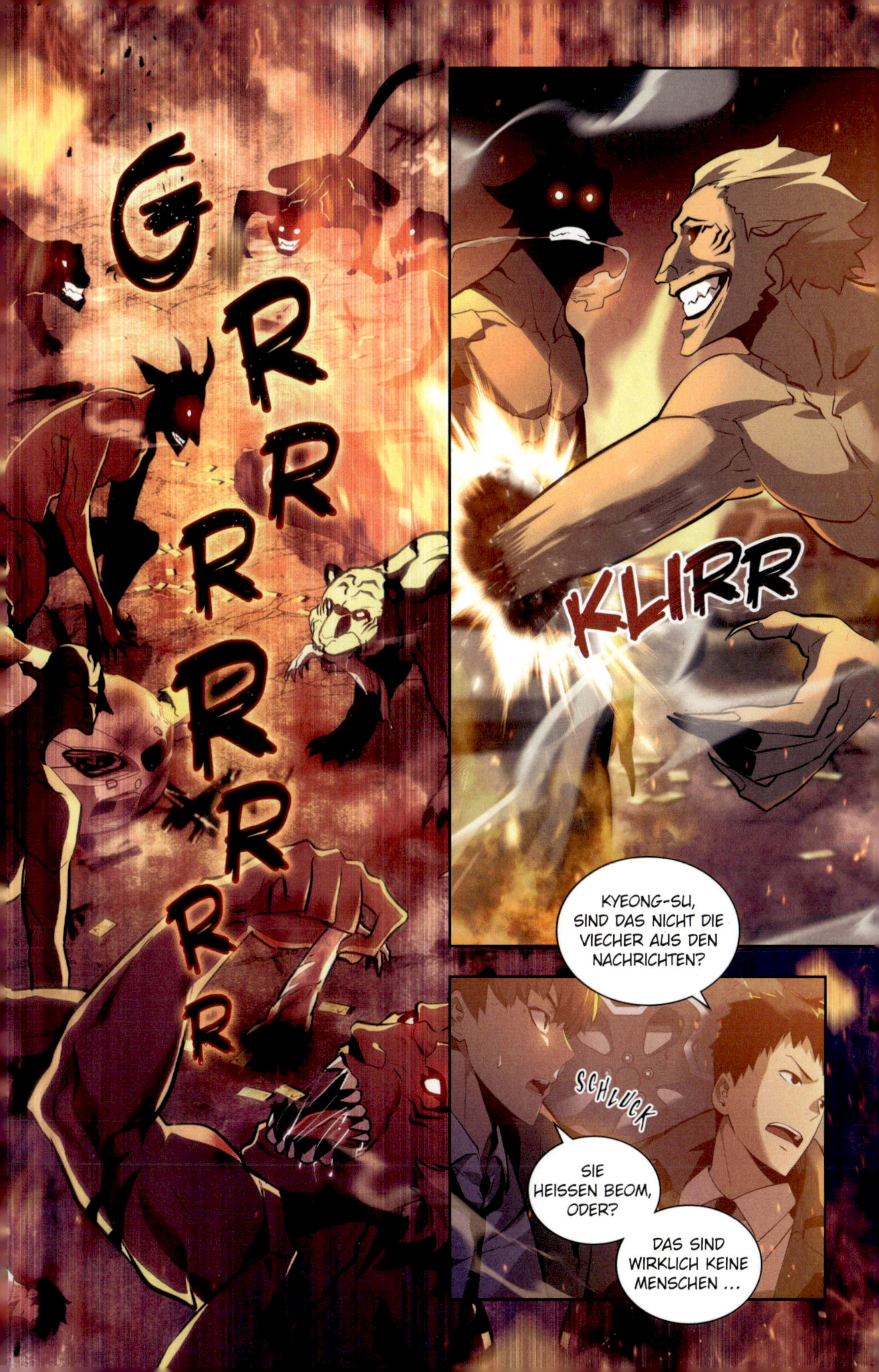
GRRRRRRR
KLIRR
KYEONG-SU, SIND DAS NICHT DIE VIECHER AUS DEN NACHRICHTEN?
SCHLUCK
SIE HEISSEN BEOM, ODER?
DAS SIND WIRKLICH KEINE MENSCHEN ...

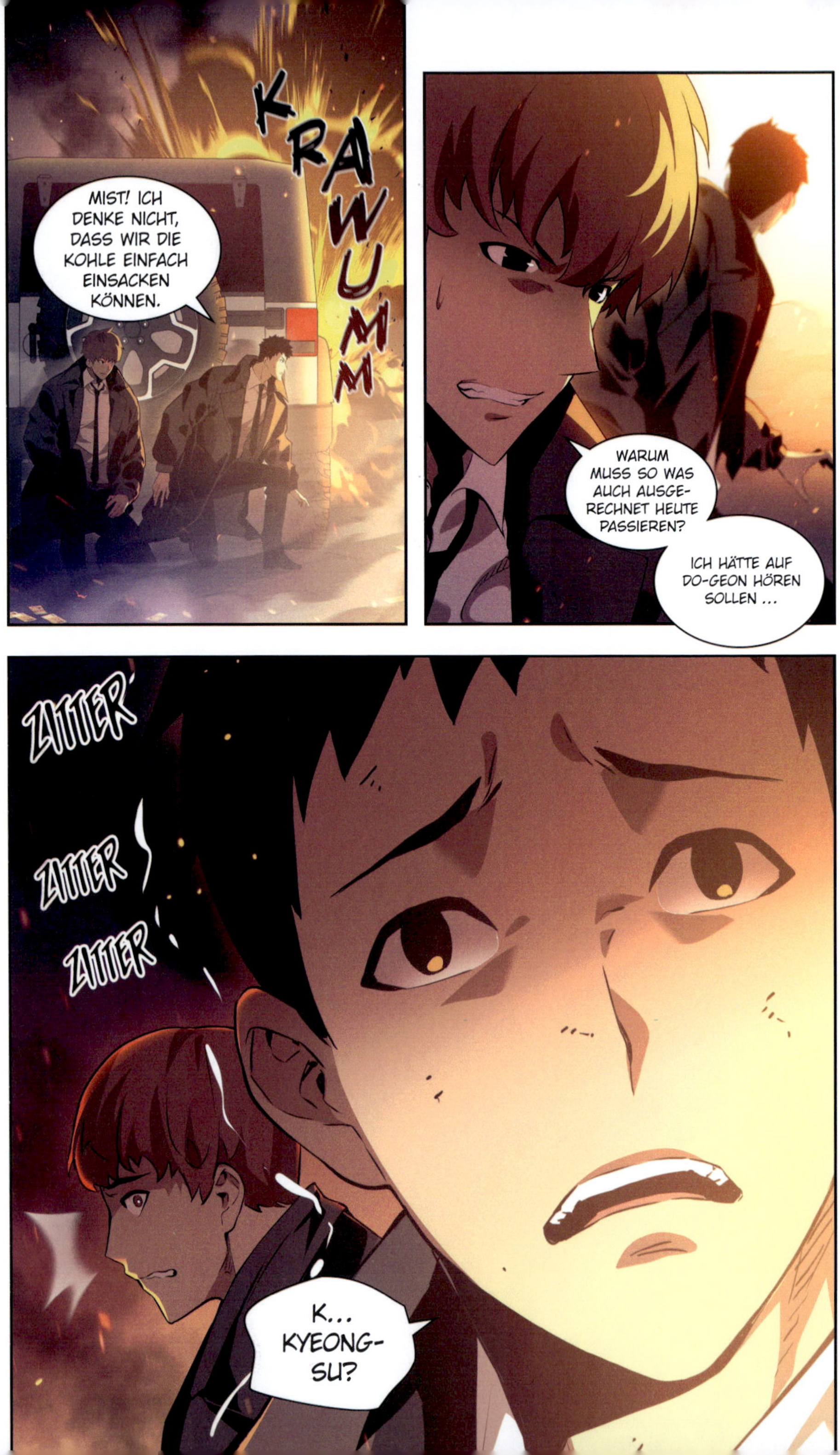
KRAWUMM
MIST! ICH DENKE NICHT, DASS WIR DIE KOHLE EINFACH EINSACKEN KÖNNEN.
WARUM MUSS SO WAS AUCH AUSGERECHNET HEUTE PASSIEREN?
ICH HÄTTE AUF DO-GEON HÖREN SOLLEN …
ZITTER
ZITTER
ZITTER
K… KYEONG-SU?

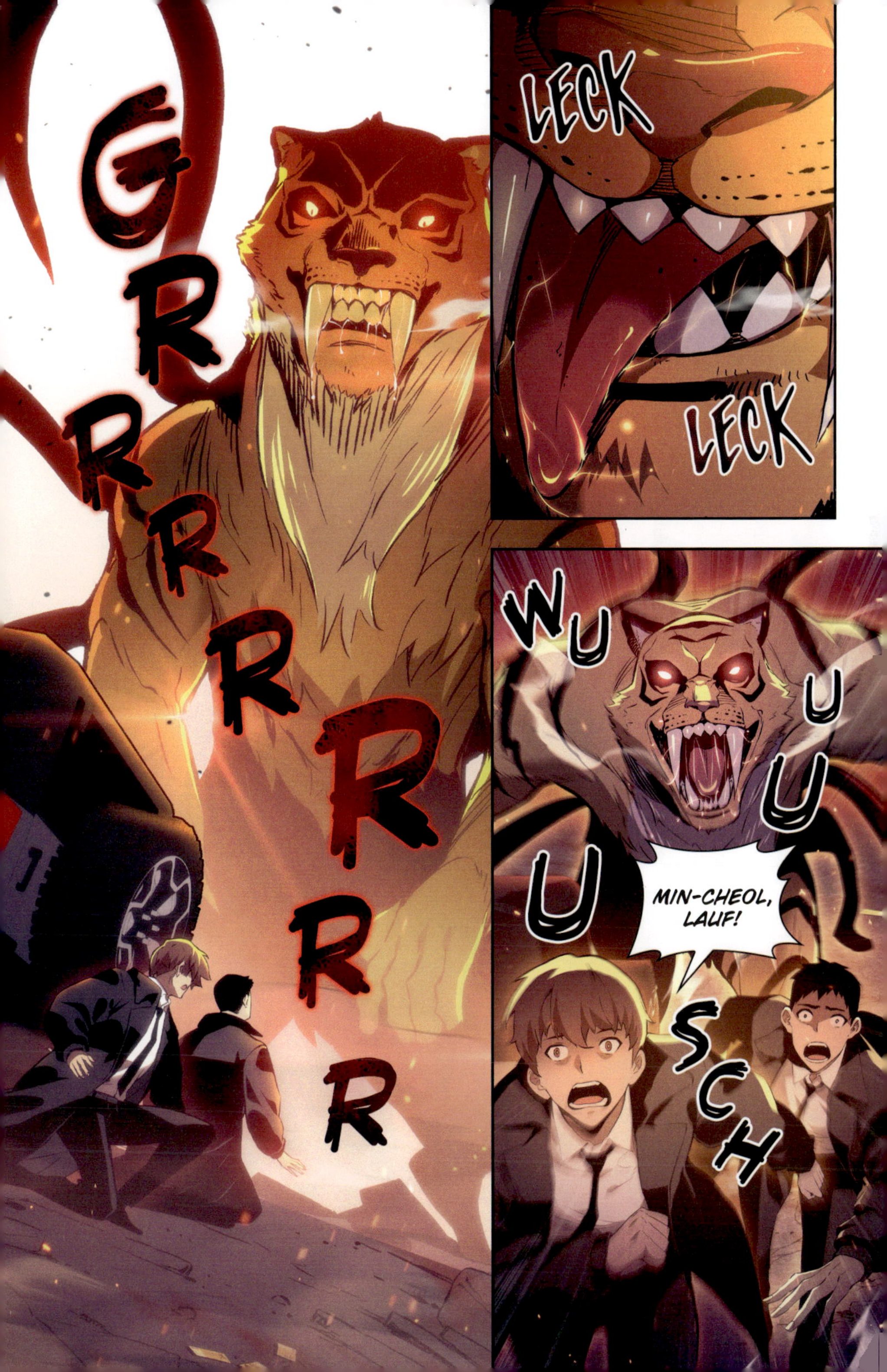
GRRRRRRR
LECK
LECK
WUUUUU
MIN-CHEOL, LAUF!
SCH

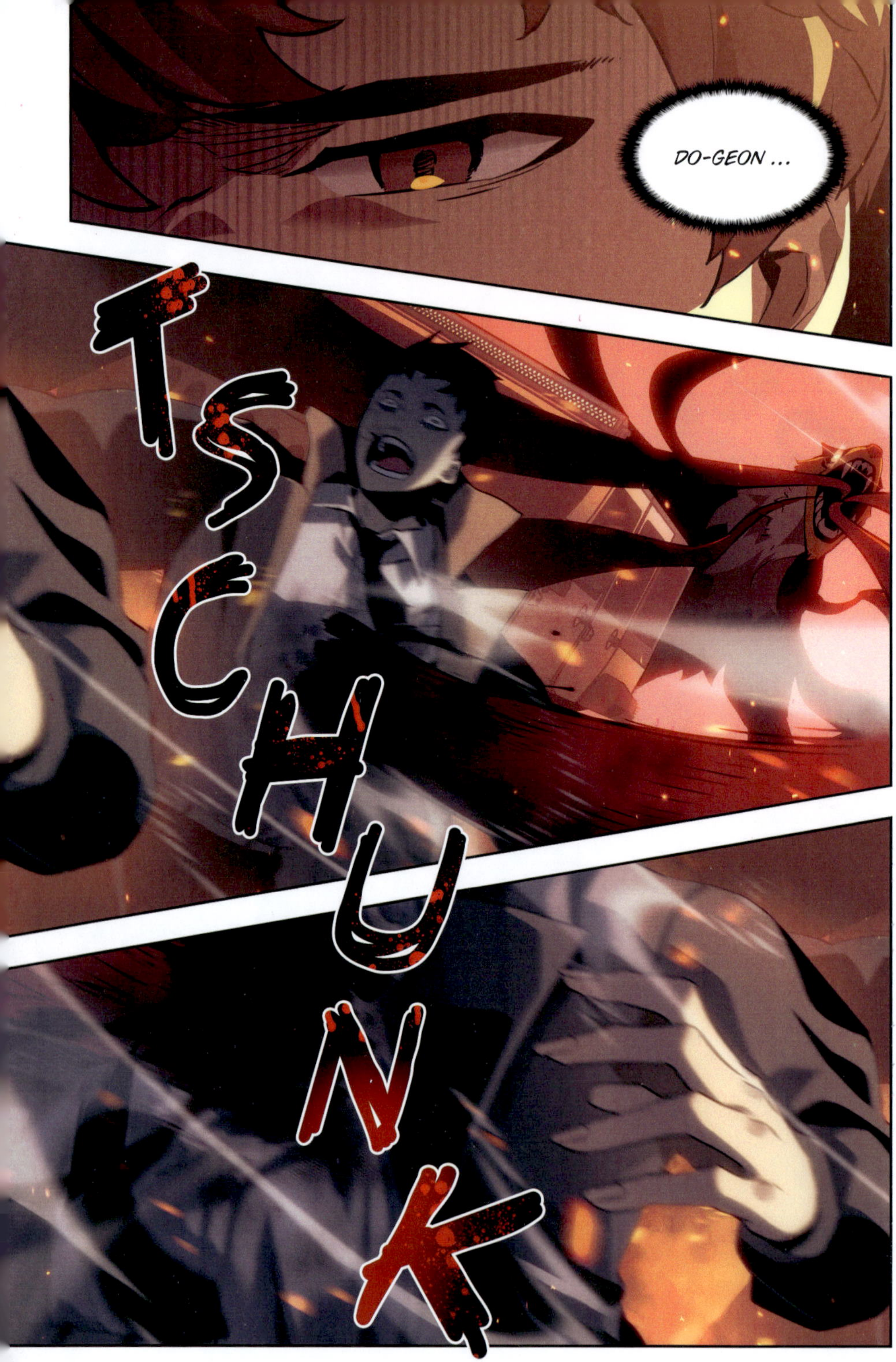

DO-GEON ...
TSCHUNK

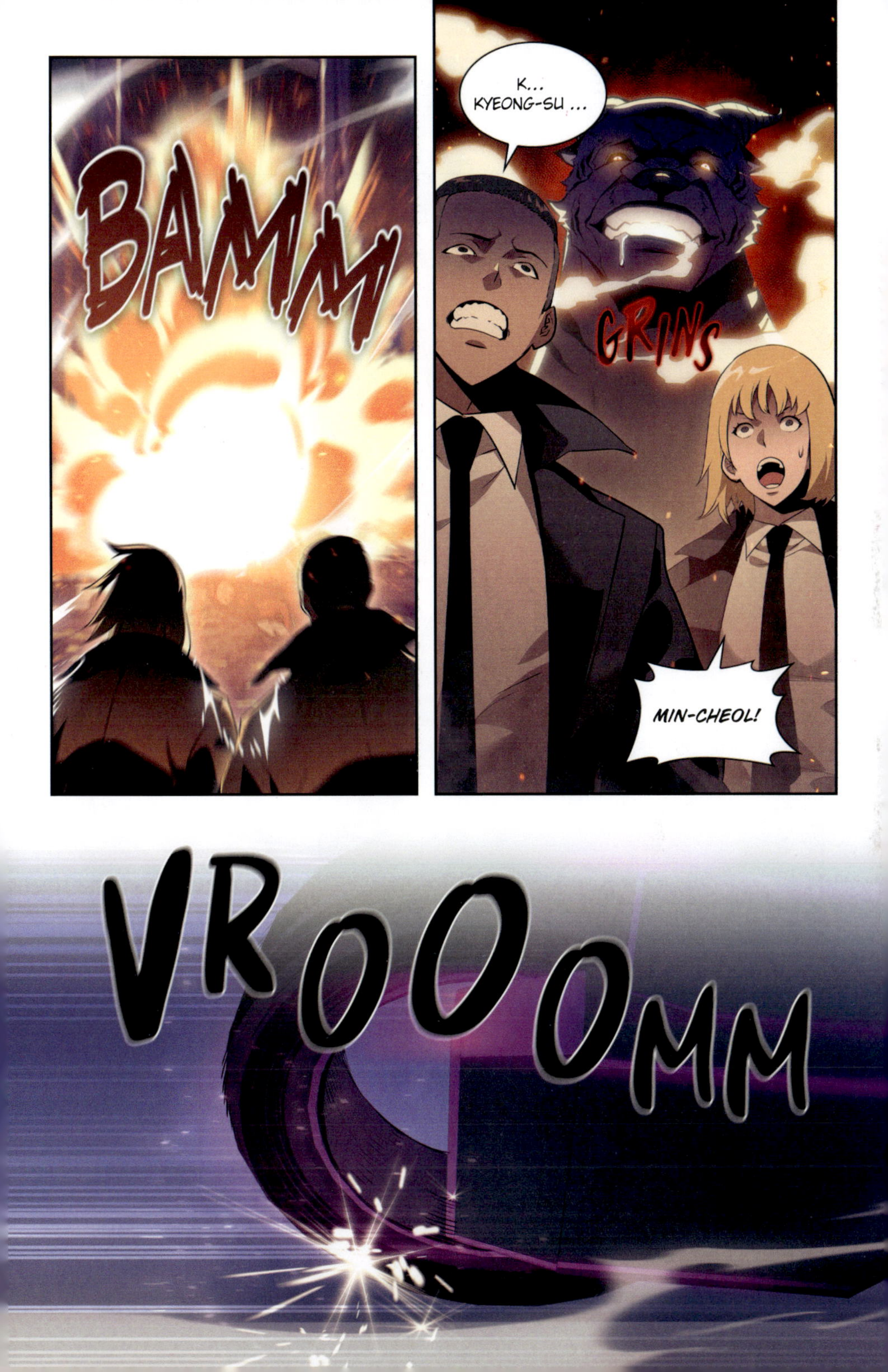
BAMM
K...
KYEONG-SU ...
GRINS
MIN-CHEOL!
VROOOMM

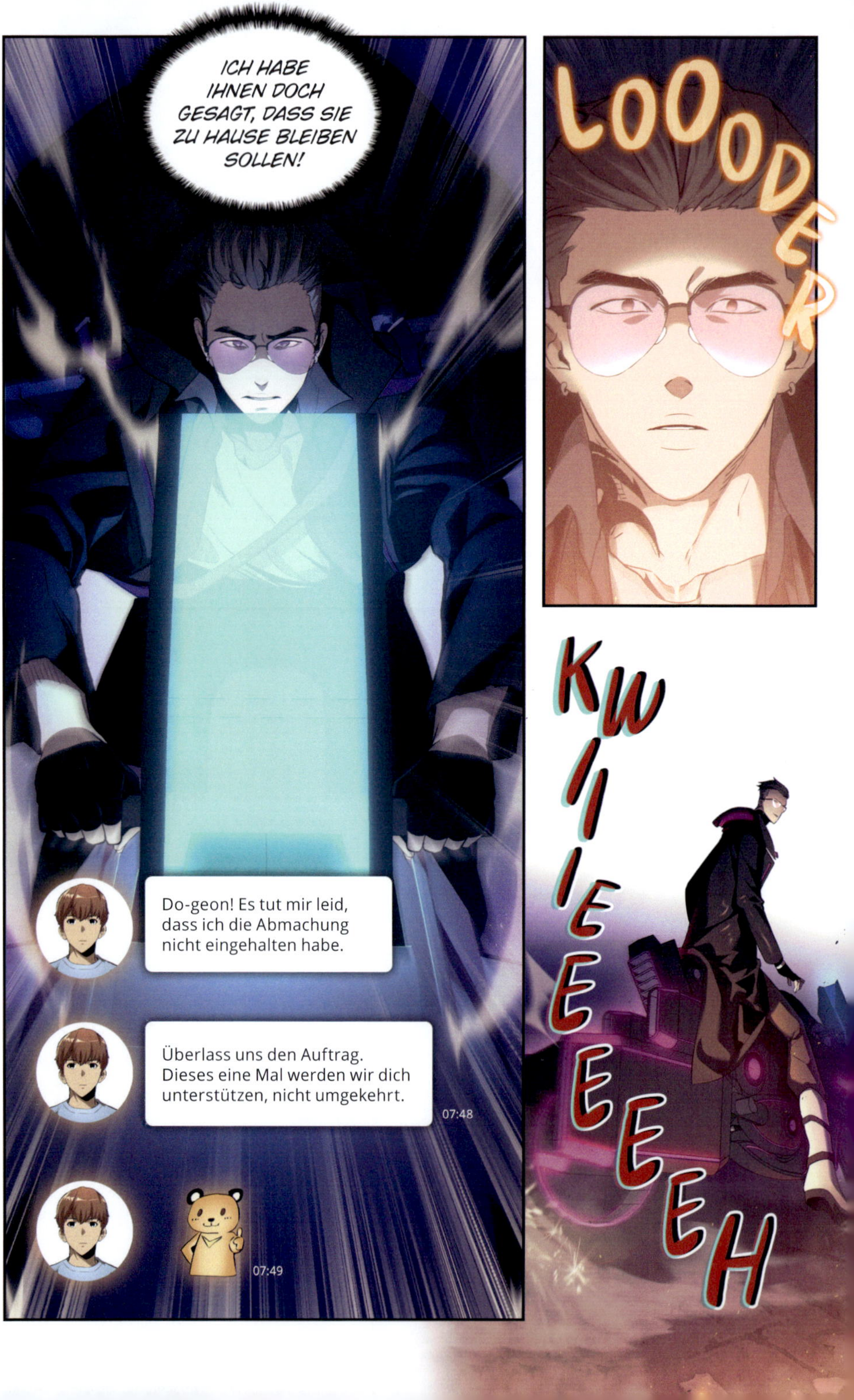
ICH HABE IHNEN DOCH GESAGT, DASS SIE ZU HAUSE BLEIBEN SOLLEN!
Do-geon! Es tut mir leid, dass ich die Abmachung nicht eingehalten habe.
Überlass uns den Auftrag. Dieses eine Mal werden wir dich unterstützen, nicht umgekehrt.
07:48
07:49
LOOODER
KWIIIEEEEEH

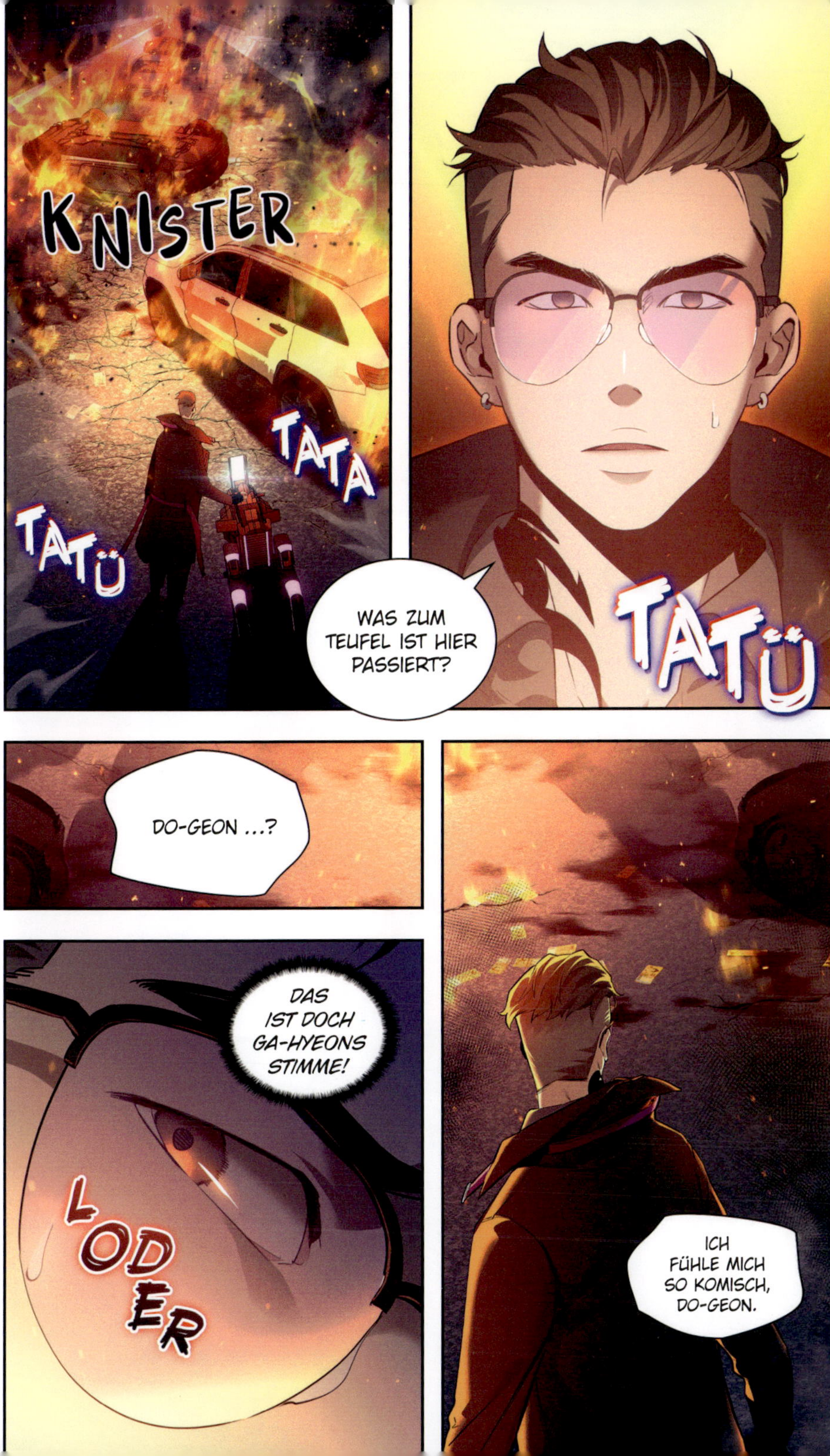
KNISTER
TATA
TATÜ
WAS ZUM TEUFEL IST HIER PASSIERT?
TATÜ
DO-GEON ...?
DAS IST DOCH GA-HYEONS STIMME!
LODER
ICH FÜHLE MICH SO KOMISCH, DO-GEON.

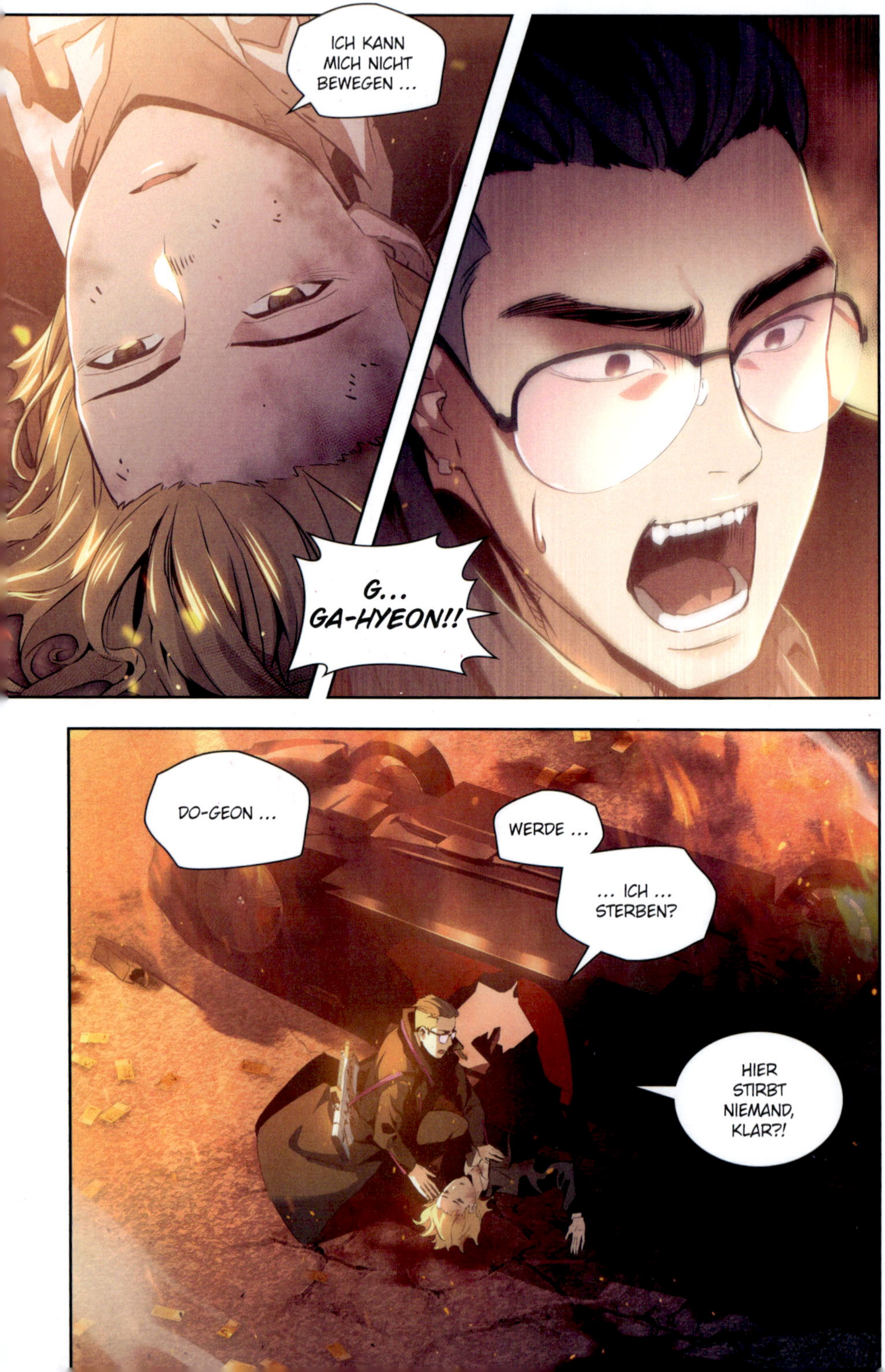
ICH KANN MICH NICHT BEWEGEN …
G… GA-HYEON!!
DO-GEON …
WERDE …
… ICH … STERBEN?
HIER STIRBT NIEMAND, KLAR?!

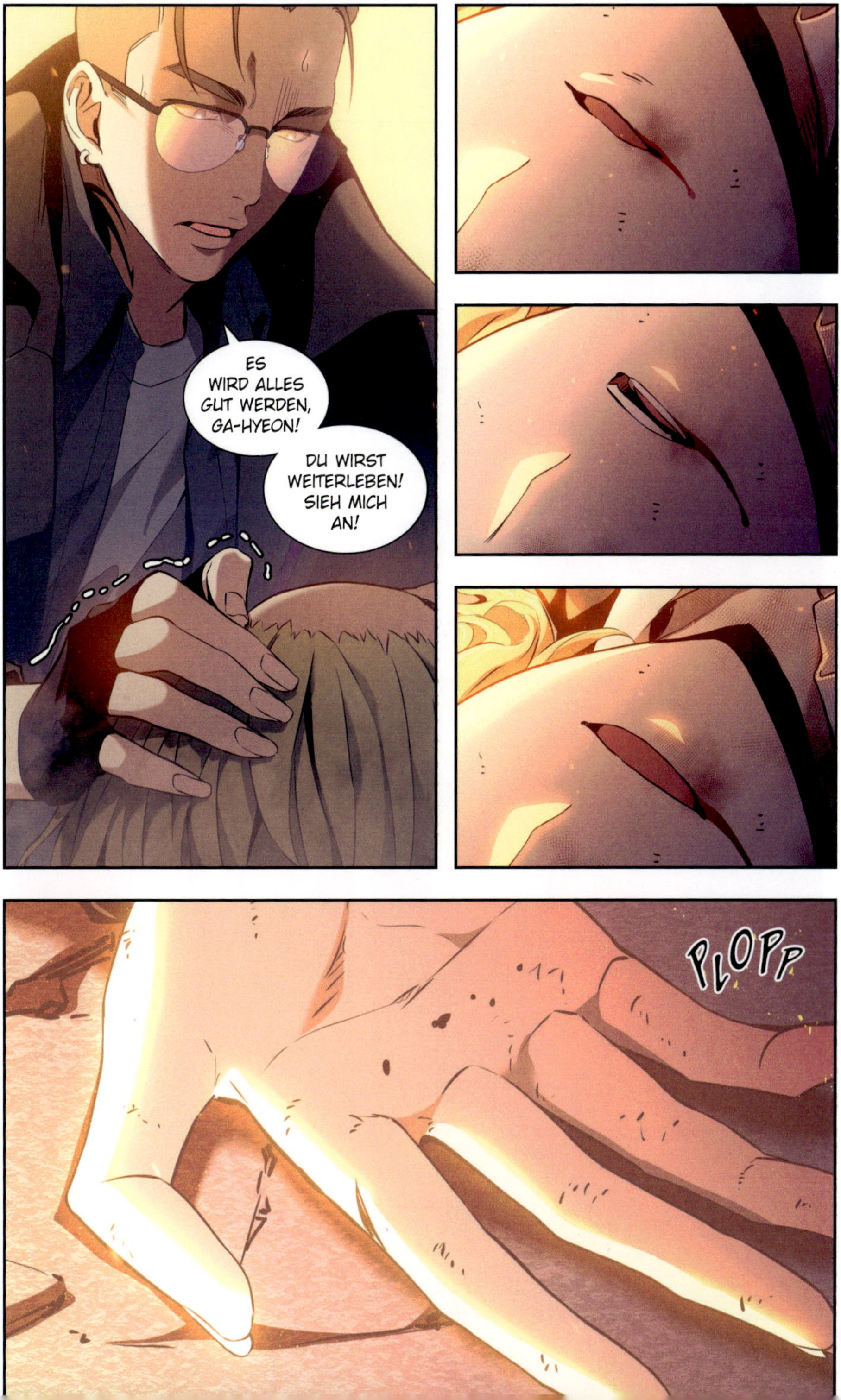
ES WIRD ALLES GUT WERDEN, GA-HYEON!
DU WIRST WEITERLEBEN! SIEH MICH AN!
PLOPP

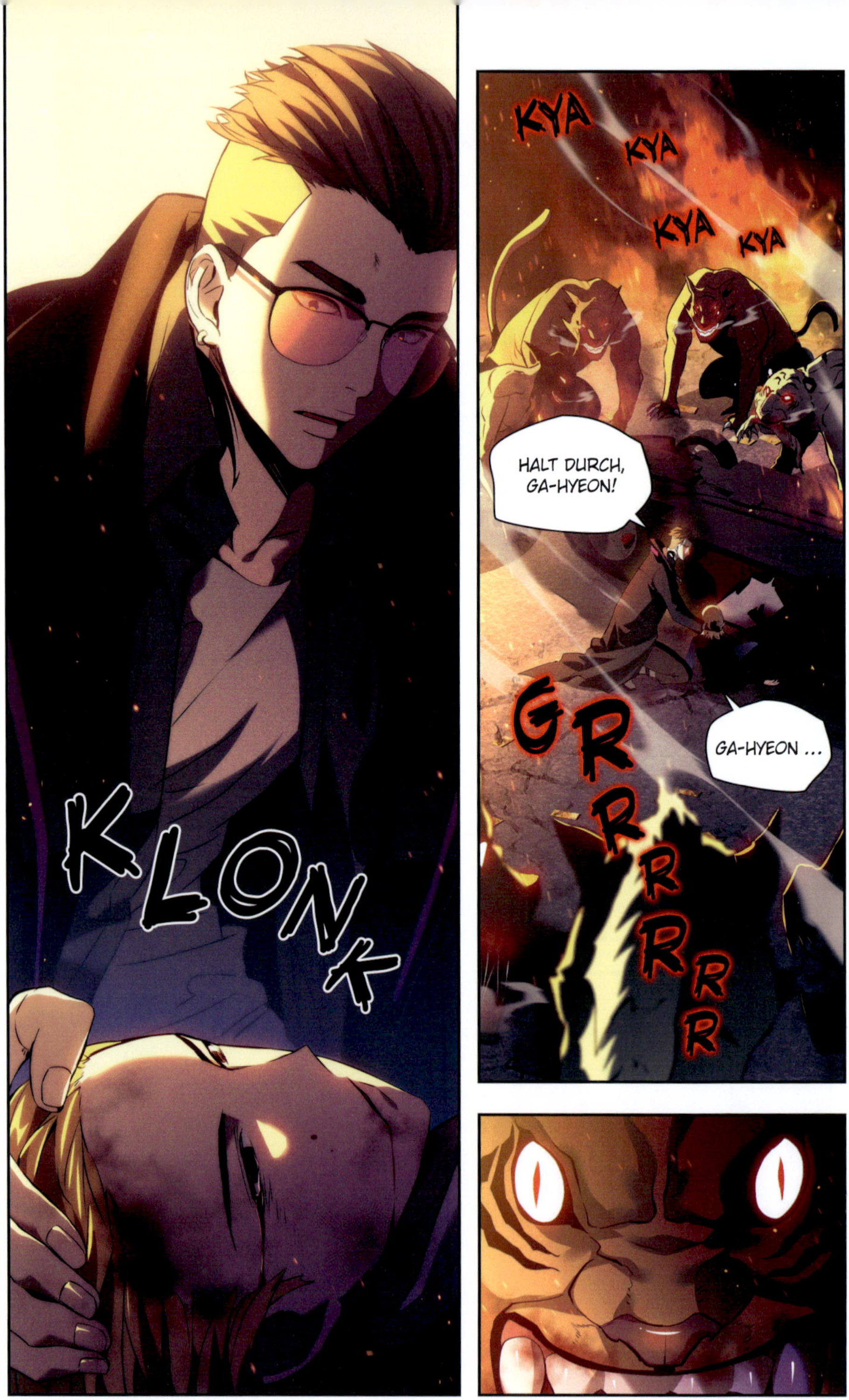
KLONK
KYA
KYA
KYA
KYA
HALT DURCH, GA-HYEON!
GRRRRRRR
GA-HYEON …

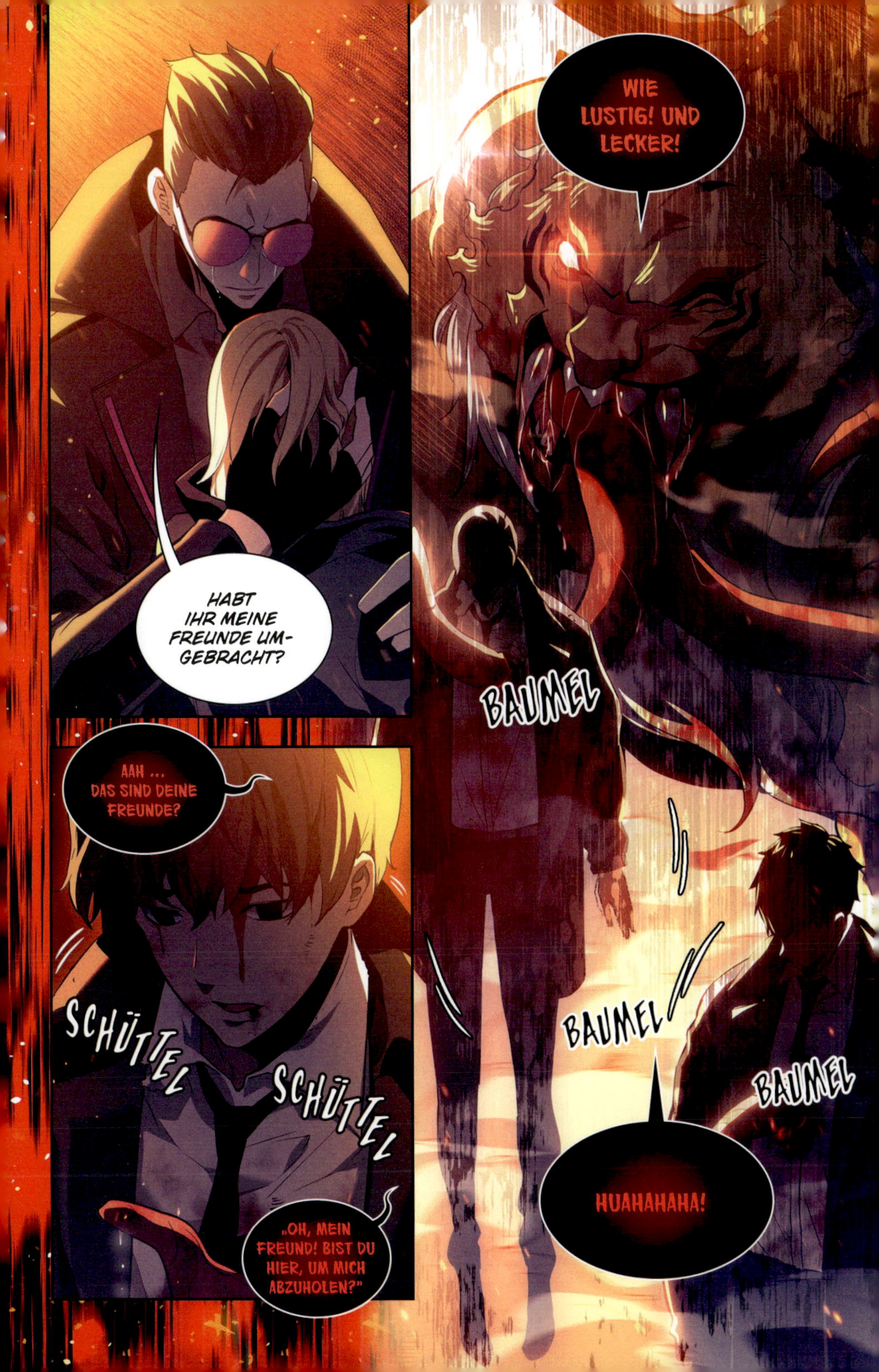
HABT IHR MEINE FREUNDE UMGEBRACHT?
AAH ... DAS SIND DEINE FREUNDE?
SCHÜTTEL
SCHÜTTEL
„OH, MEIN FREUND! BIST DU HIER, UM MICH ABZUHOLEN?"
WIE LUSTIG! UND LECKER!
BAUMEL
BAUMEL
BAUMEL
HUAHAHAHA!

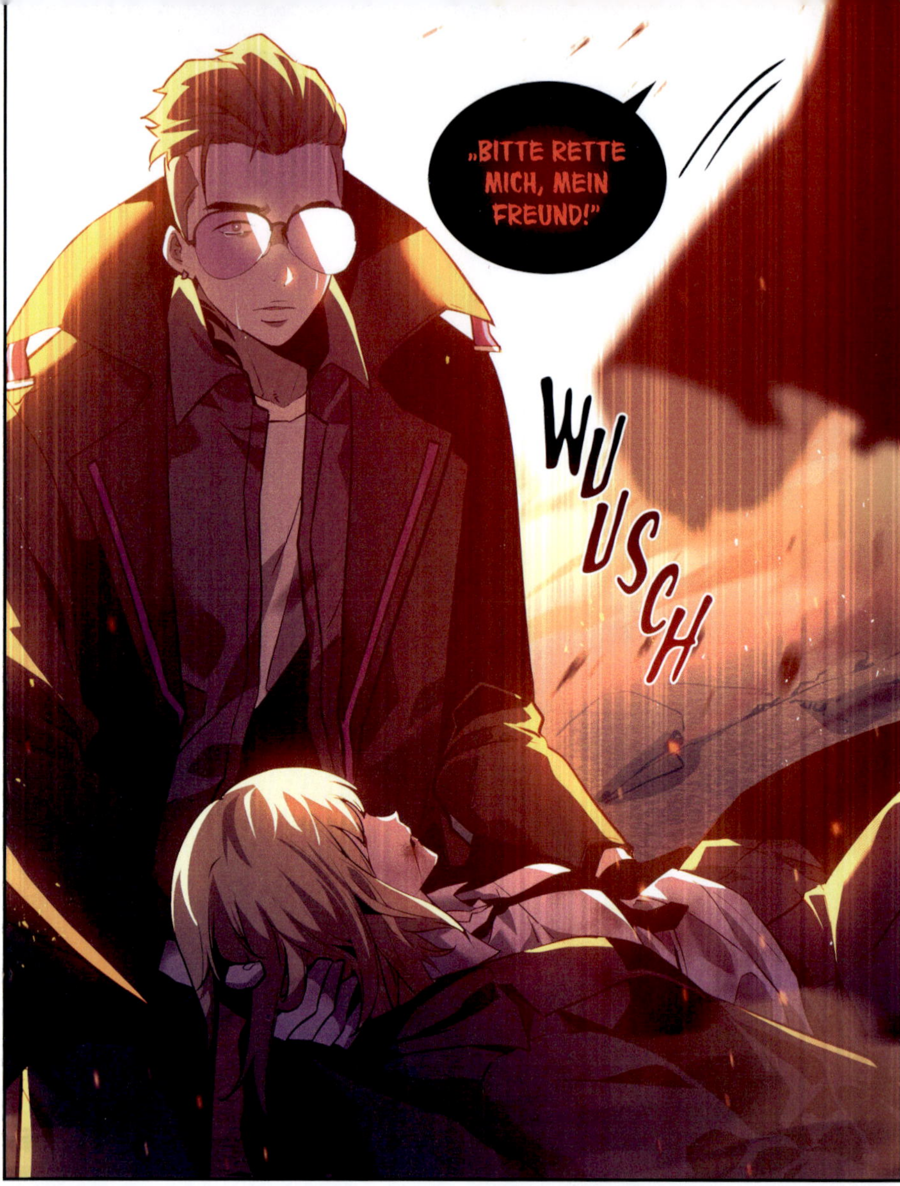
„BITTE RETTE MICH, MEIN FREUND!"
WUUSCH

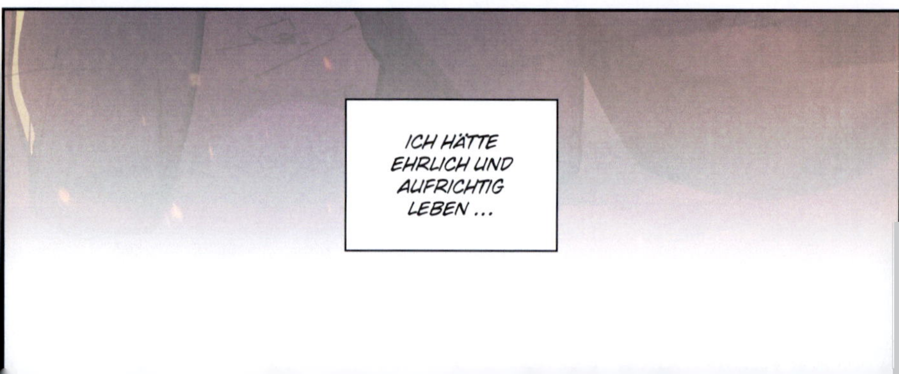
ICH HÄTTE EHRLICH UND AUFRICHTIG LEBEN …

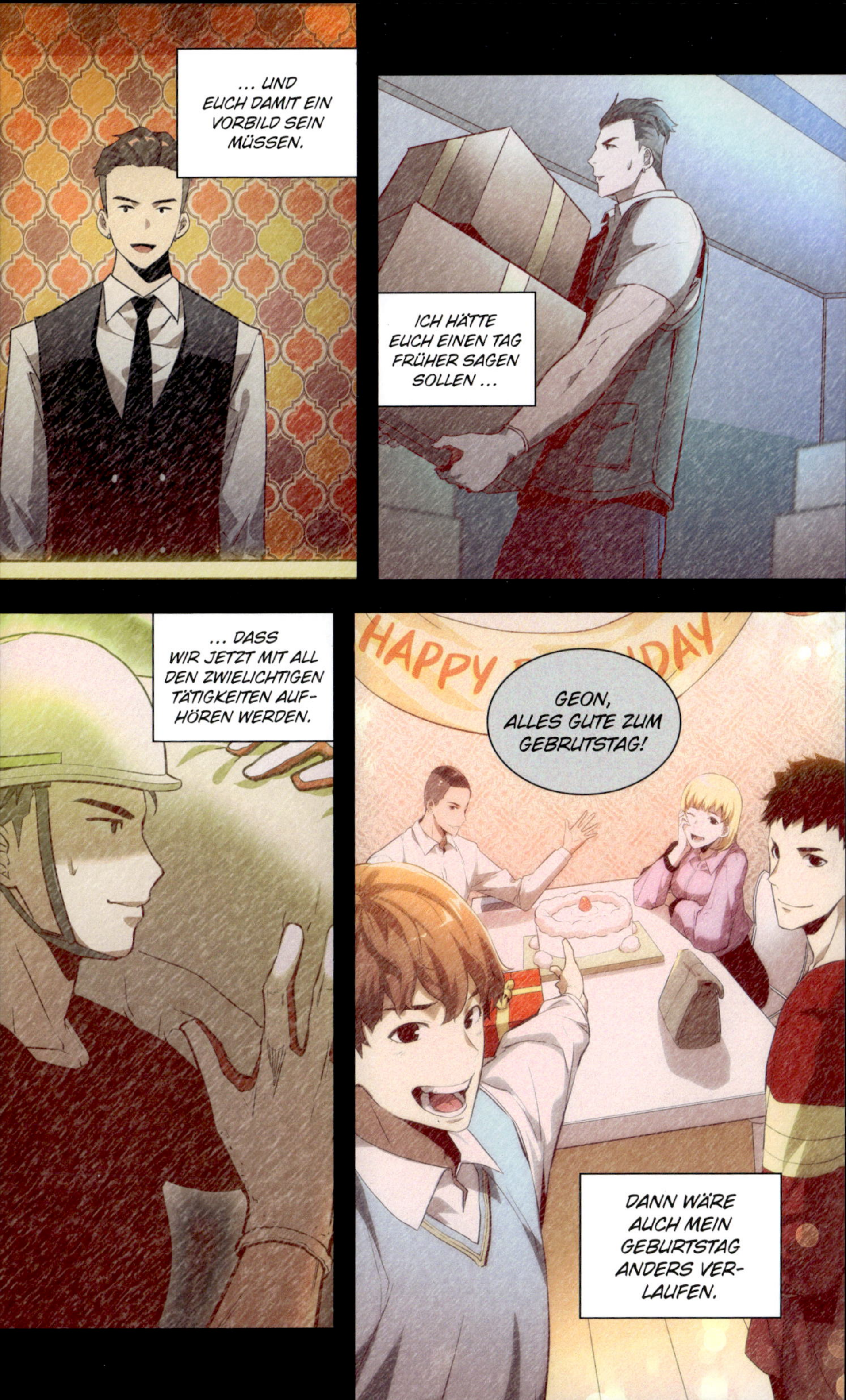
… UND EUCH DAMIT EIN VORBILD SEIN MÜSSEN.
ICH HÄTTE EUCH EINEN TAG FRÜHER SAGEN SOLLEN …
… DASS WIR JETZT MIT ALL DEN ZWIELICHTIGEN TÄTIGKEITEN AUF-HÖREN WERDEN.
HAPPY
GEON, ALLES GUTE ZUM GEBRUTSTAG!
DANN WÄRE AUCH MEIN GEBURTSTAG ANDERS VER-LAUFEN.

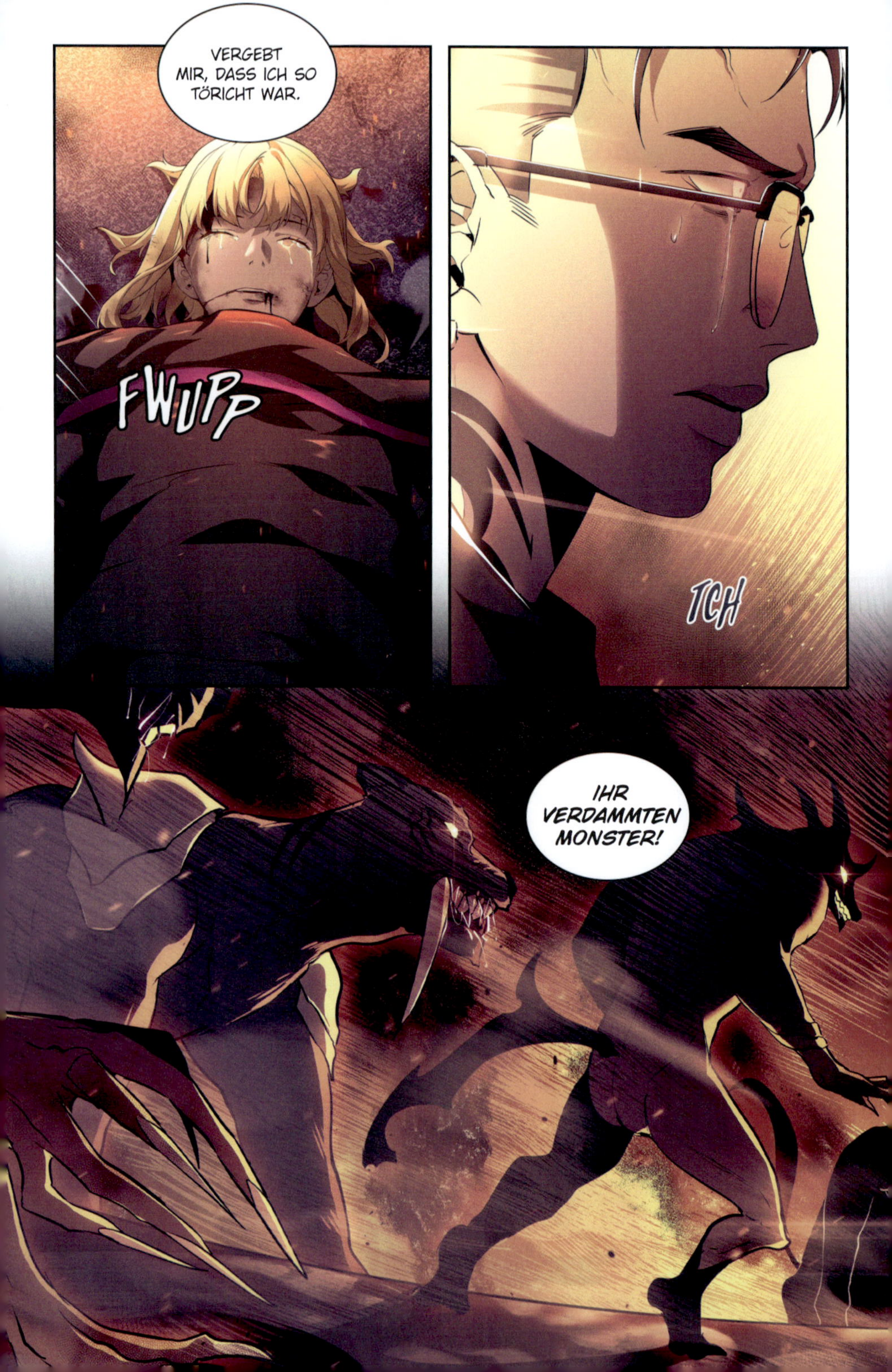
VERGEBT MIR, DASS ICH SO TÖRICHT WAR.
FWUPP
TCH
IHR VERDAMMTEN MONSTER!

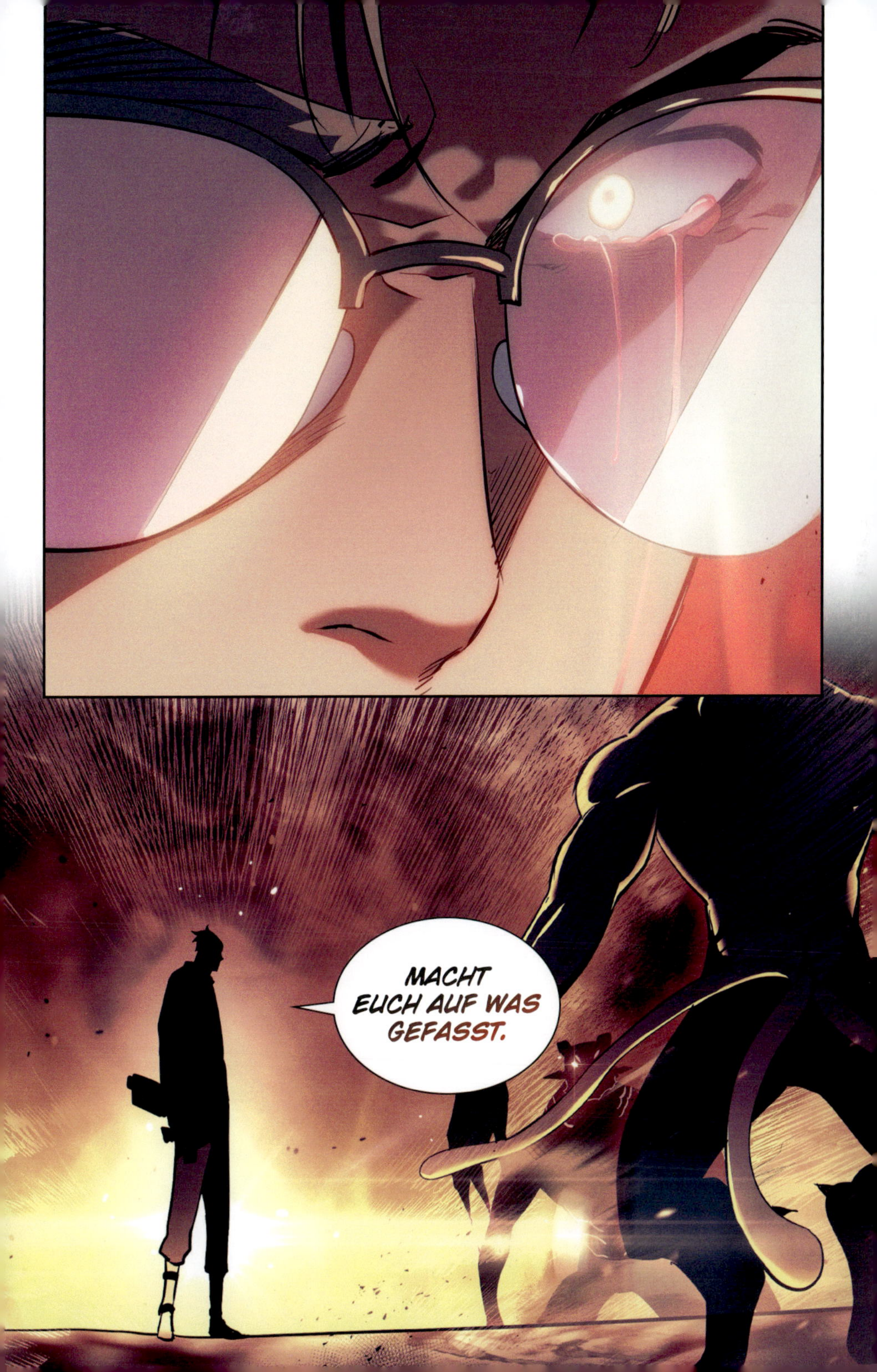
MACHT EUCH AUF WAS GEFASST.

EPISODE 5

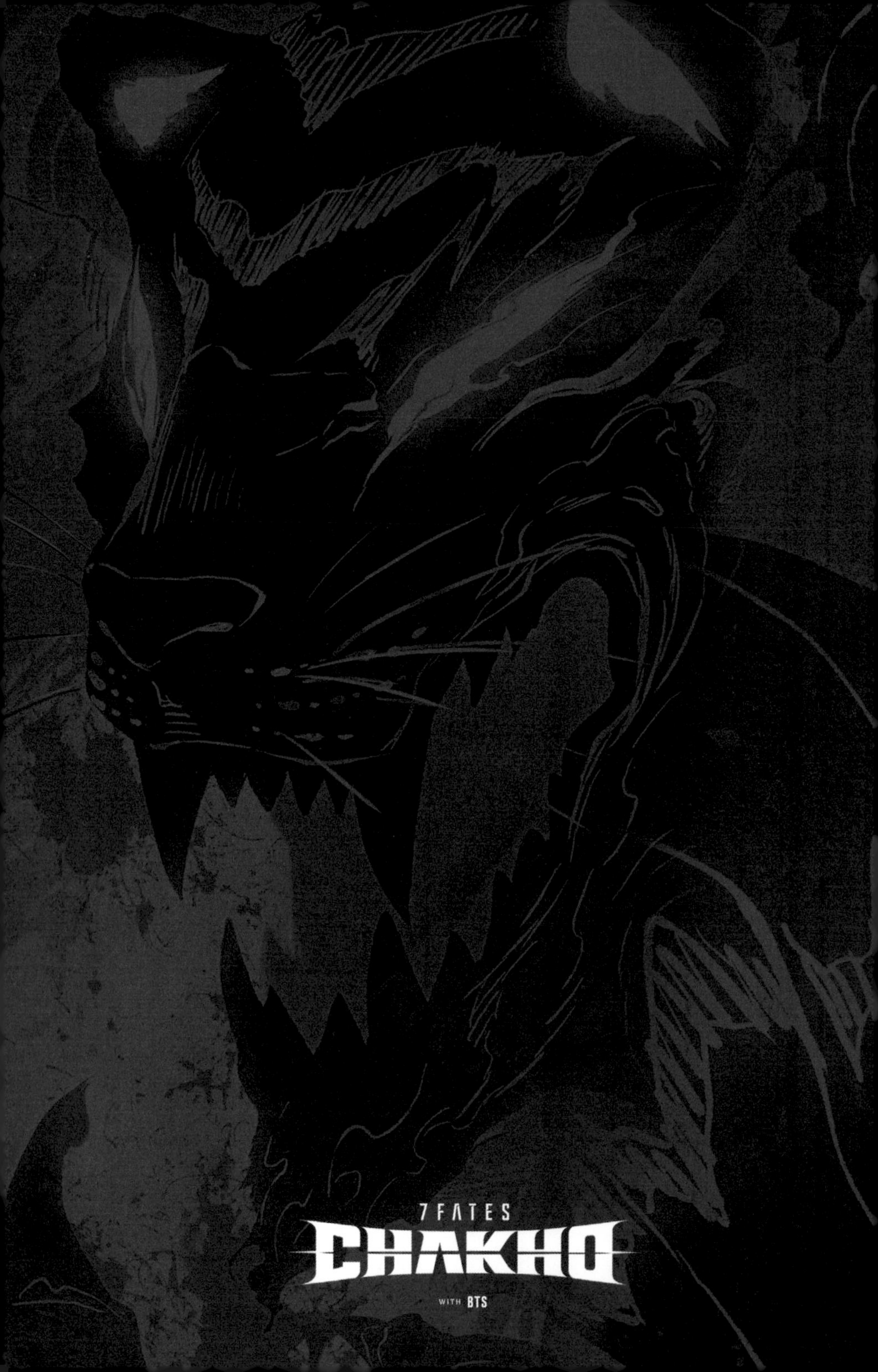
7FATES
CHAKHO
WITH BTS

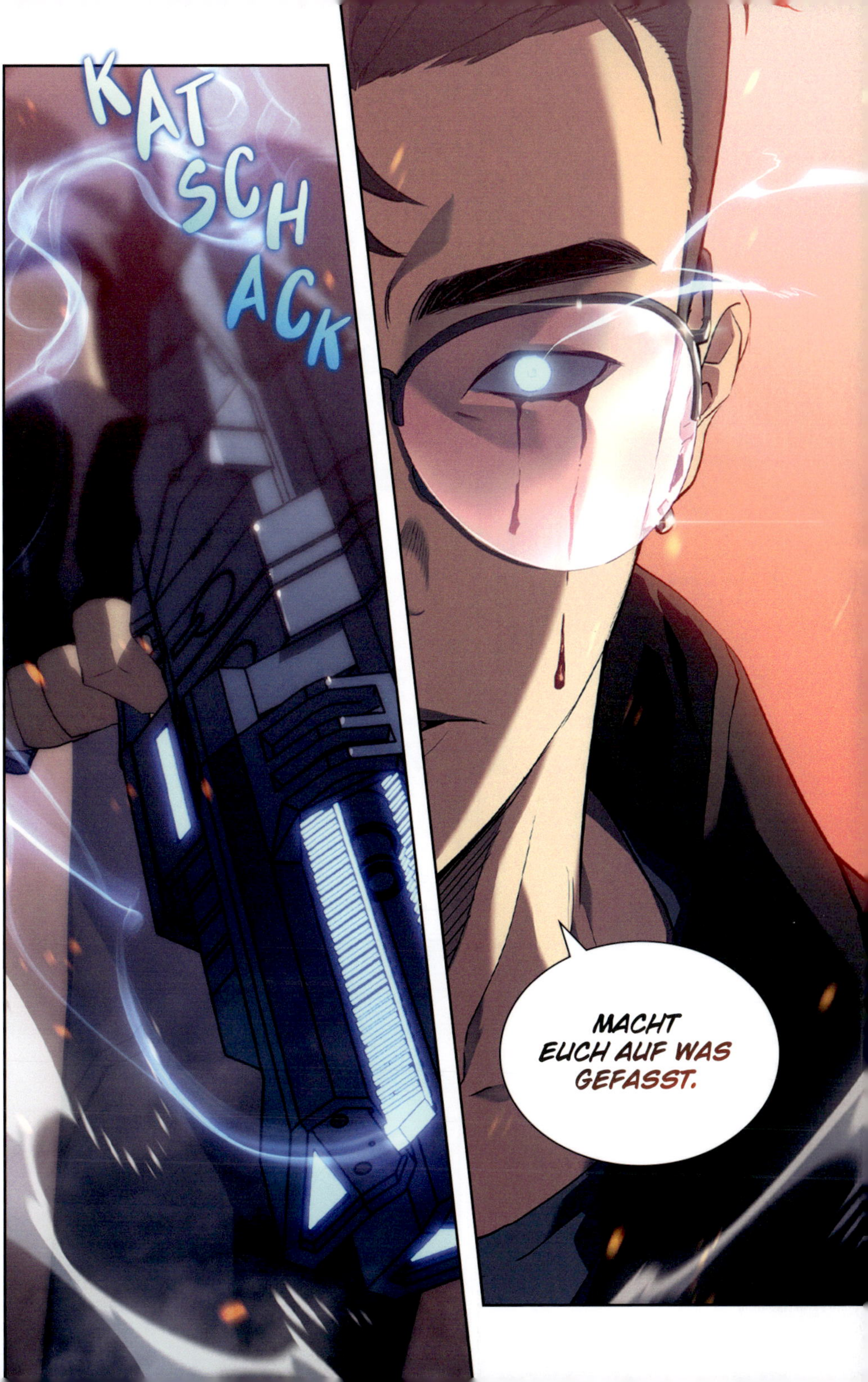
KATSCHACK
MACHT EUCH AUF WAS GEFASST.

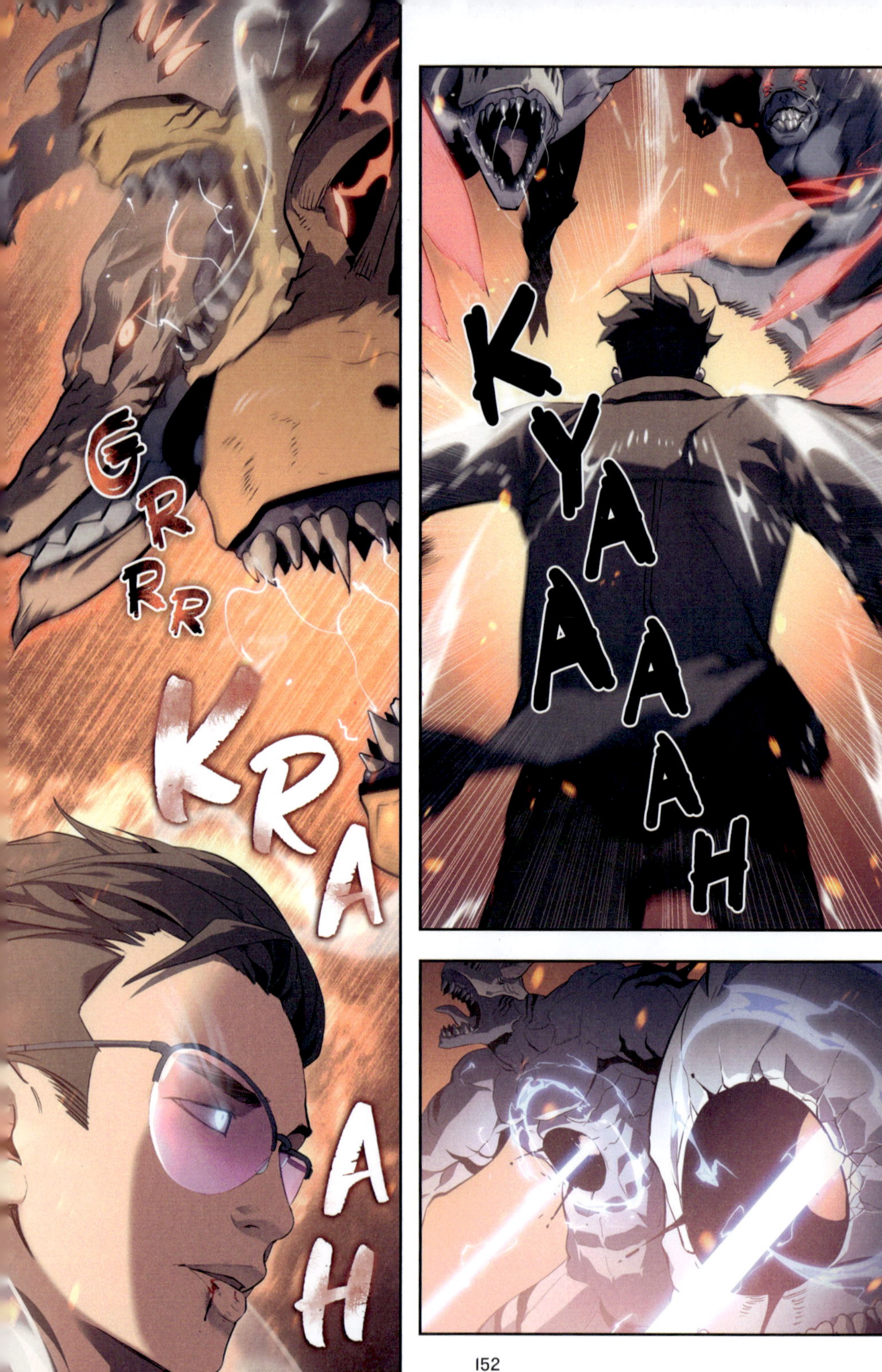
GRRR
KRAAH
KYAAAAH

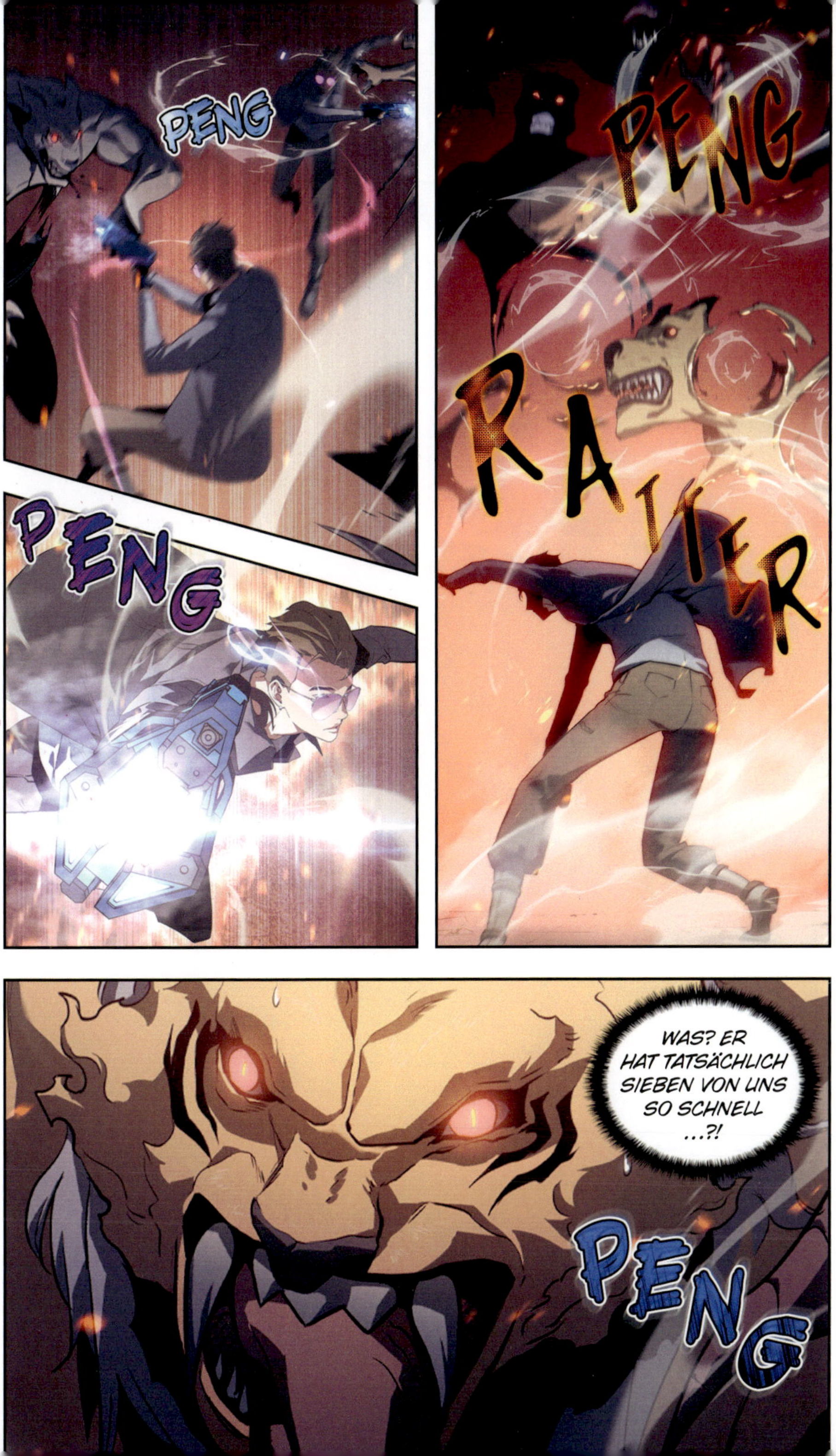
PENG
PENG
PENG
RATTER
WAS? ER HAT TATSÄCHLICH SIEBEN VON UNS SO SCHNELL ...?!
PENG

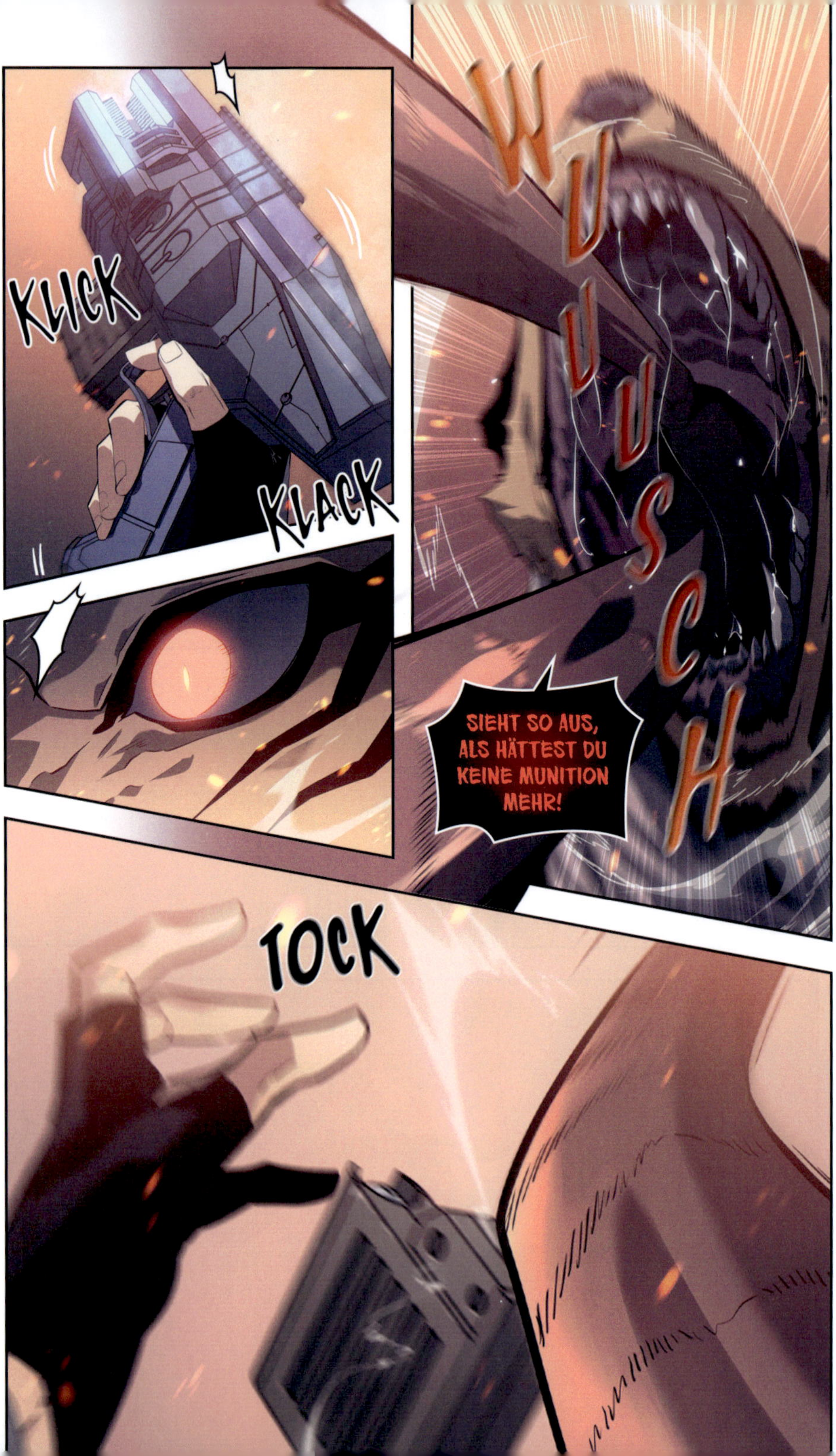
KLICK
KLACK
WUUUSCH
SIEHT SO AUS, ALS HÄTTEST DU KEINE MUNITION MEHR!
TOCK

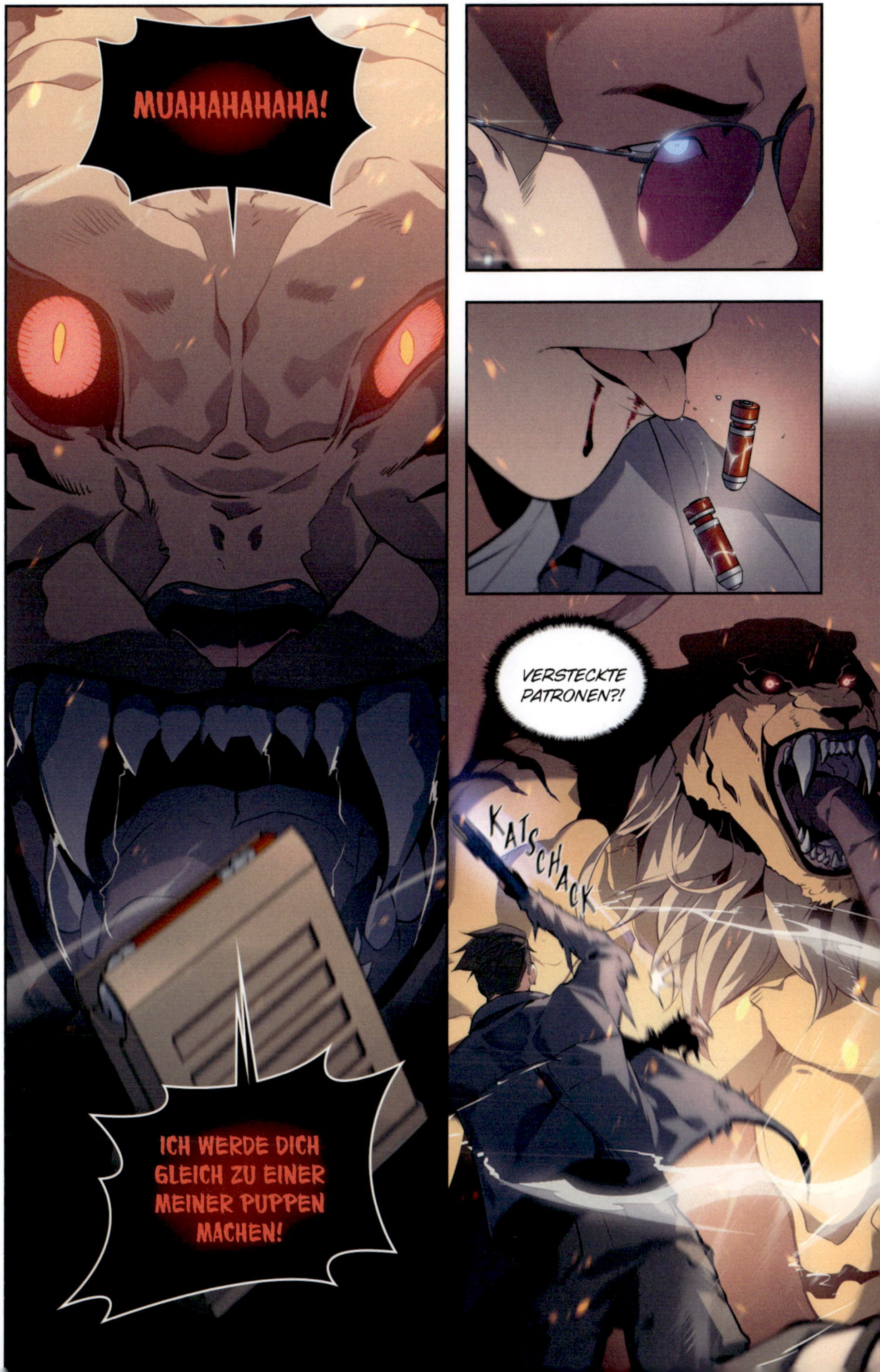
MUAHAHAHAHA!
ICH WERDE DICH GLEICH ZU EINER MEINER PUPPEN MACHEN!
VERSTECKTE PATRONEN?!
KATSCHACK

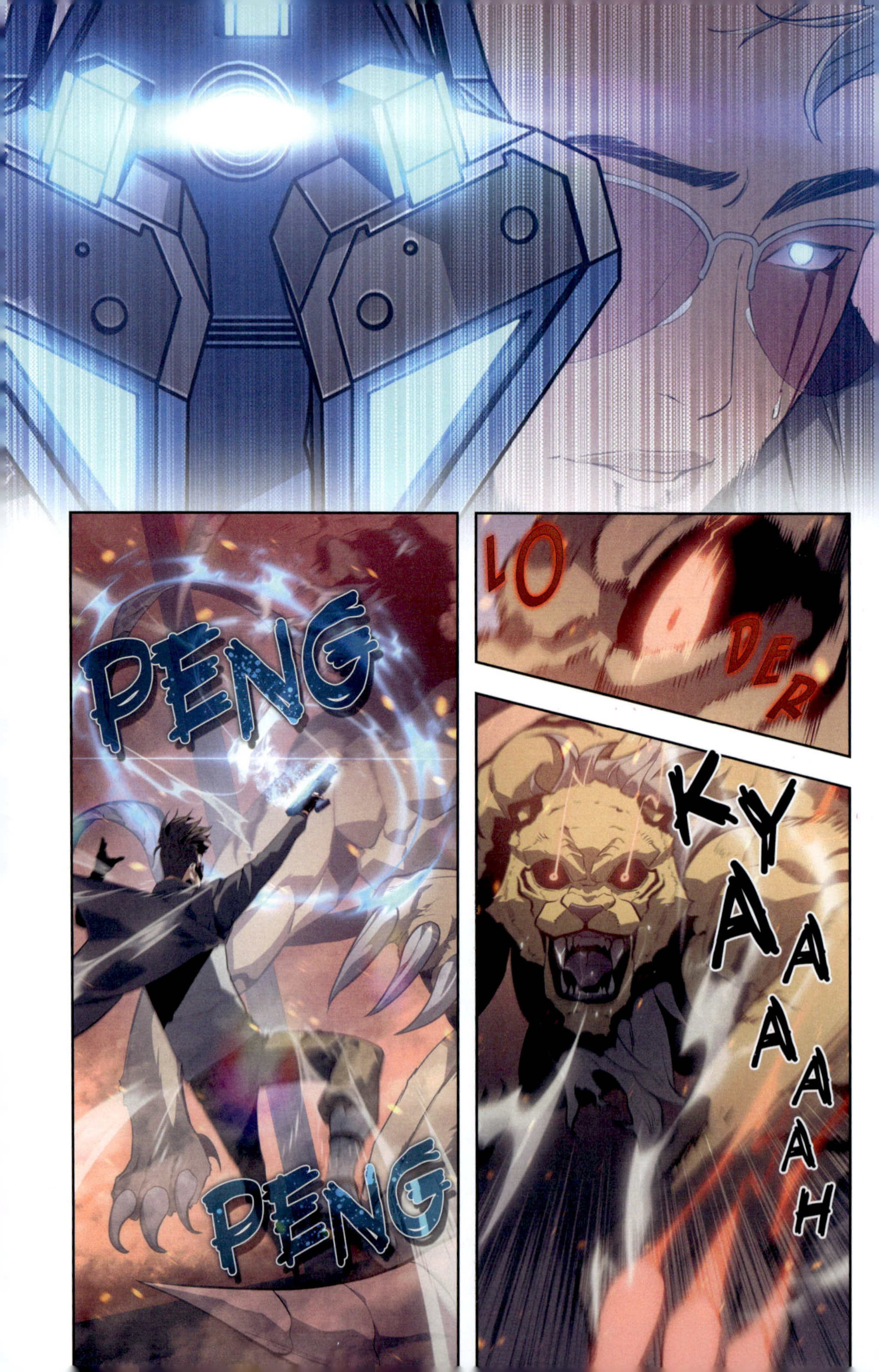
PENG
PENG
LODER
KYAAAAAAH

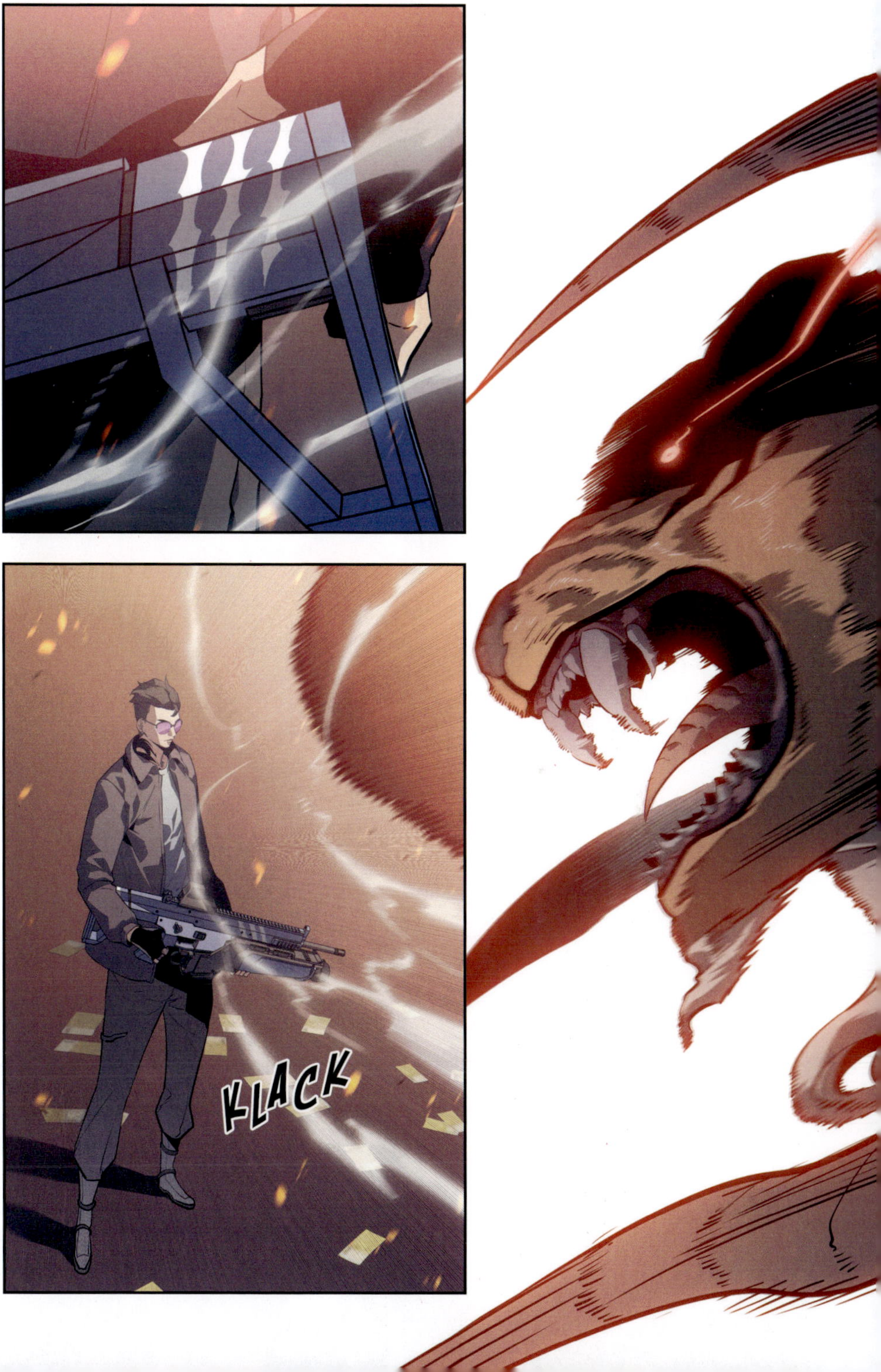
KLACK

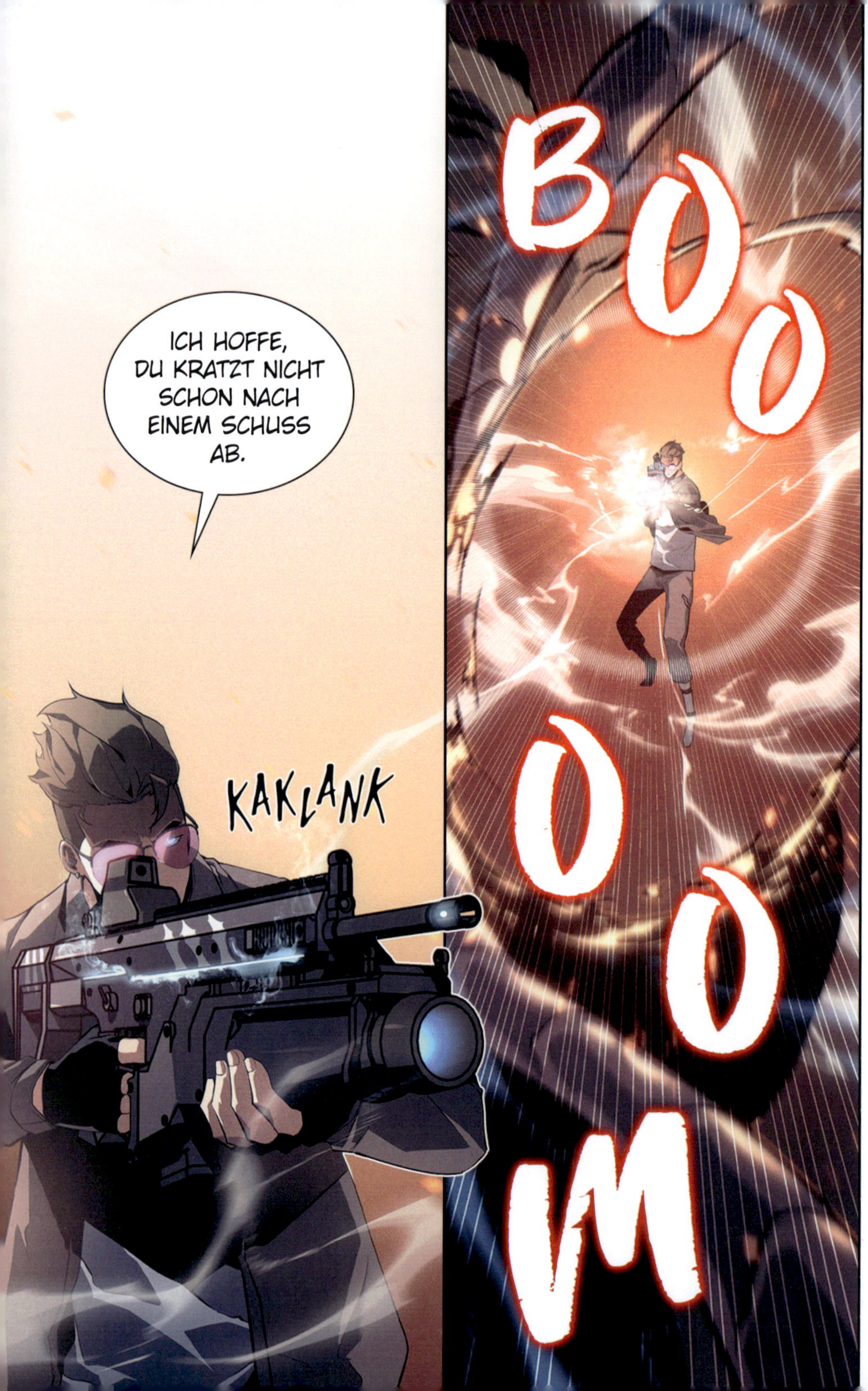
ICH HOFFE, DU KRATZT NICHT SCHON NACH EINEM SCHUSS AB.
KAKLANK
BOOOOOM

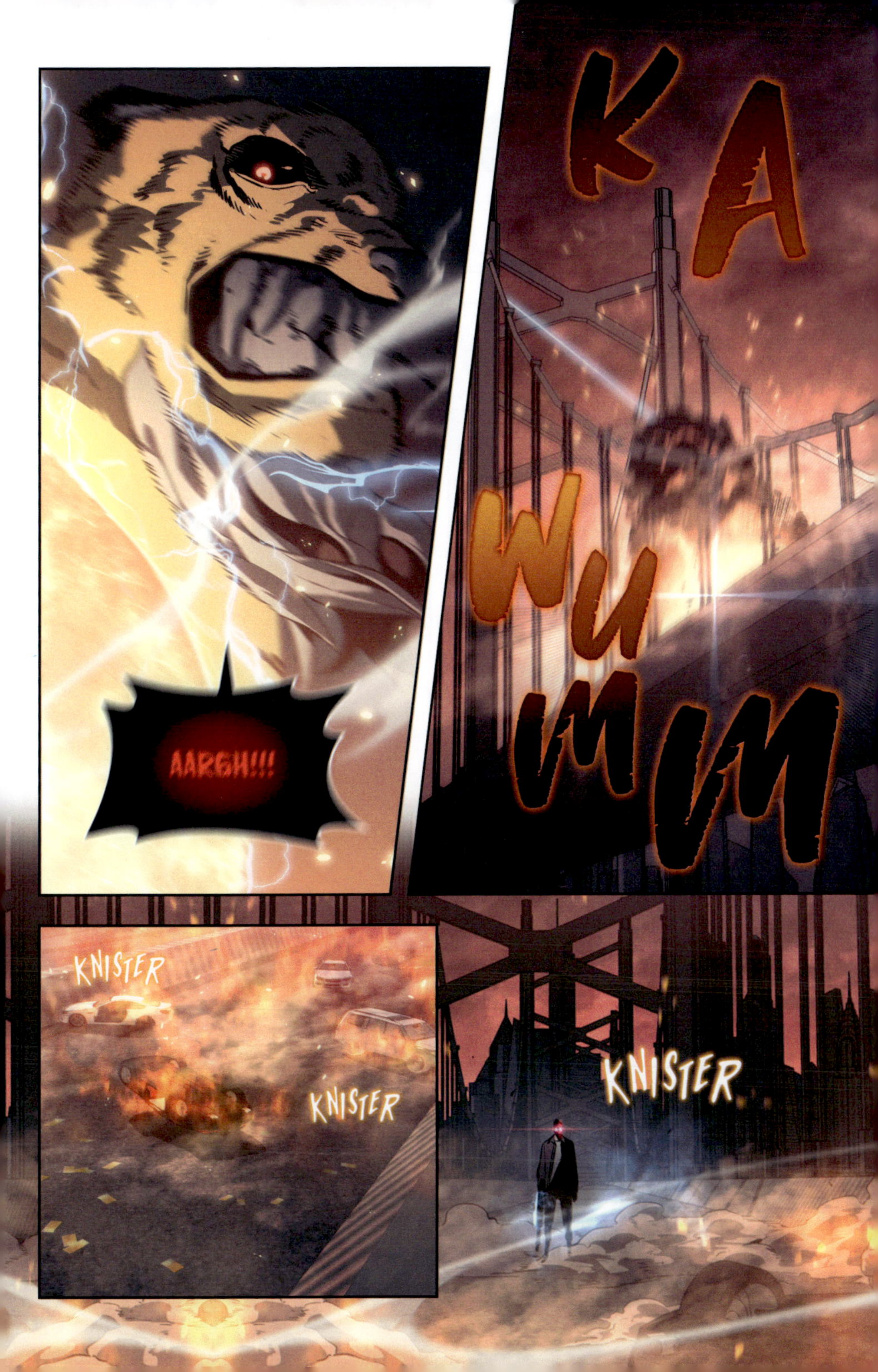
AARGH!!!
KA
WUMM
KNISTER
KNISTER
KNISTER

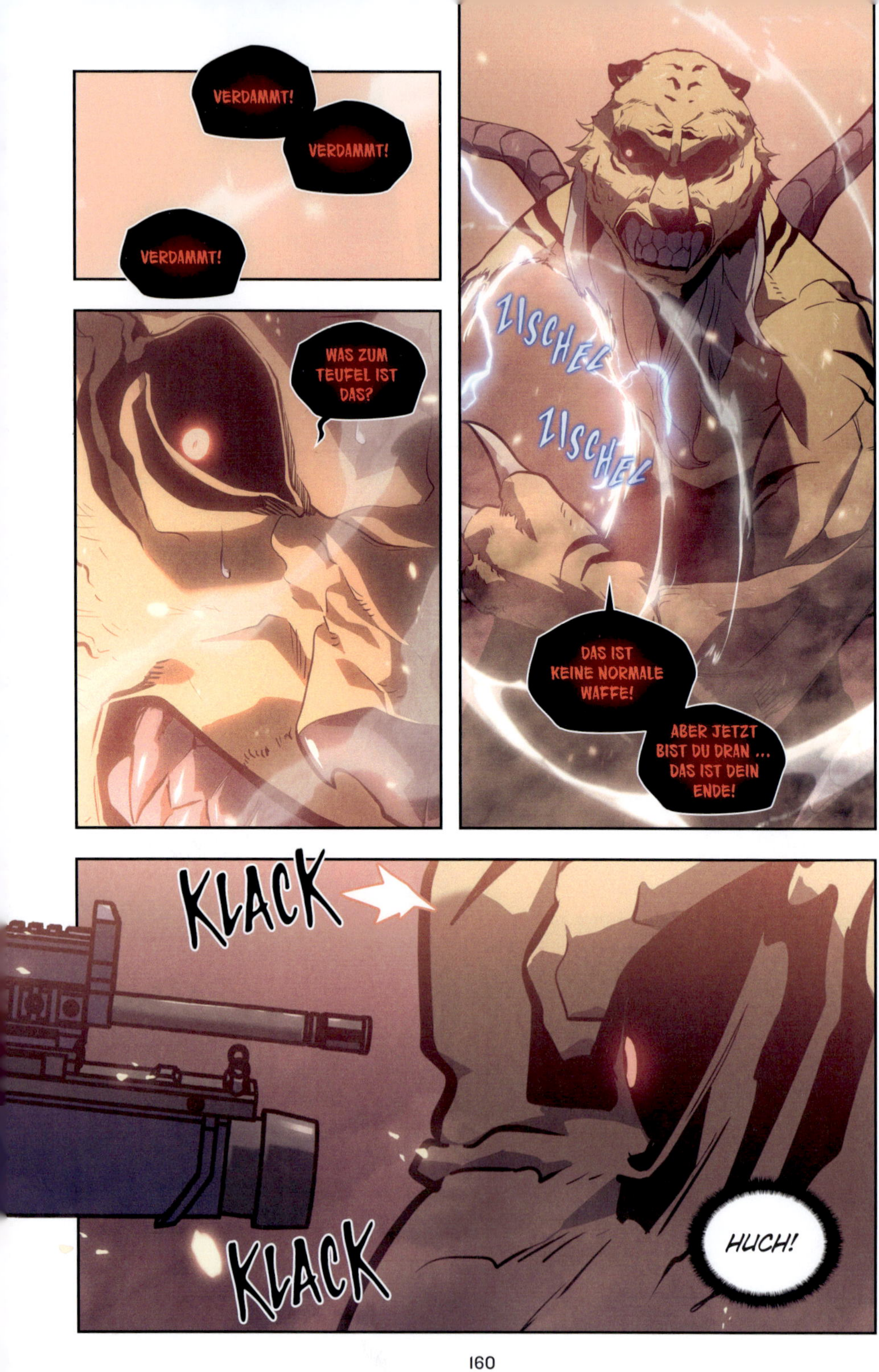
VERDAMMT!
VERDAMMT!
VERDAMMT!
WAS ZUM TEUFEL IST DAS?
ZISCHEL
ZISCHEL
DAS IST KEINE NORMALE WAFFE!
ABER JETZT BIST DU DRAN … DAS IST DEIN ENDE!
KLACK
KLACK
HUCH!

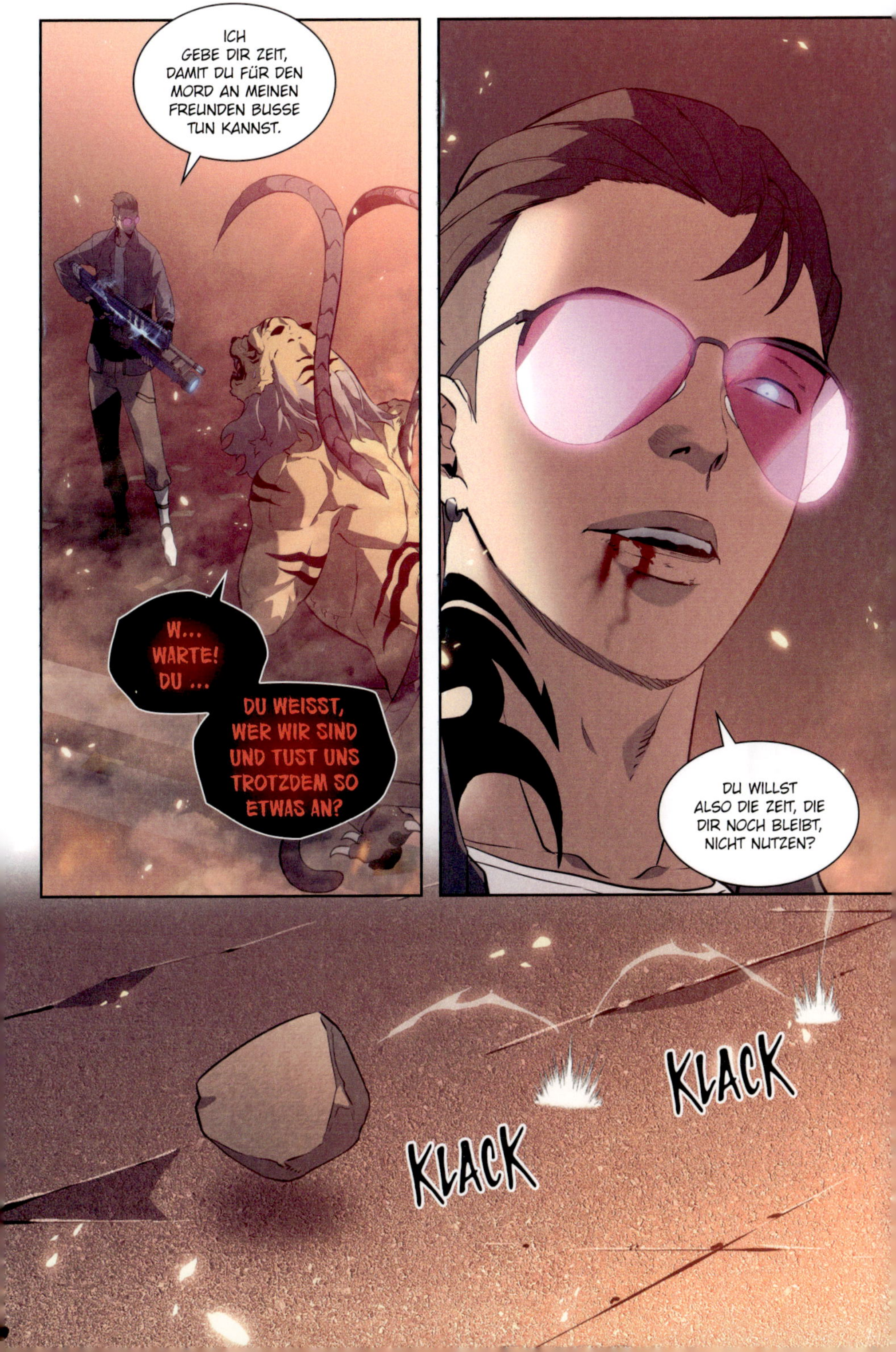
ICH GEBE DIR ZEIT, DAMIT DU FÜR DEN MORD AN MEINEN FREUNDEN BUSSE TUN KANNST.
W... WARTE! DU ...
DU WEISST, WER WIR SIND UND TUST UNS TROTZDEM SO ETWAS AN?
DU WILLST ALSO DIE ZEIT, DIE DIR NOCH BLEIBT, NICHT NUTZEN?
KLACK
KLACK

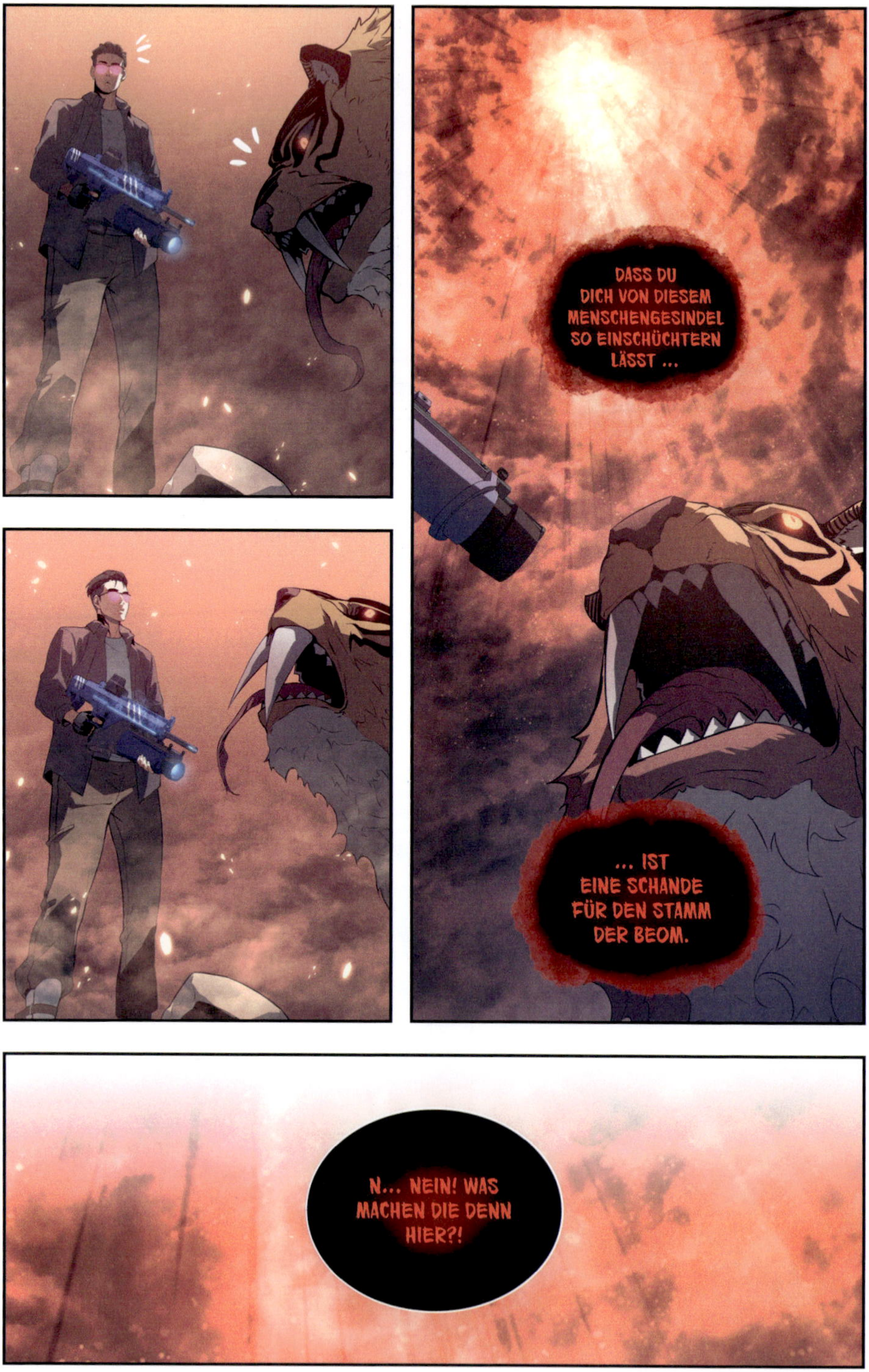
DASS DU DICH VON DIESEM MENSCHENGESINDEL SO EINSCHÜCHTERN LÄSST ...
... IST EINE SCHANDE FÜR DEN STAMM DER BEOM.
N... NEIN! WAS MACHEN DIE DENN HIER?!

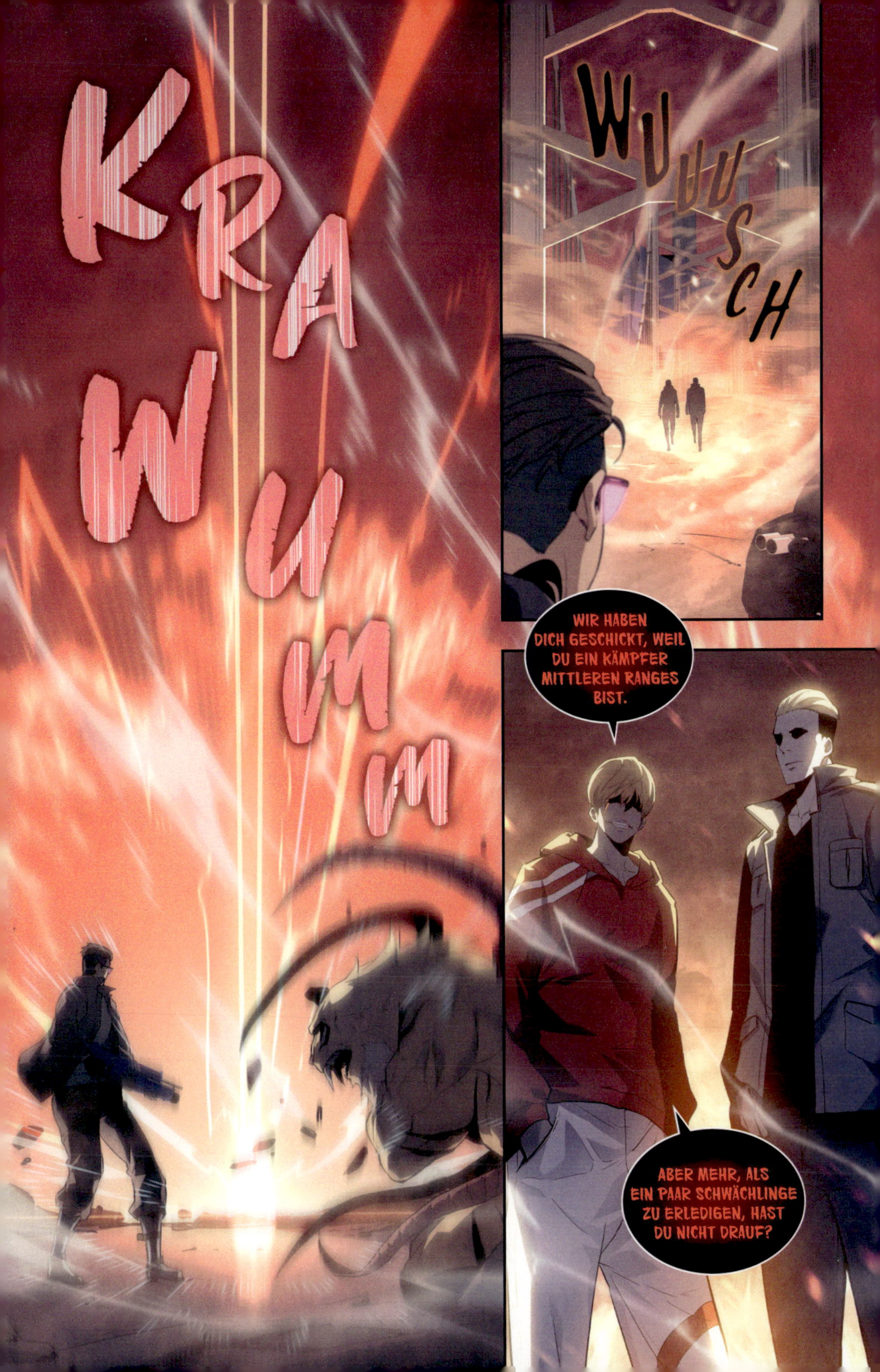
KRAWUMM
WUUUSCH
WIR HABEN DICH GESCHICKT, WEIL DU EIN KÄMPFER MITTLEREN RANGES BIST.
ABER MEHR, ALS EIN PAAR SCHWÄCHLINGE ZU ERLEDIGEN, HAST DU NICHT DRAUF?

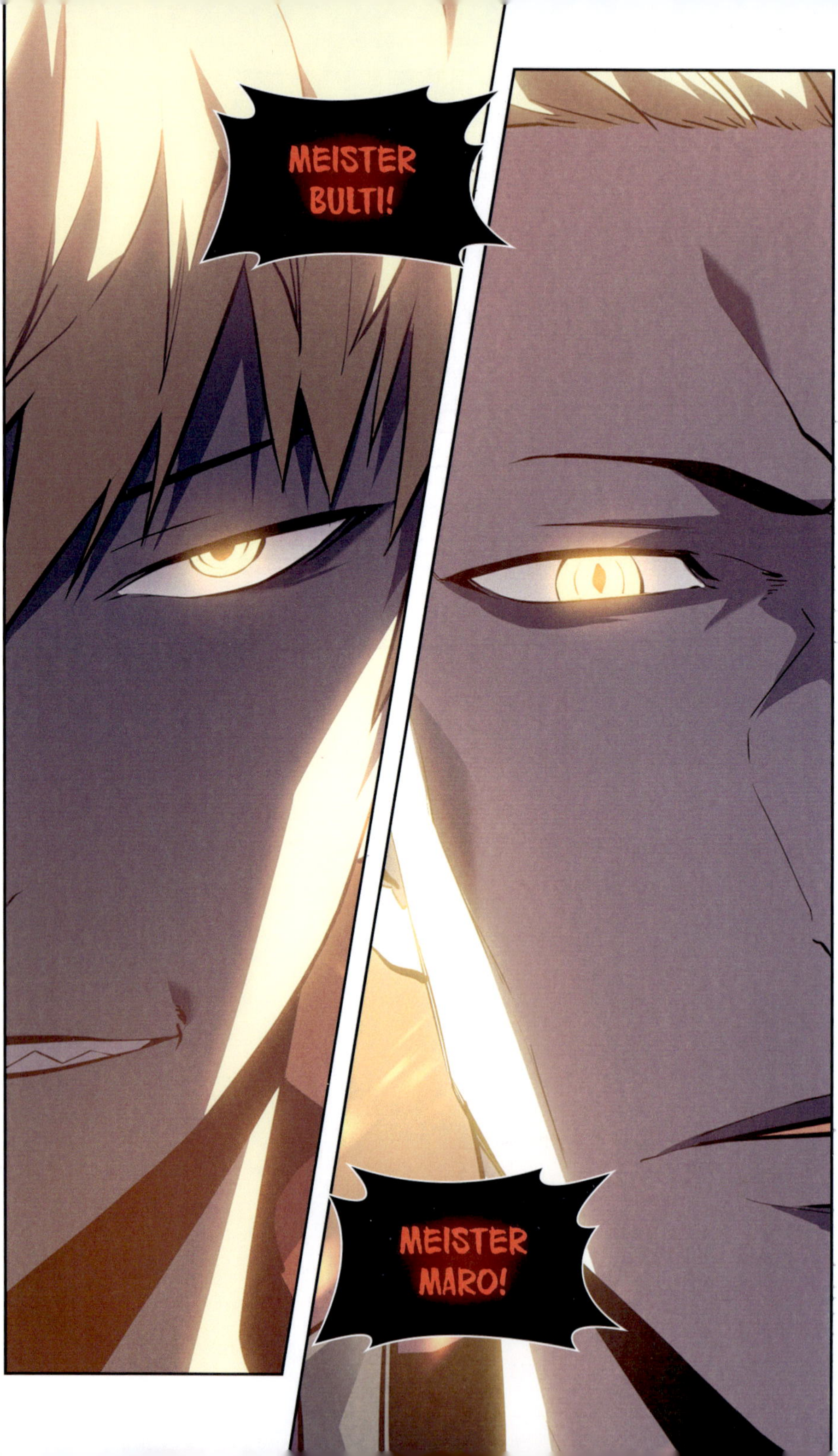
MEISTER BULTI!
MEISTER MARO!

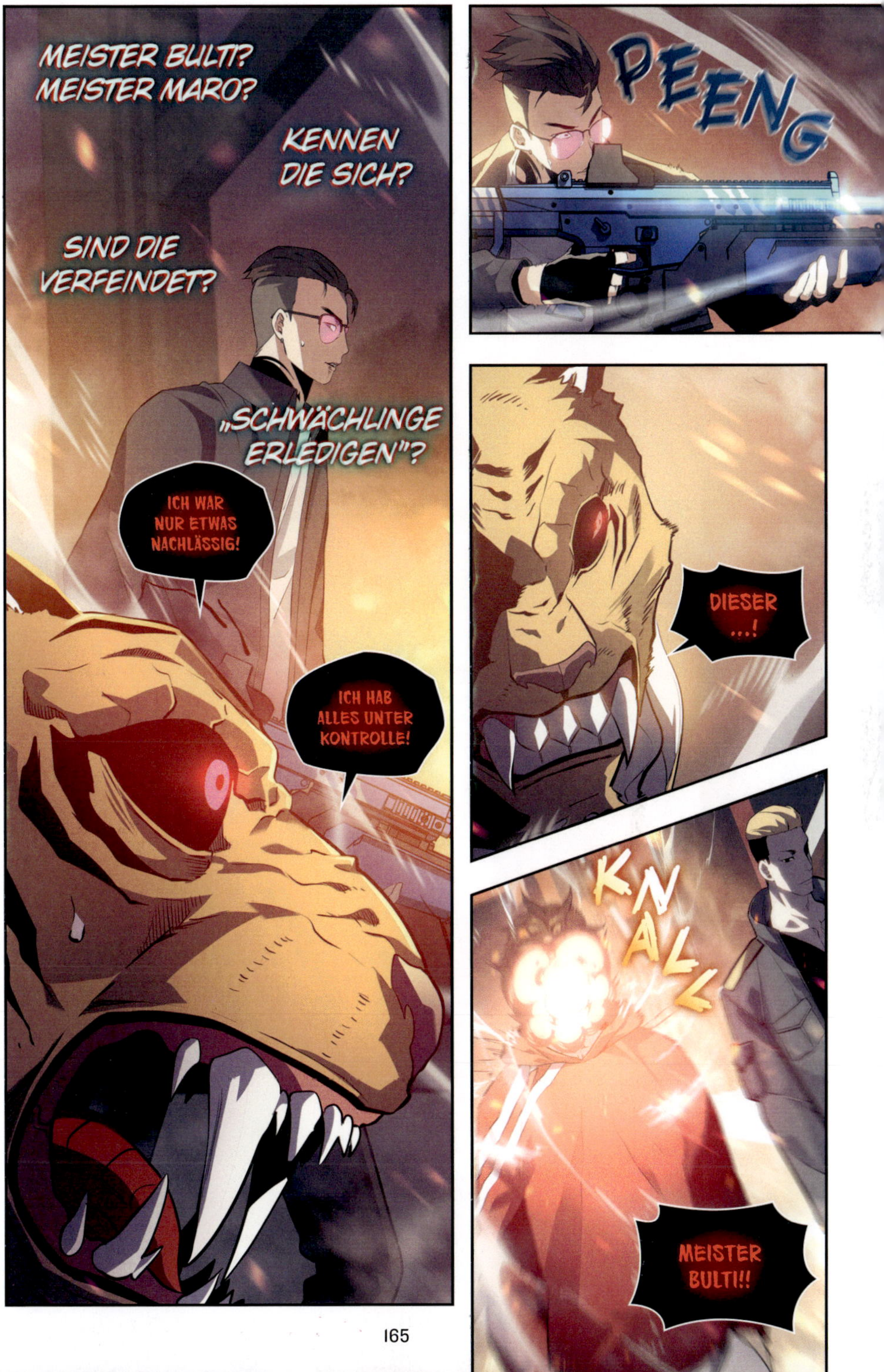
MEISTER BULTI?
MEISTER MARO?
KENNEN DIE SICH?
SIND DIE VERFEINDET?
„SCHWÄCHLINGE ERLEDIGEN"?
ICH WAR NUR ETWAS NACHLÄSSIG!
ICH HAB ALLES UNTER KONTROLLE!
PEENG
DIESER ...!
KNALL
MEISTER BULTI!!

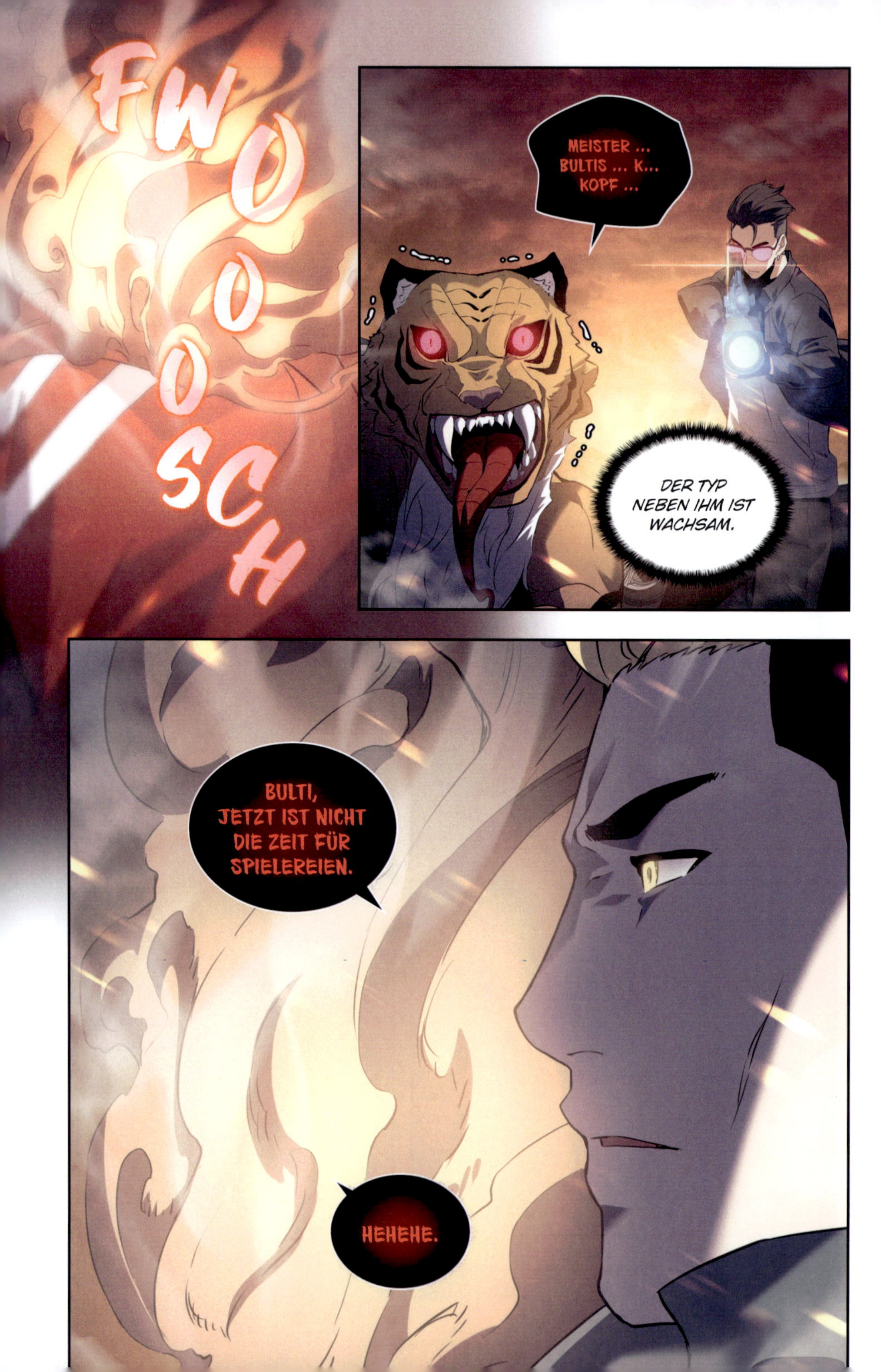
FWOOOOSCH
MEISTER ... BULTIS ... K... KOPF ...
DER TYP NEBEN IHM IST WACHSAM.
BULTI, JETZT IST NICHT DIE ZEIT FÜR SPIELEREIEN.
HEHEHE.

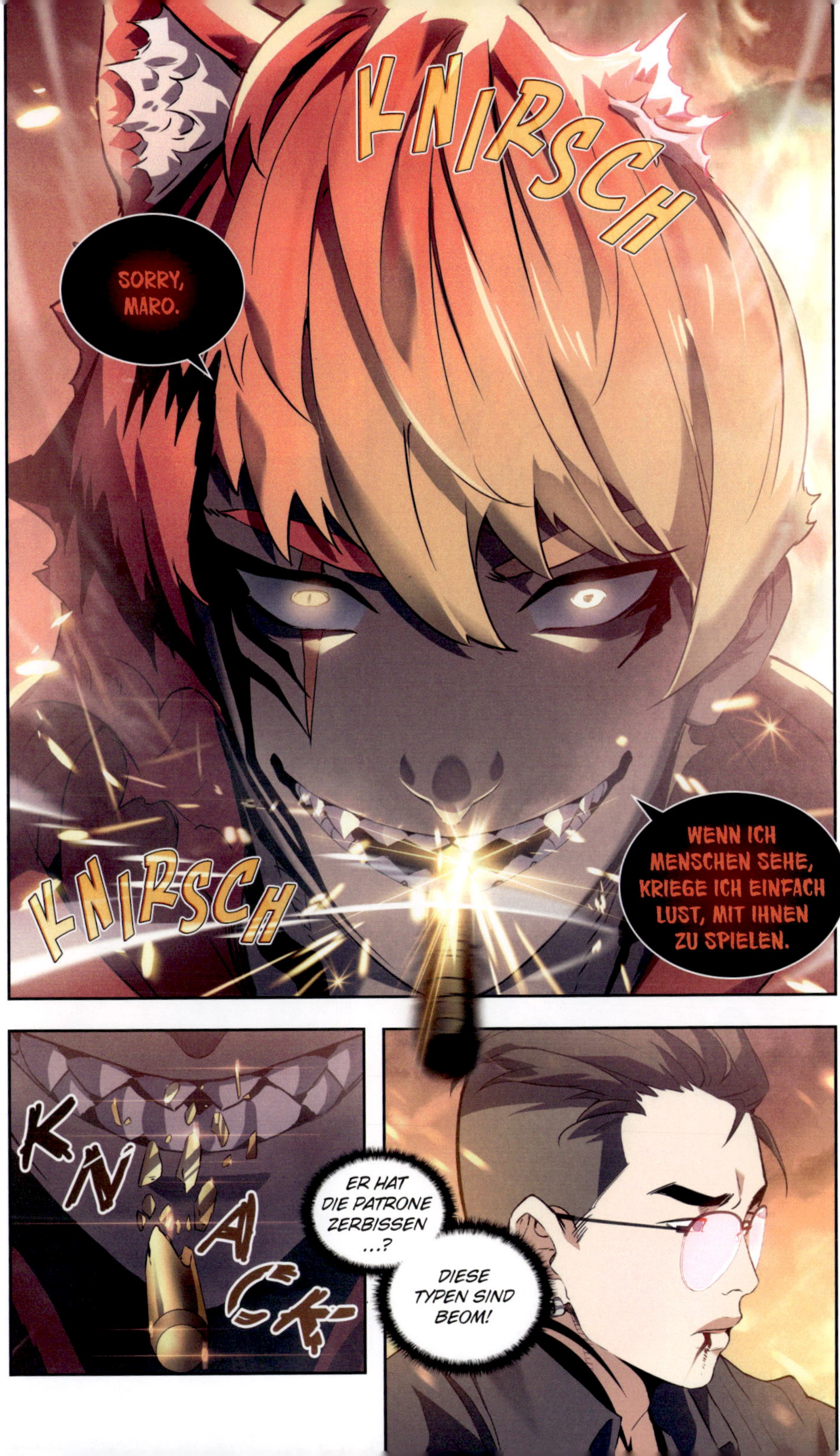
KNIRSCH
SORRY, MARO.
KNIRSCH
WENN ICH MENSCHEN SEHE, KRIEGE ICH EINFACH LUST, MIT IHNEN ZU SPIELEN.
KNACK
ER HAT DIE PATRONE ZERBISSEN ...?
DIESE TYPEN SIND BEOM!

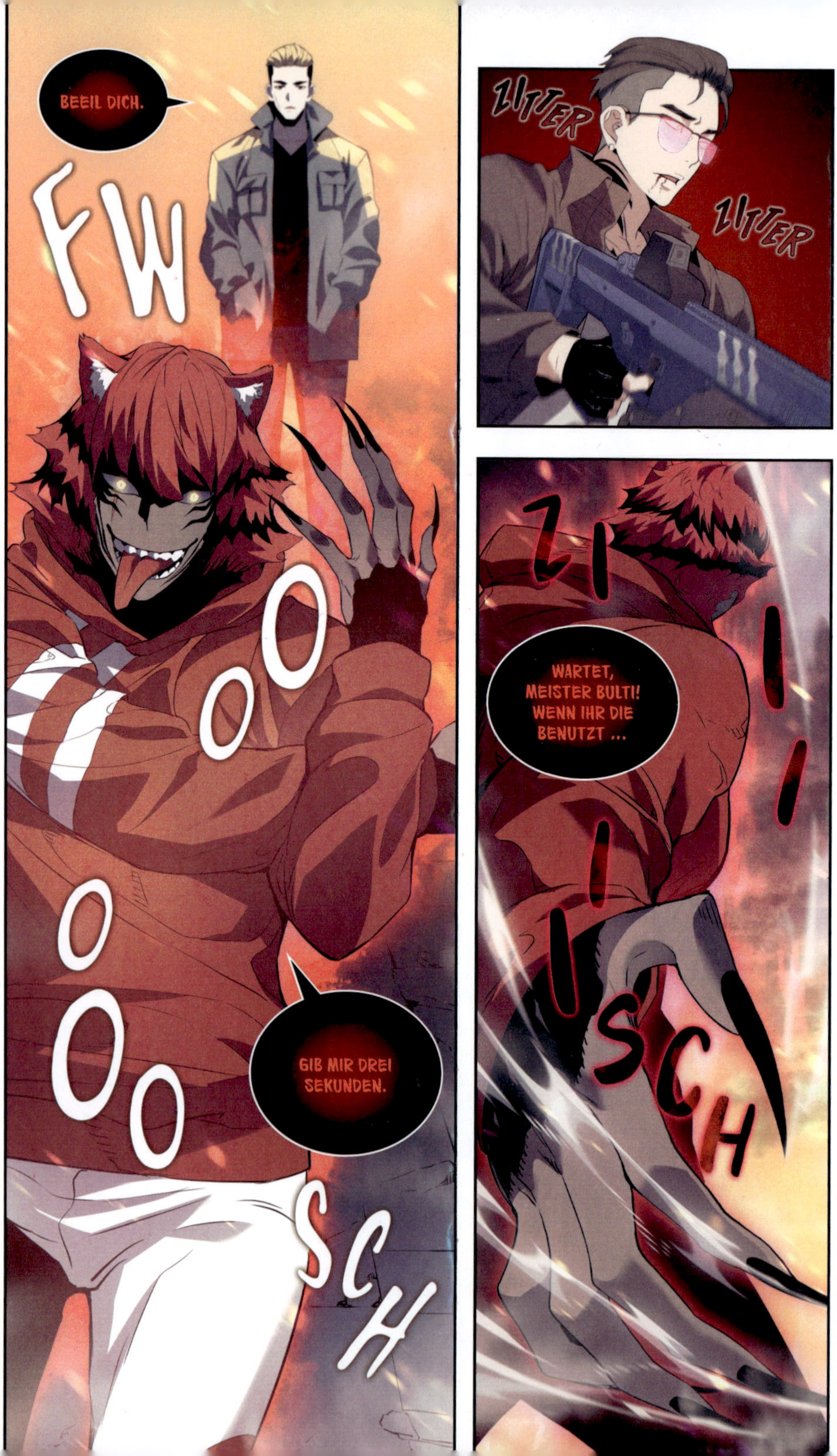

BEEIL DICH.
FWOOOOOOSCH
GIB MIR DREI SEKUNDEN.
ZITTER
ZITTER
WARTET, MEISTER BULTI! WENN IHR DIE BENUTZT ...
ZIIIIIUSCH

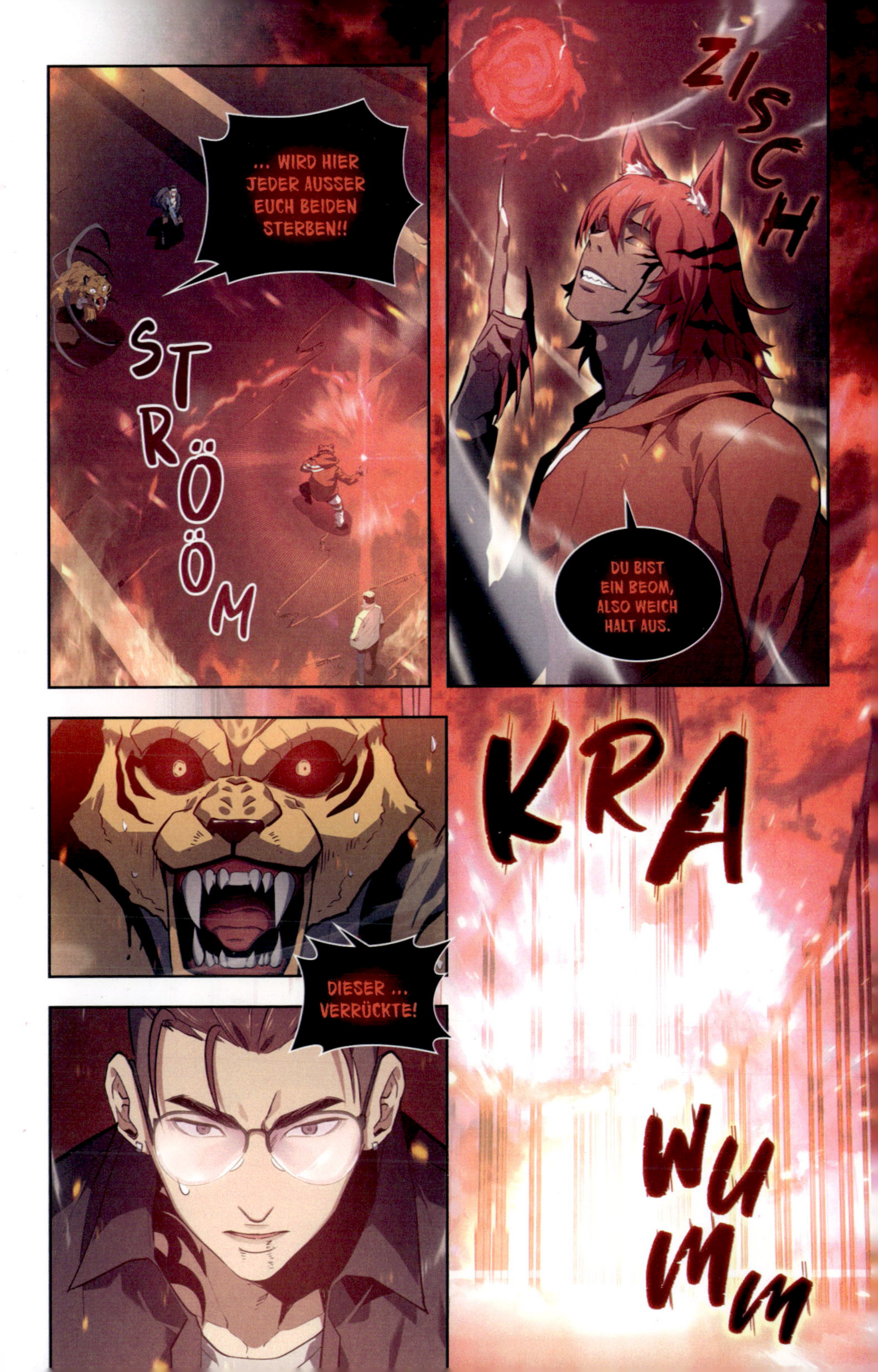
... WIRD HIER JEDER AUSSER EUCH BEIDEN STERBEN!!
STRÖÖM
ZISCH
DU BIST EIN BEOM, ALSO WEICH HALT AUS.
KRA
DIESER ... VERRÜCKTE!
WUMM

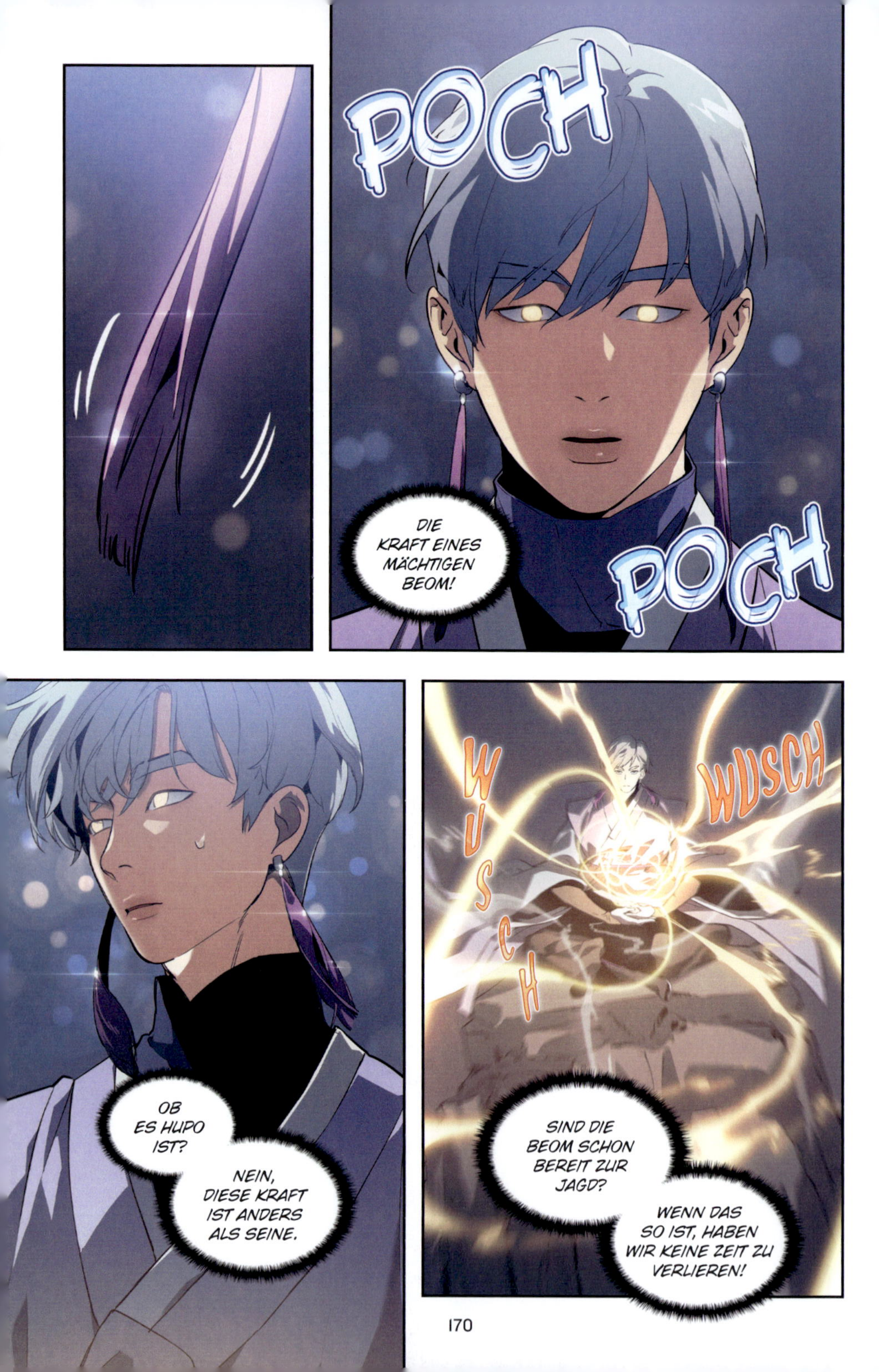
POCH
DIE KRAFT EINES MÄCHTIGEN BEOM!
POCH
OB ES HUPO IST?
NEIN, DIESE KRAFT IST ANDERS ALS SEINE.
WUSCH
WUSCH
SIND DIE BEOM SCHON BEREIT ZUR JAGD?
WENN DAS SO IST, HABEN WIR KEINE ZEIT ZU VERLIEREN!

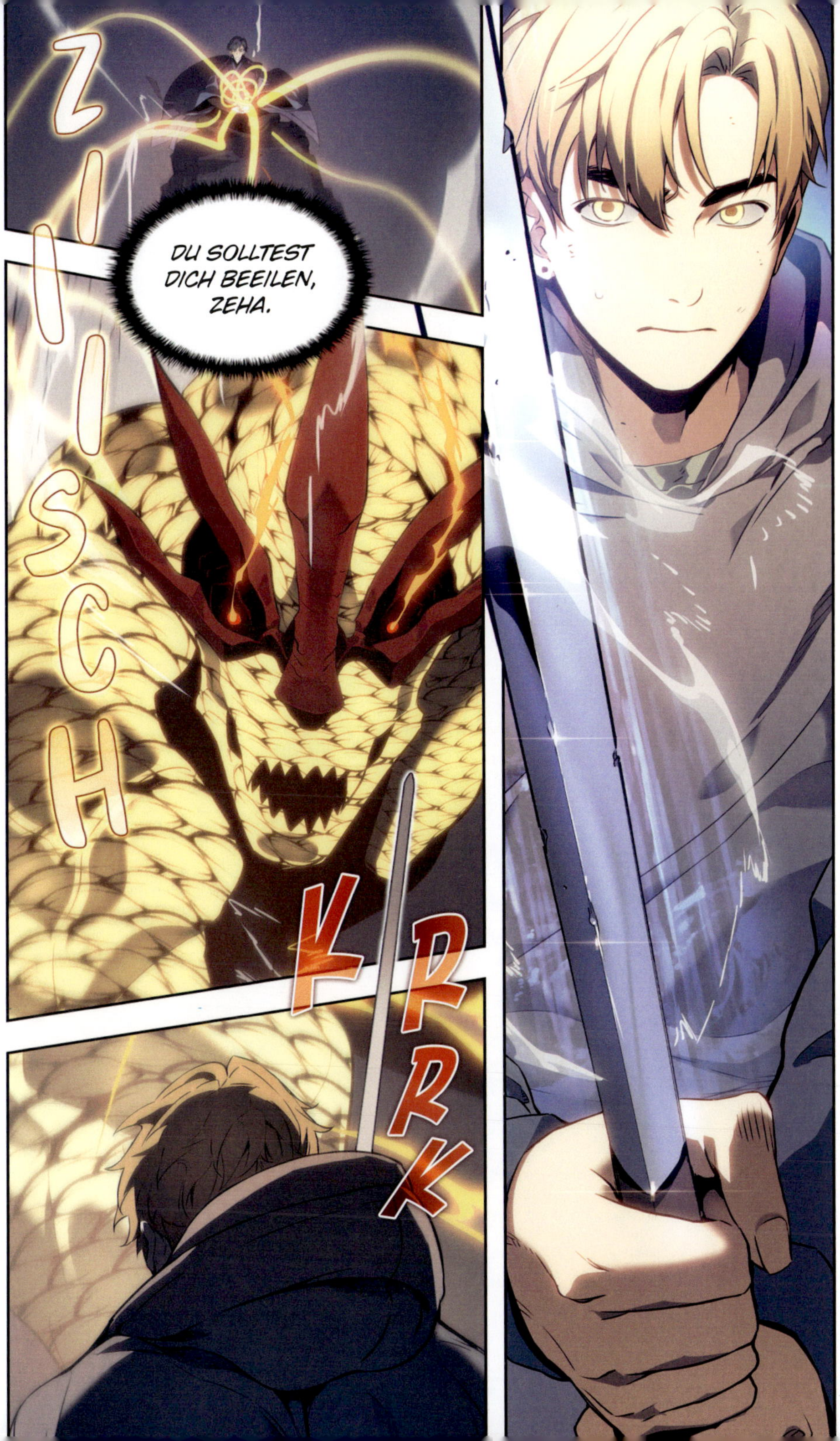
ZIIISCH
DU SOLLTEST DICH BEEILEN, ZEHA.
KRRRK

EPISODE 6

7FATES
CHAKHO
WITH BTS

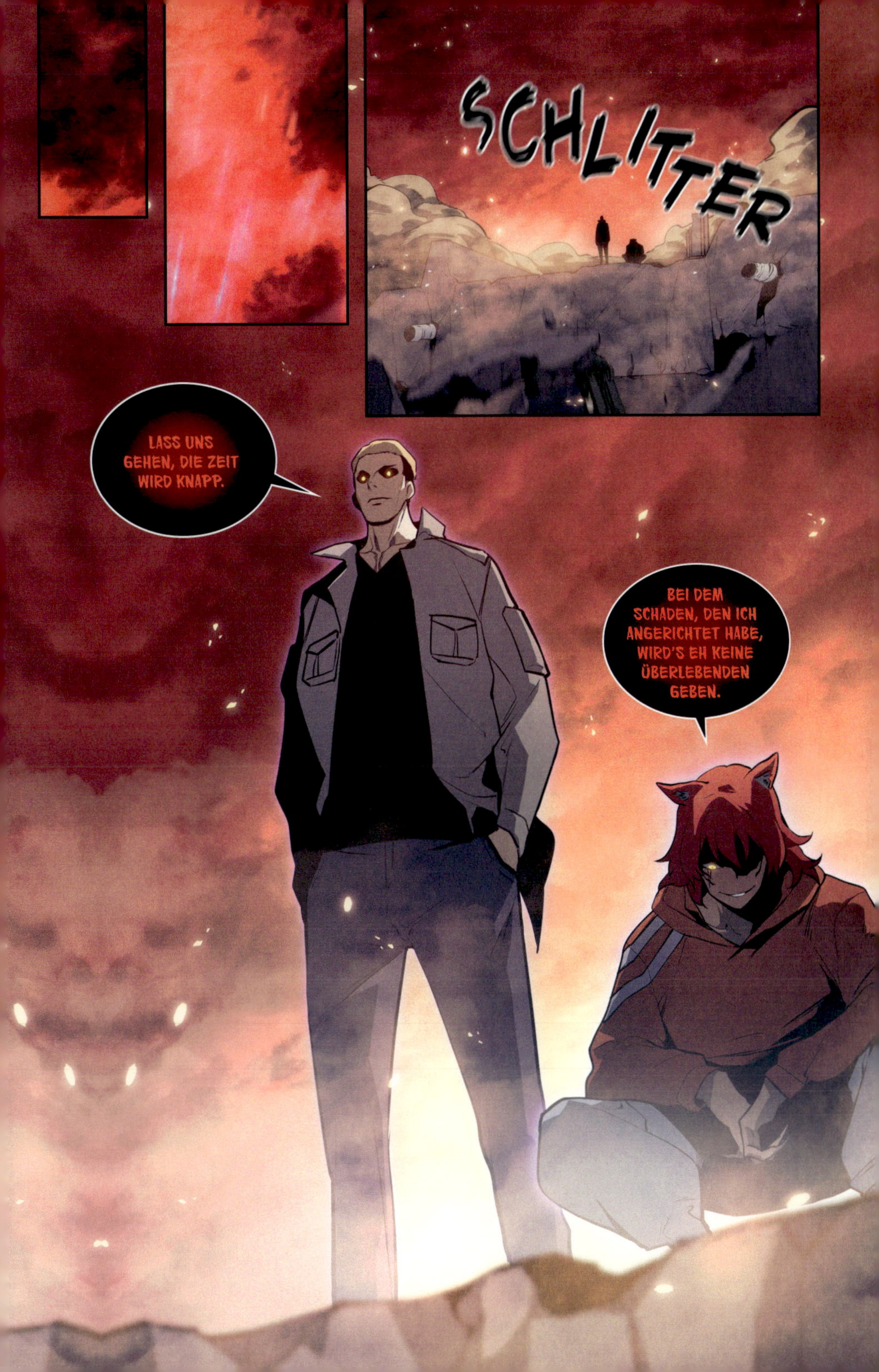
SCHLITTER
LASS UNS GEHEN, DIE ZEIT WIRD KNAPP.
BEI DEM SCHADEN, DEN ICH ANGERICHTET HABE, WIRD'S EH KEINE ÜBERLEBENDEN GEBEN.

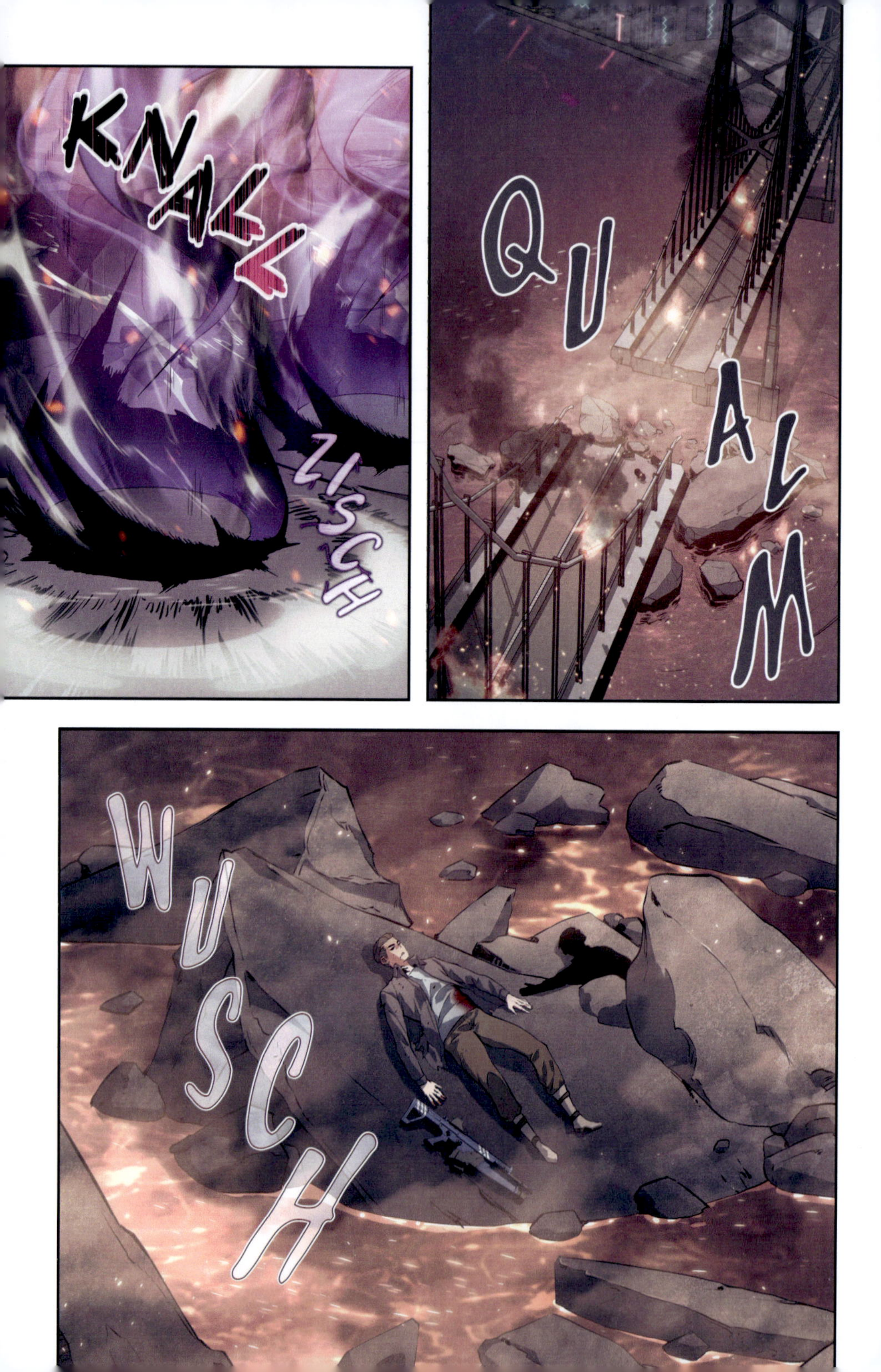
KNALL
ZISCH
QUALM
WUSCH

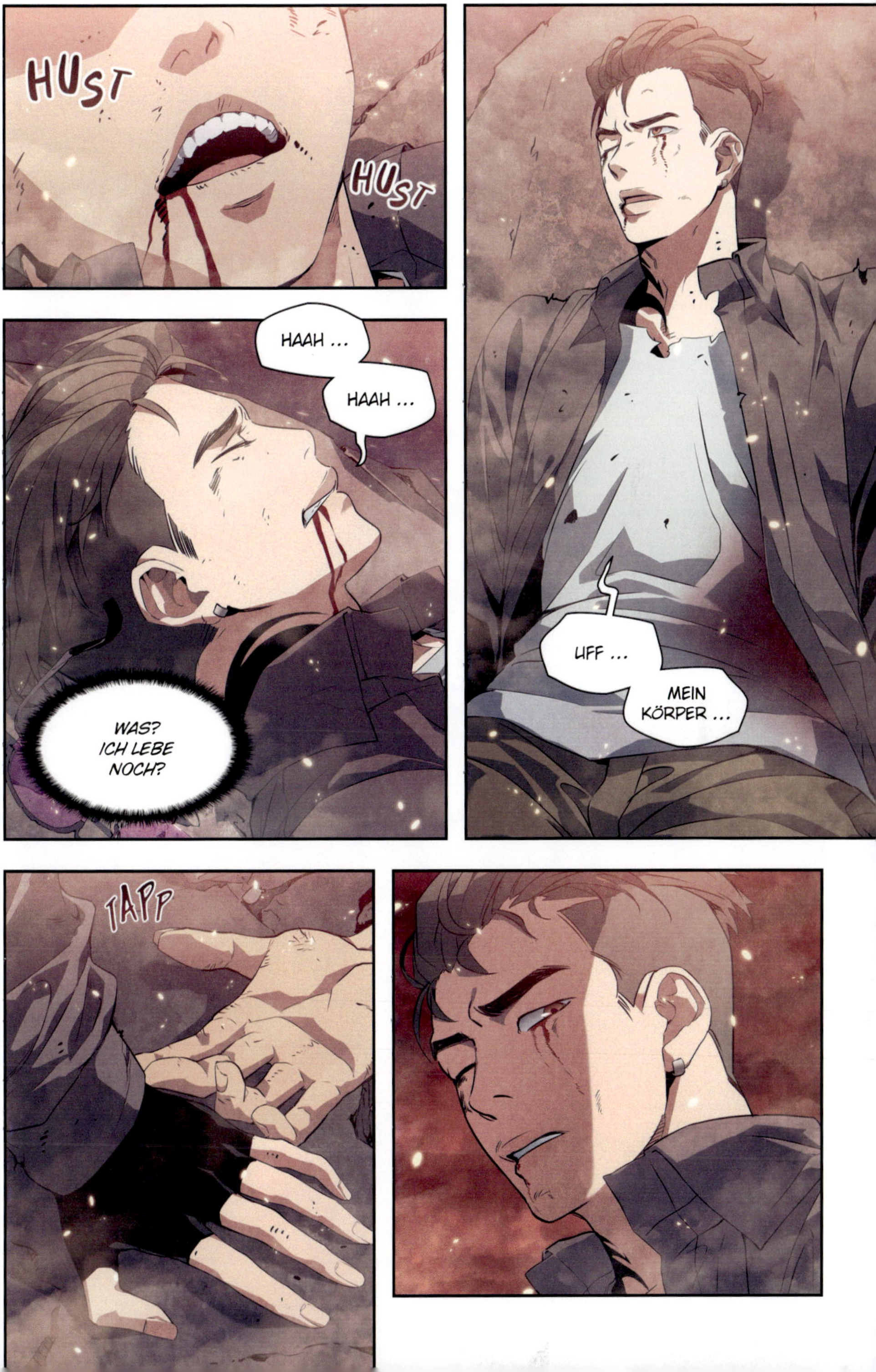
HUST
HUST
HAAH …
HAAH …
WAS? ICH LEBE NOCH?
UFF …
MEIN KÖRPER …
TAPP

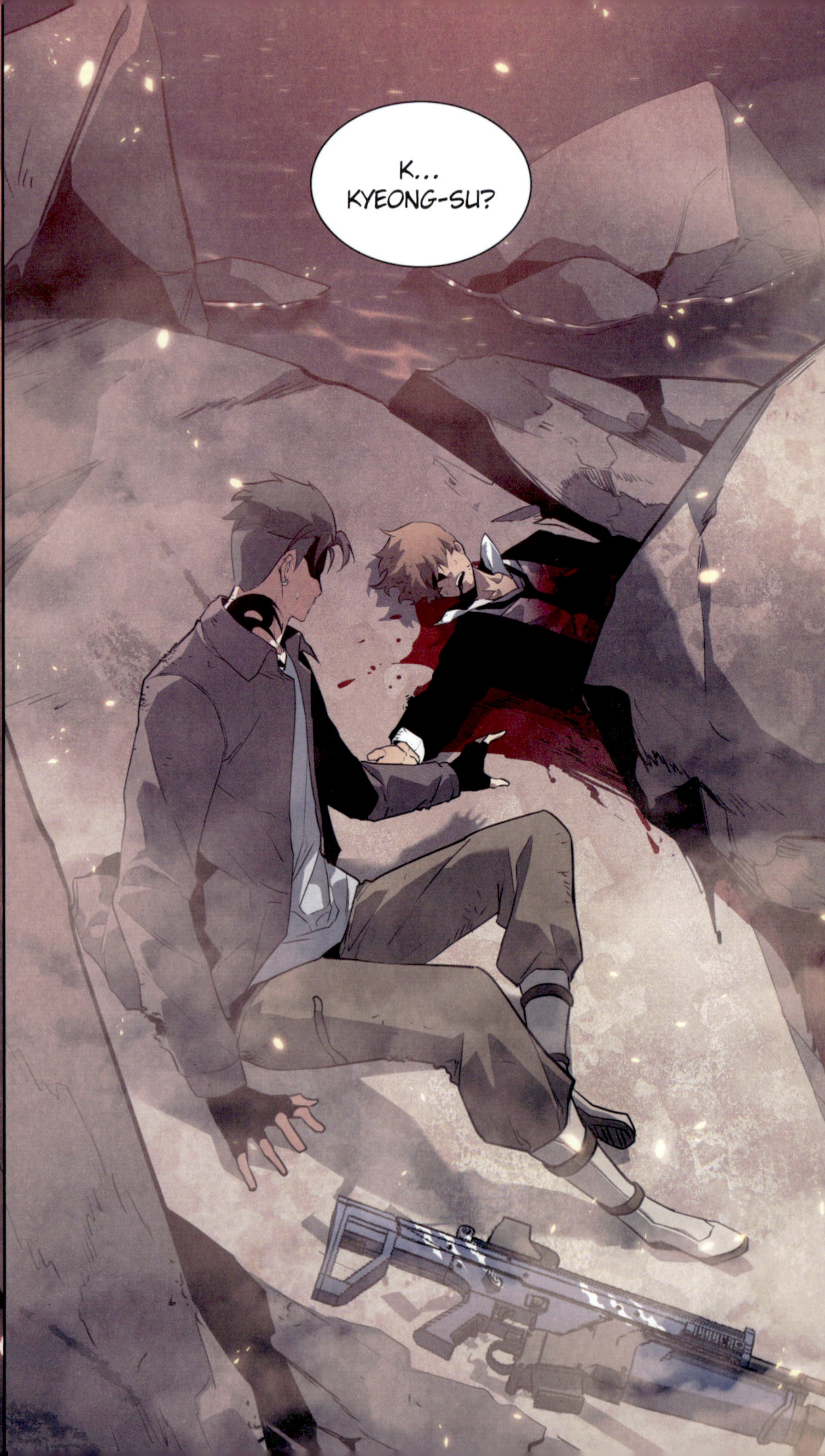
K... KYEONG-SU?

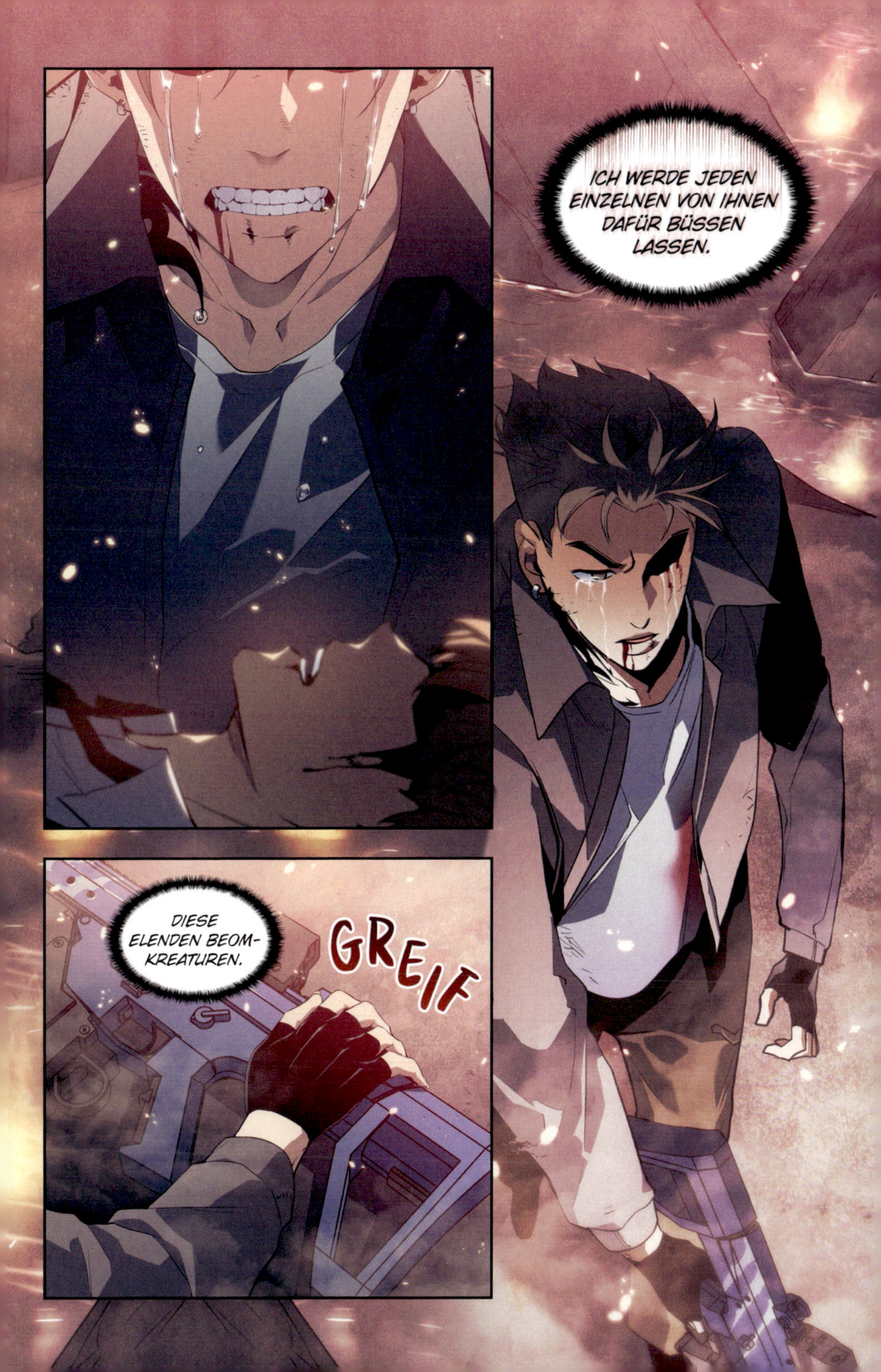
ICH WERDE JEDEN EINZELNEN VON IHNEN DAFÜR BÜSSEN LASSEN.
DIESE ELENDEN BEOM-KREATUREN.
GREIF

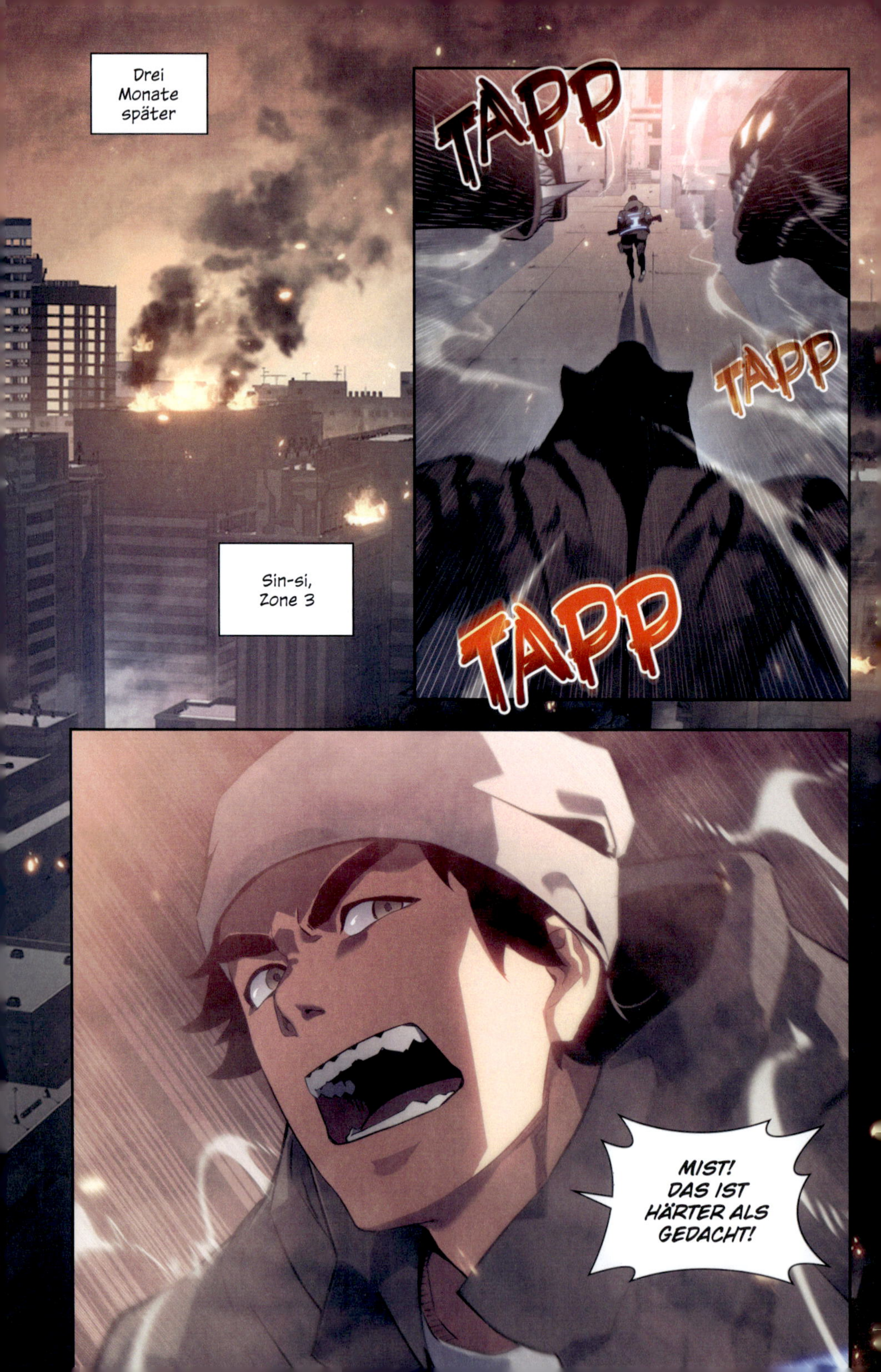
Drei Monate später
TAPP
TAPP
Sin-si, Zone 3
TAPP
MIST! DAS IST HÄRTER ALS GEDACHT!

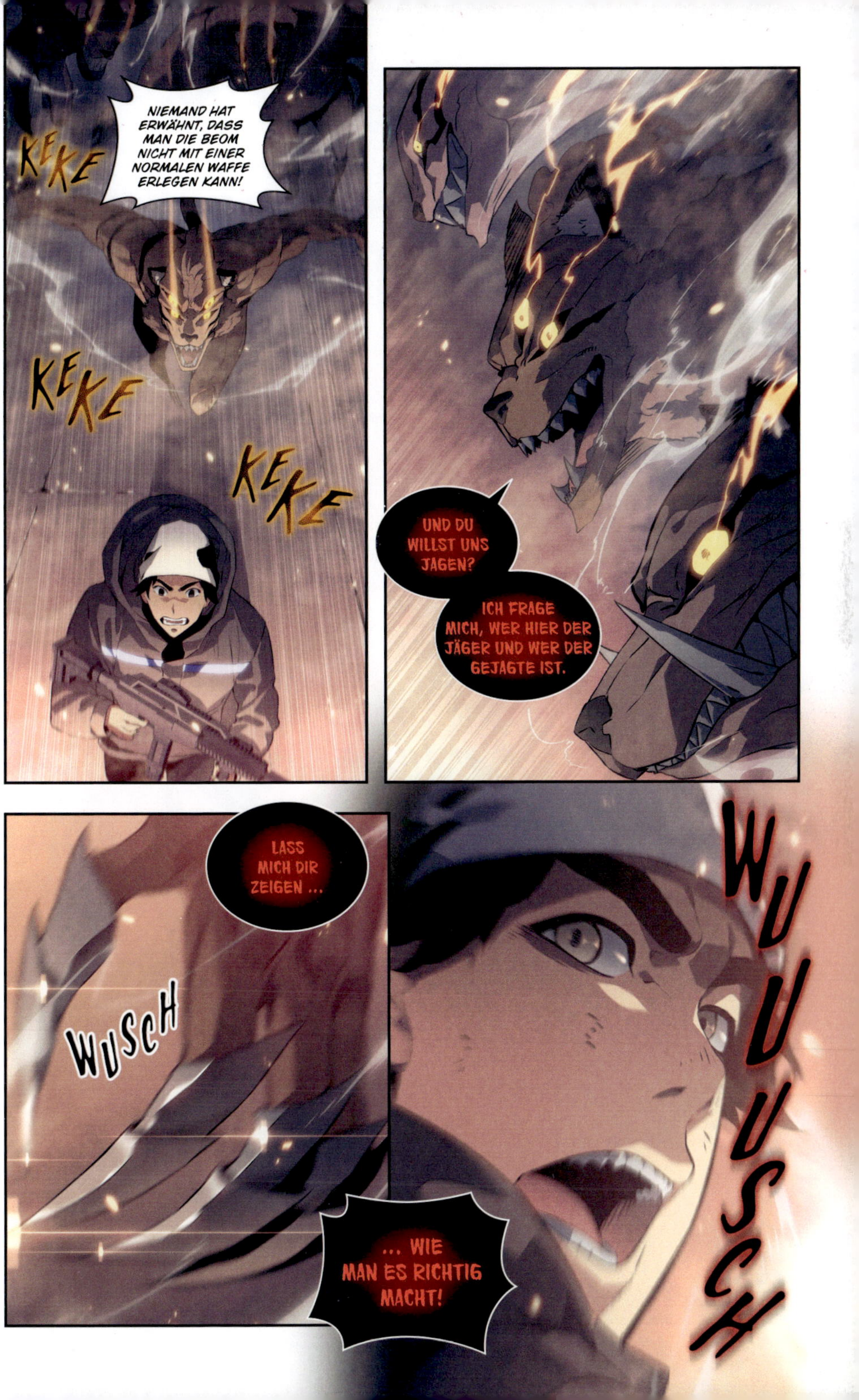
NIEMAND HAT ERWÄHNT, DASS MAN DIE BEOM NICHT MIT EINER NORMALEN WAFFE ERLEGEN KANN!
KEKE
KEKE
KEKE
UND DU WILLST UNS JAGEN?
ICH FRAGE MICH, WER HIER DER JÄGER UND WER DER GEJAGTE IST.
LASS MICH DIR ZEIGEN …
WUSCH
WUUUSCH
… WIE MAN ES RICHTIG MACHT!

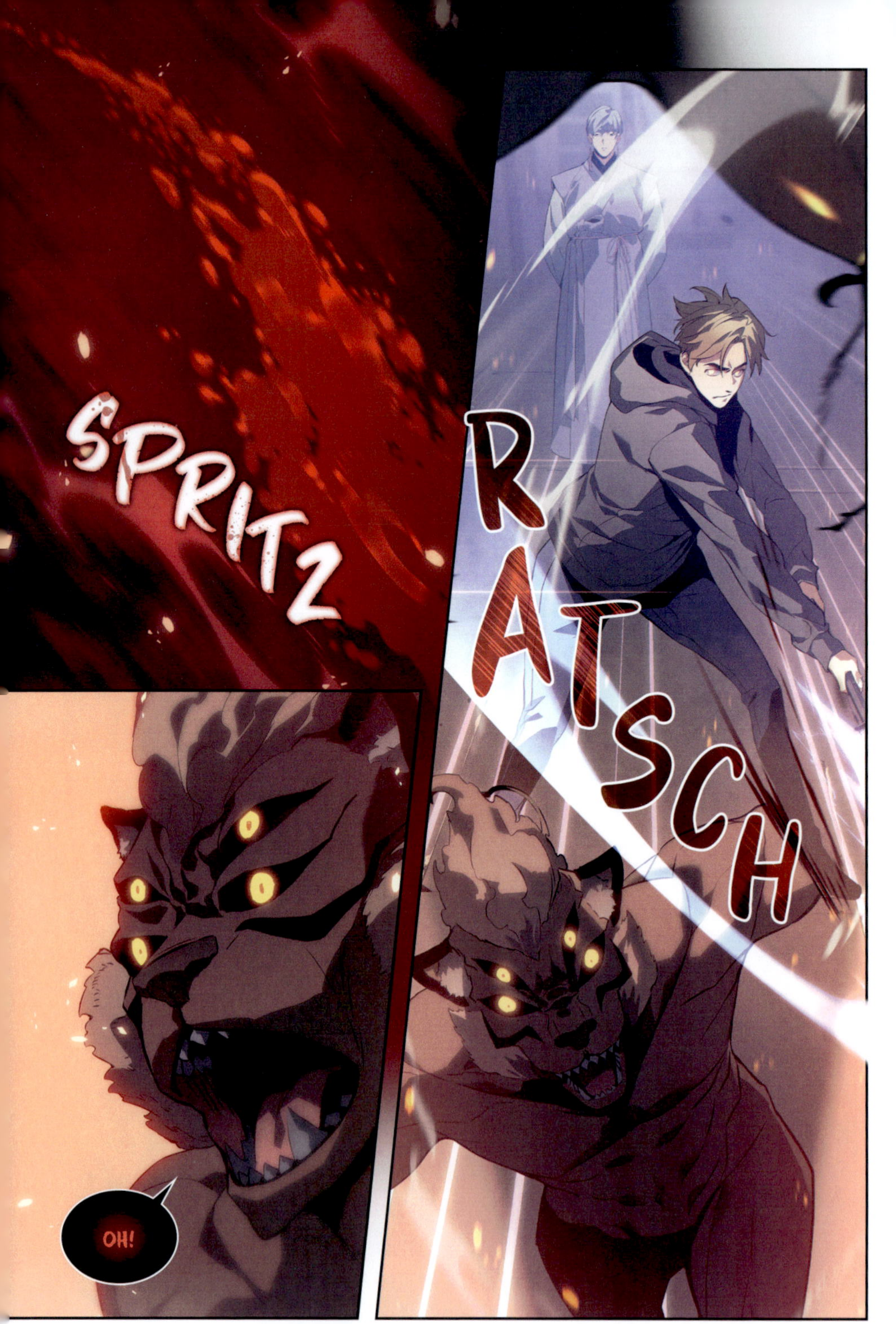
SPRITZ
RATSCH
OH!

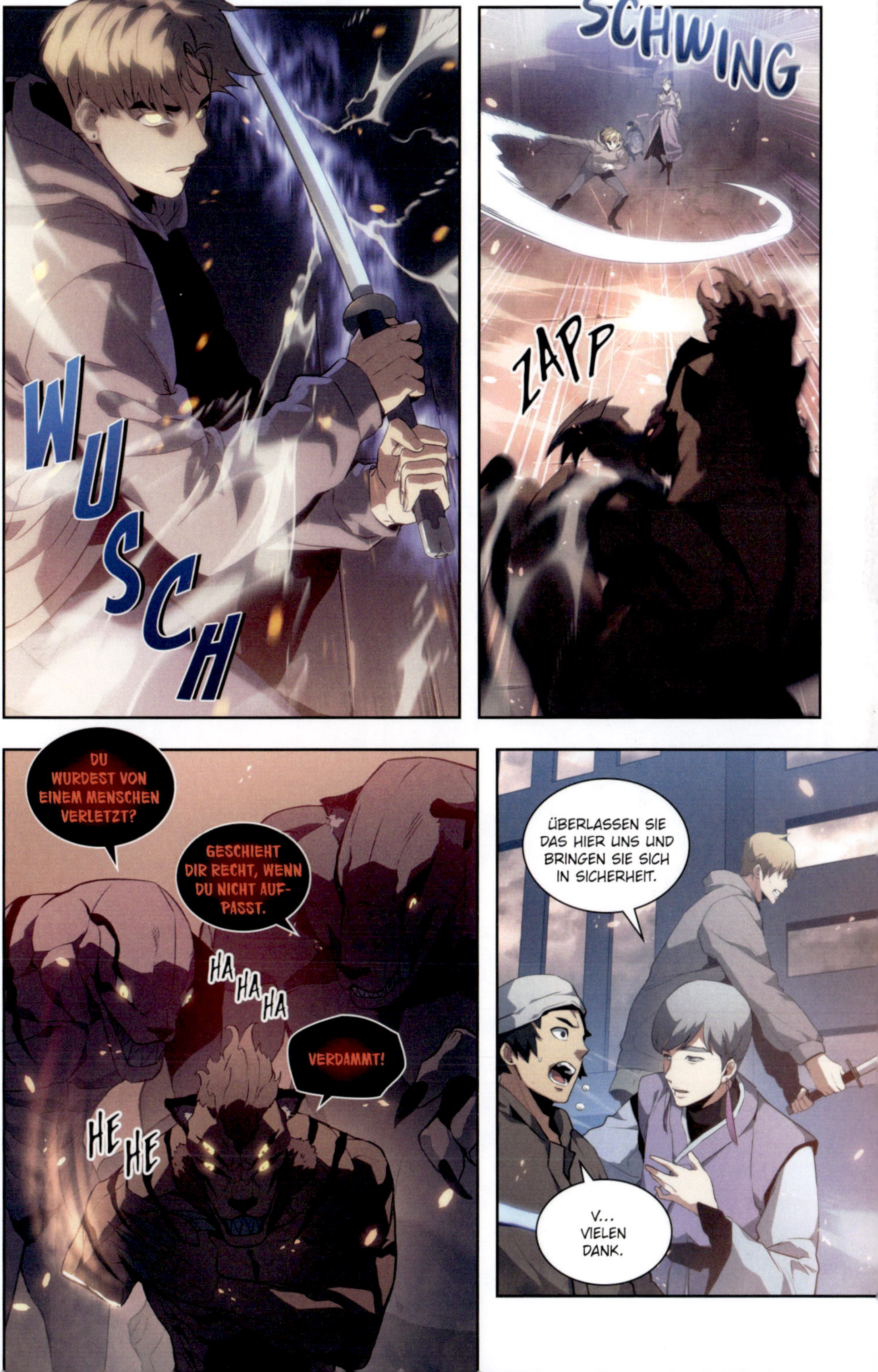
WUSCH
SCHWING
ZAPP
DU WURDEST VON EINEM MENSCHEN VERLETZT?
GESCHIEHT DIR RECHT, WENN DU NICHT AUF-PASST.
HA HA HA
VERDAMMT!
HE HE
ÜBERLASSEN SIE DAS HIER UNS UND BRINGEN SIE SICH IN SICHERHEIT.
V... VIELEN DANK.

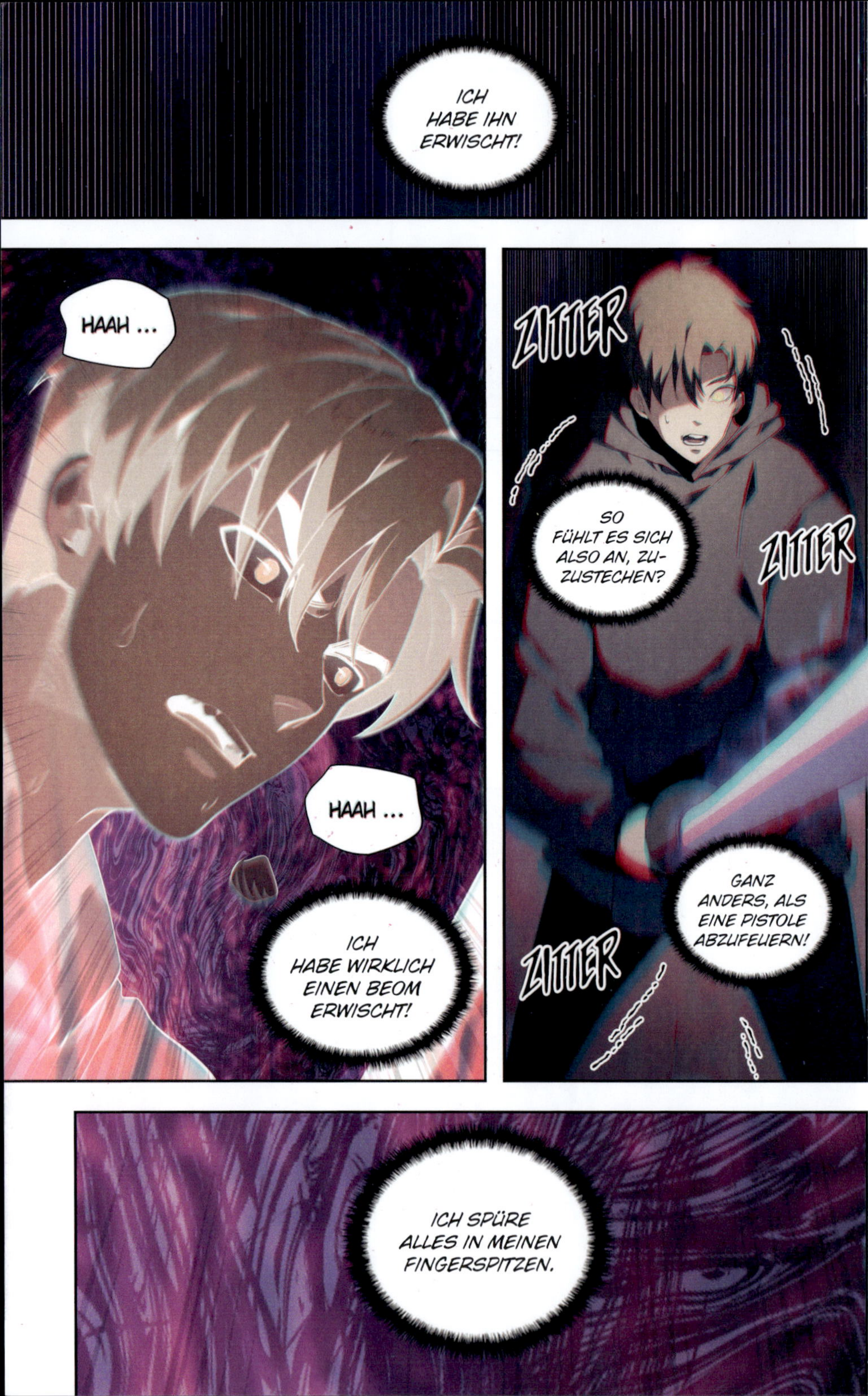
ICH HABE IHN ERWISCHT!
HAAH ...
HAAH ...
ICH HABE WIRKLICH EINEN BEOM ERWISCHT!
ZITTER
SO FÜHLT ES SICH ALSO AN, ZU-ZUSTECHEN?
ZITTER
GANZ ANDERS, ALS EINE PISTOLE ABZUFEUERN!
ZITTER
ICH SPÜRE ALLES IN MEINEN FINGERSPITZEN.

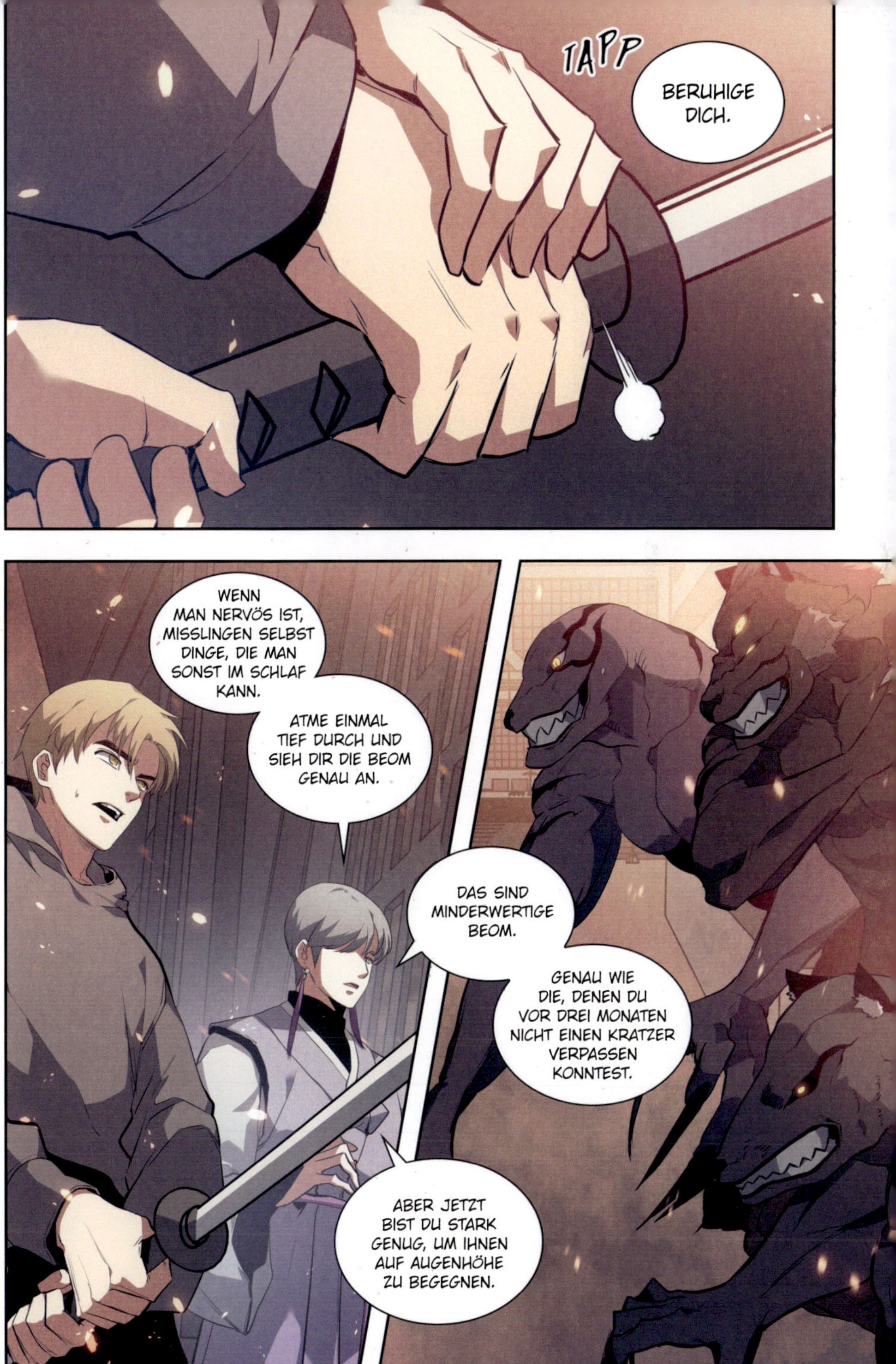
TAPP
BERUHIGE DICH.
WENN MAN NERVÖS IST, MISSLINGEN SELBST DINGE, DIE MAN SONST IM SCHLAF KANN.
ATME EINMAL TIEF DURCH UND SIEH DIR DIE BEOM GENAU AN.
DAS SIND MINDERWERTIGE BEOM.
GENAU WIE DIE, DENEN DU VOR DREI MONATEN NICHT EINEN KRATZER VERPASSEN KONNTEST.
ABER JETZT BIST DU STARK GENUG, UM IHNEN AUF AUGENHÖHE ZU BEGEGNEN.

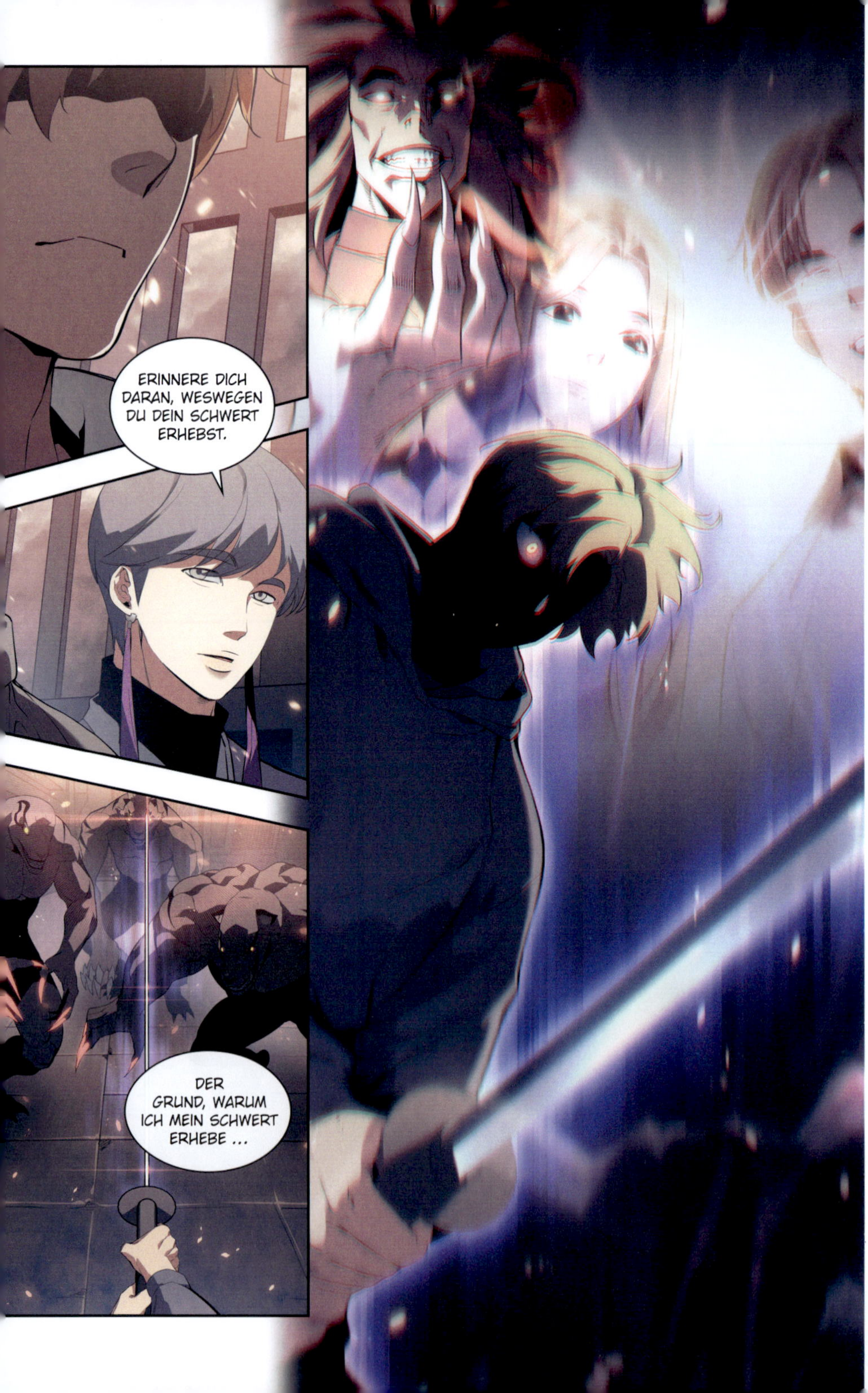
ERINNERE DICH DARAN, WESWEGEN DU DEIN SCHWERT ERHEBST.
DER GRUND, WARUM ICH MEIN SCHWERT ERHEBE …

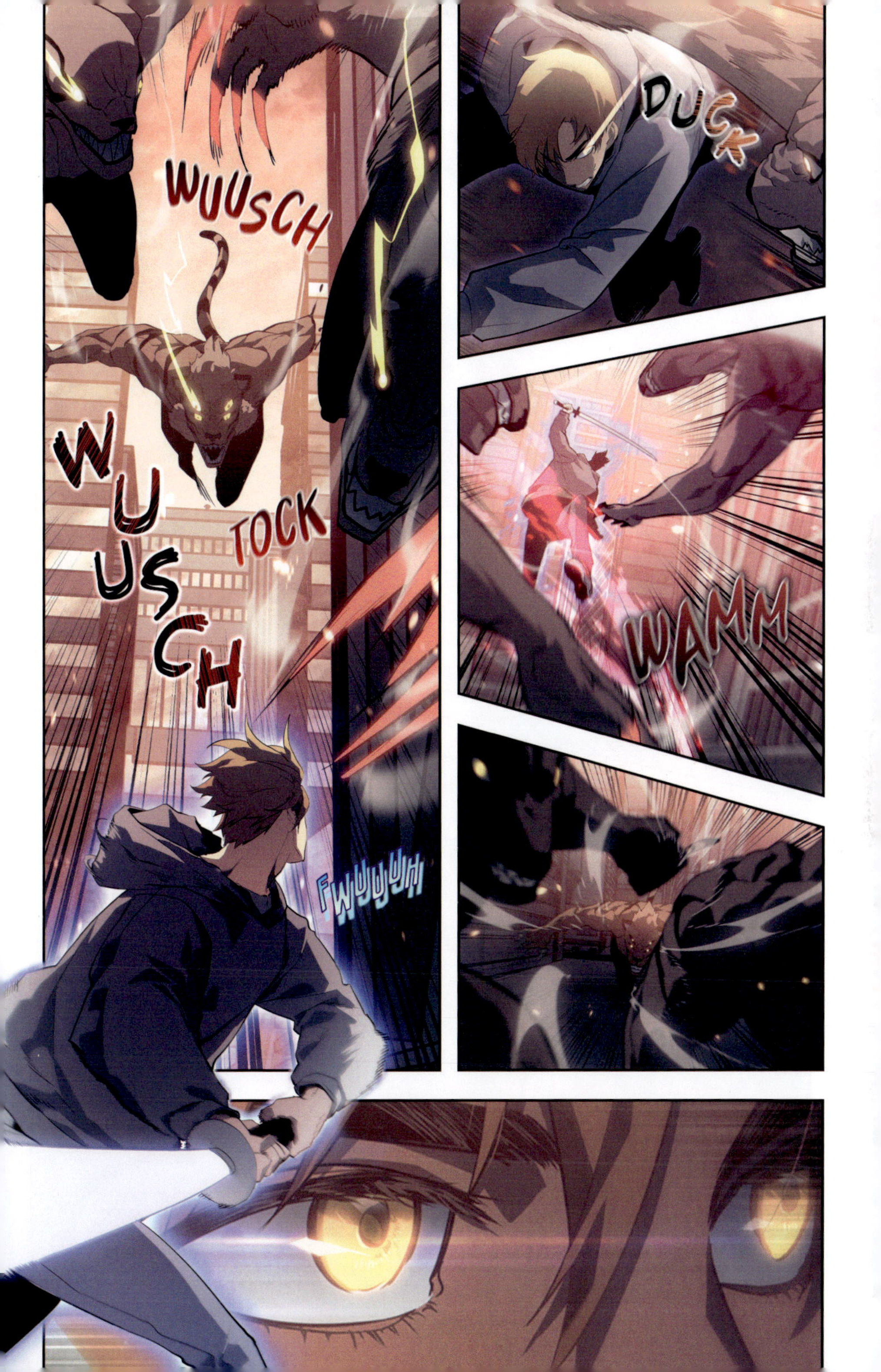
WUUSCH
WUUSCH
TOCK
FWUUUUH
DUCK
WAMM

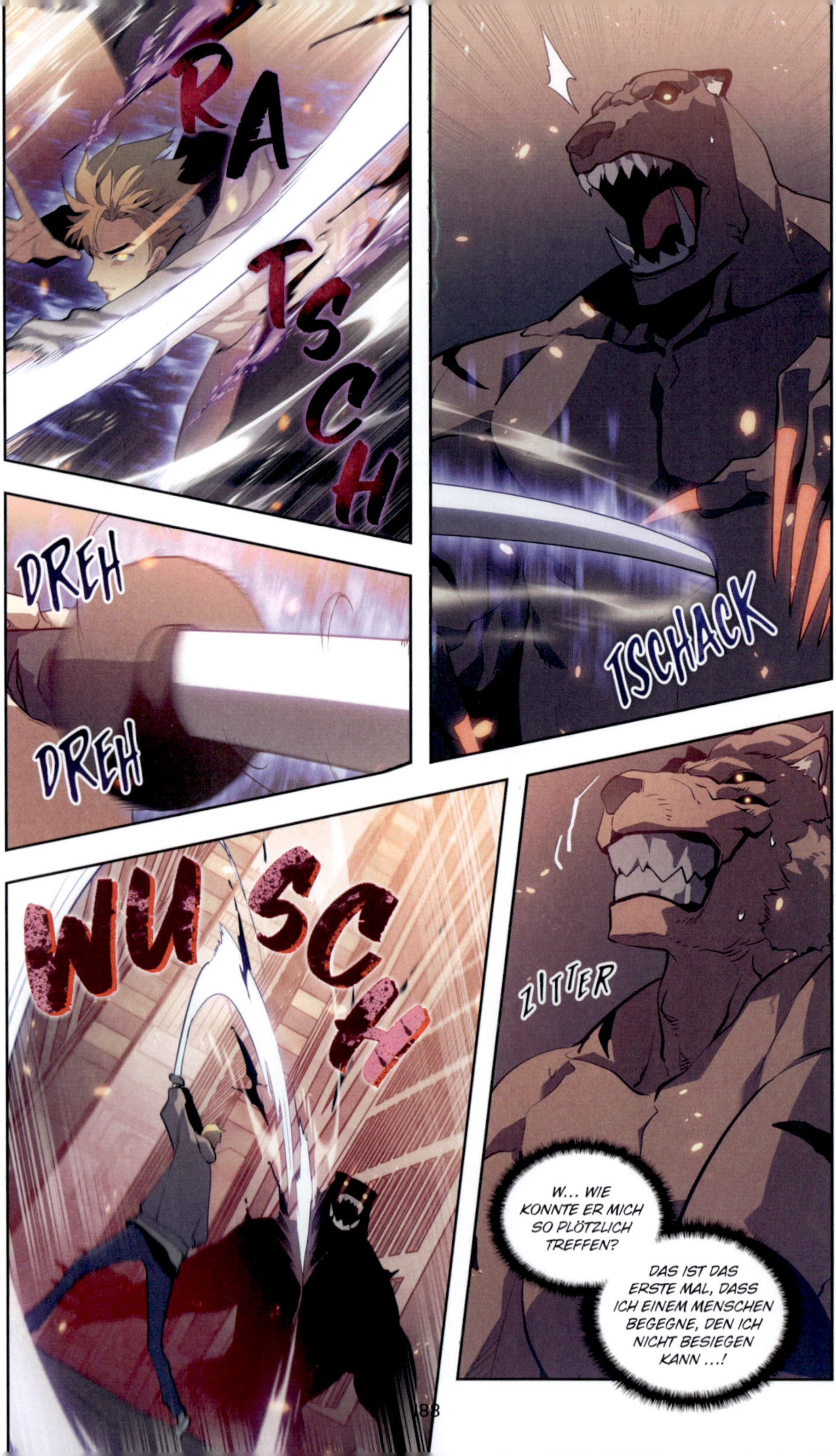
RATSCH
TSCHACK
DREH
DREH
WUSCH
ZITTER
W… WIE KONNTE ER MICH SO PLÖTZLICH TREFFEN?
DAS IST DAS ERSTE MAL, DASS ICH EINEM MENSCHEN BEGEGNE, DEN ICH NICHT BESIEGEN KANN …!

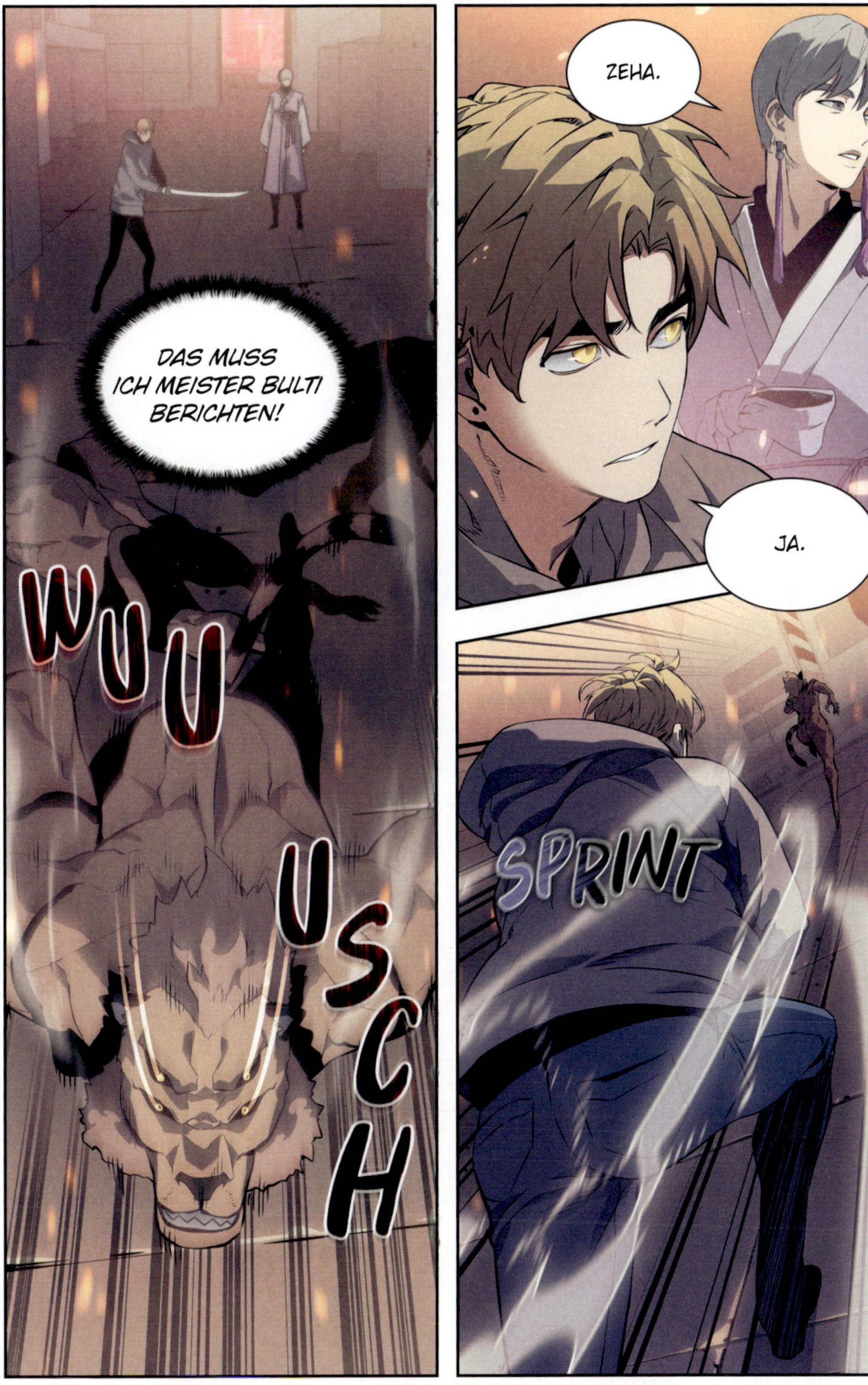
DAS MUSS ICH MEISTER BULTI BERICHTEN!
WUUUUSCH
ZEHA.
JA.
SPRINT

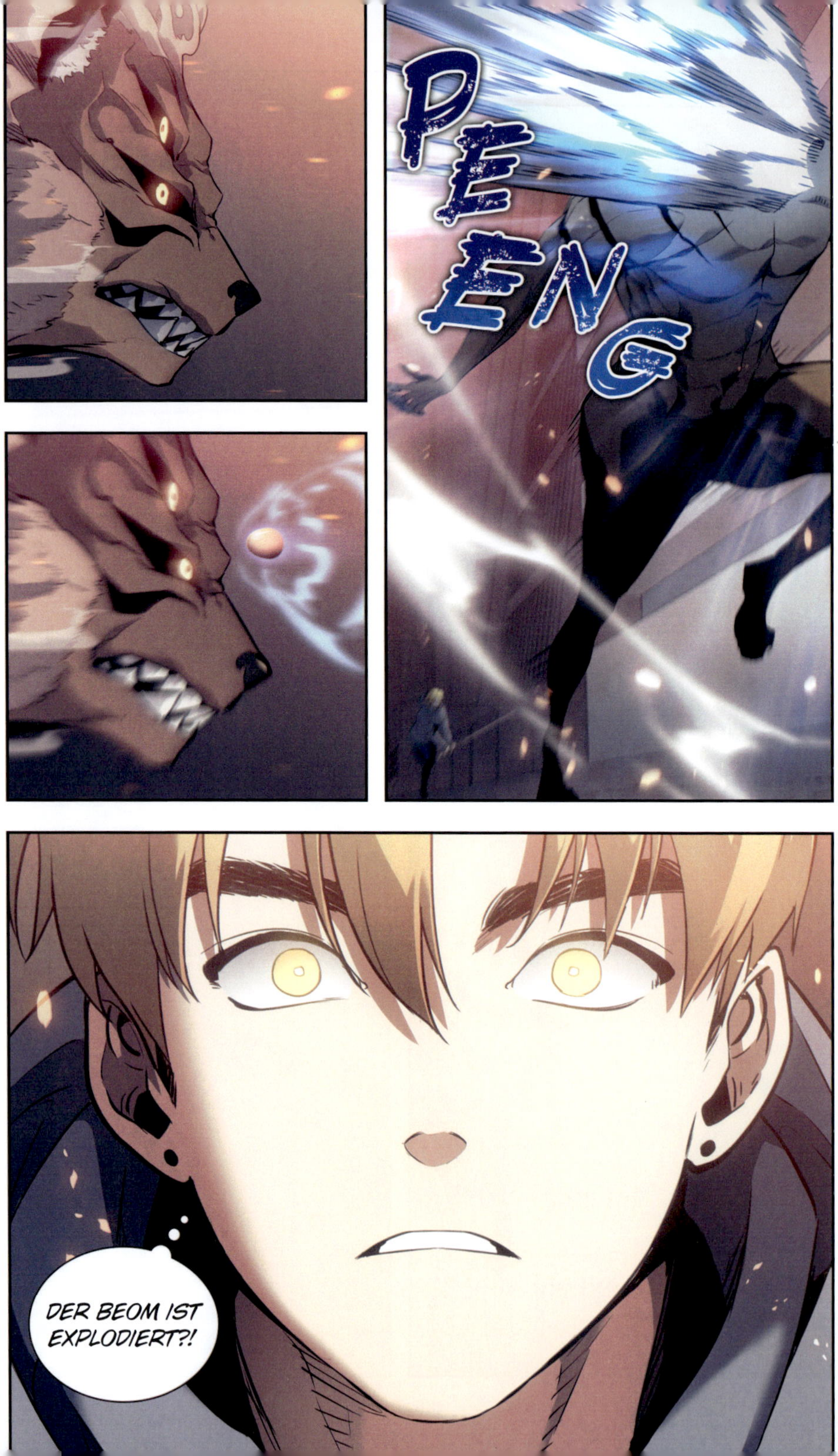
PENG
DER BEOM IST EXPLODIERT?!

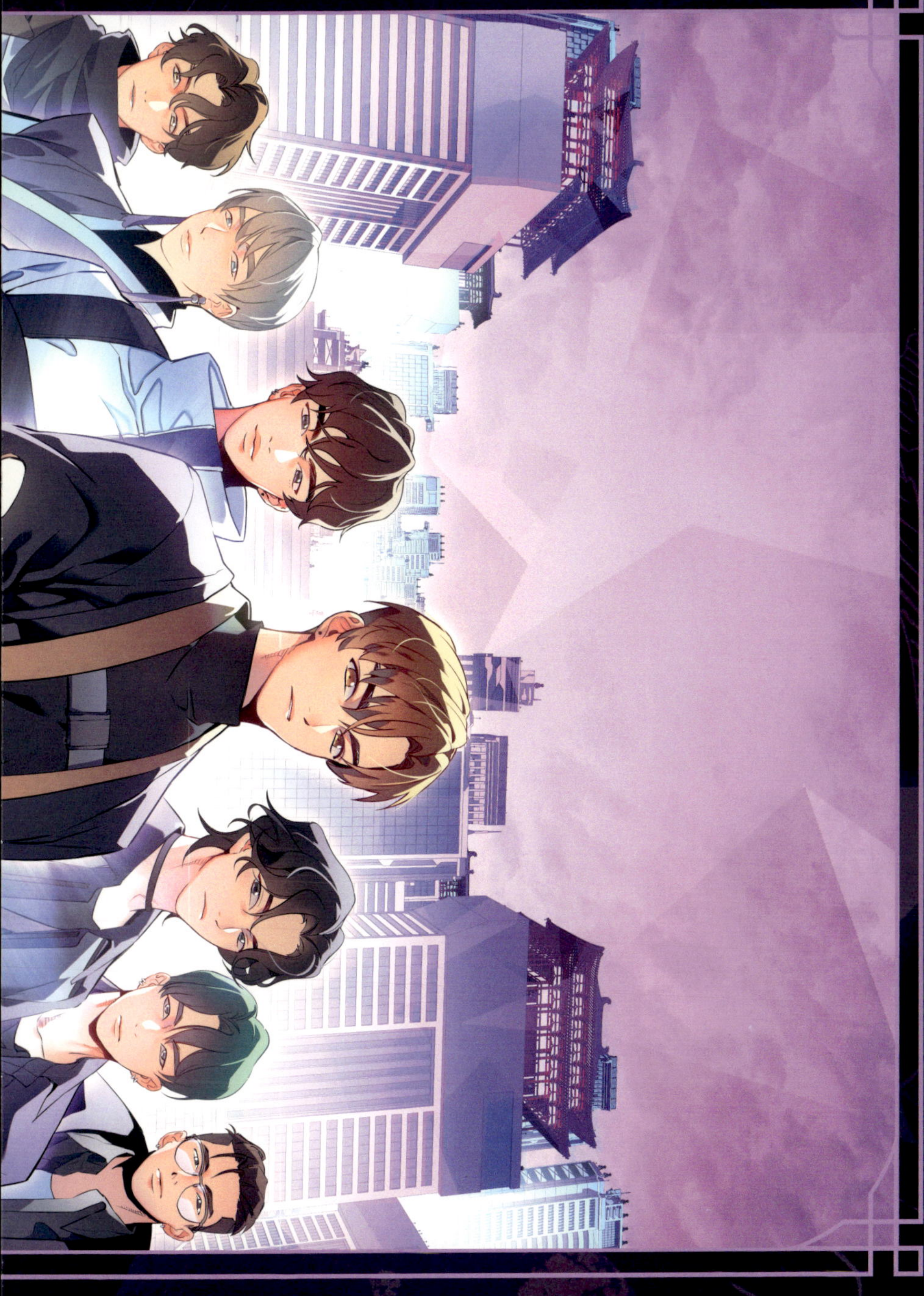

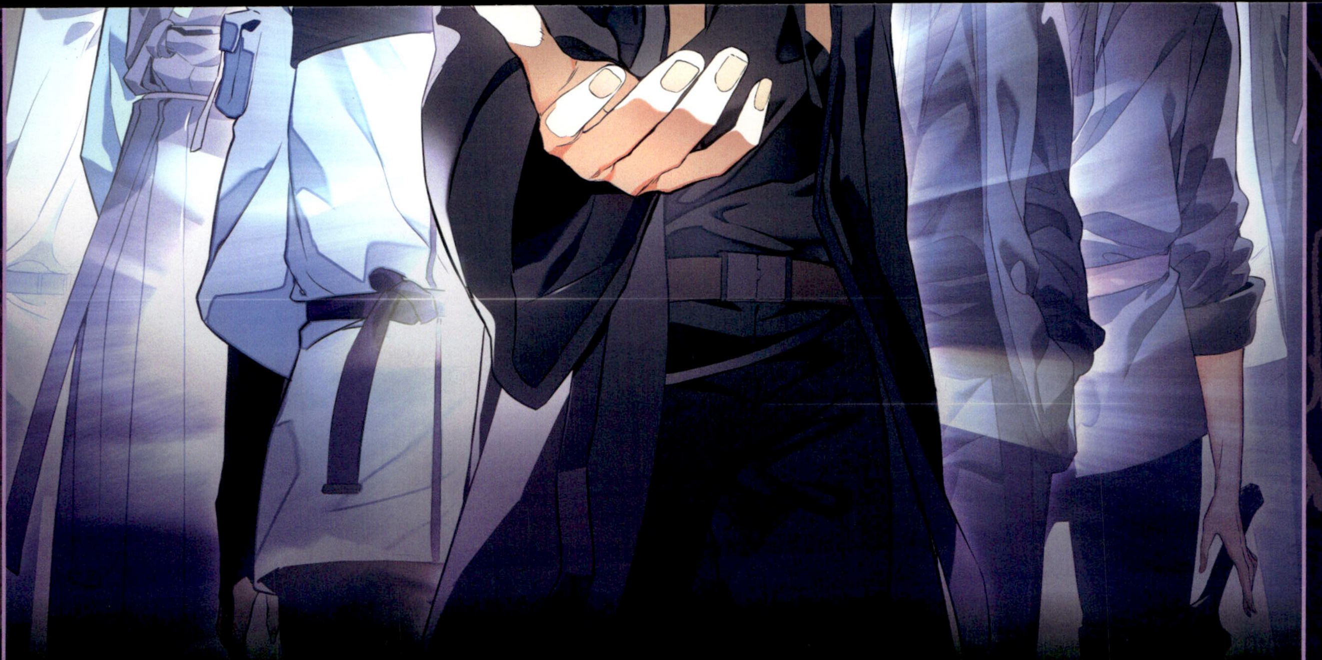

7FATES
CHAKHO
WITH BTS

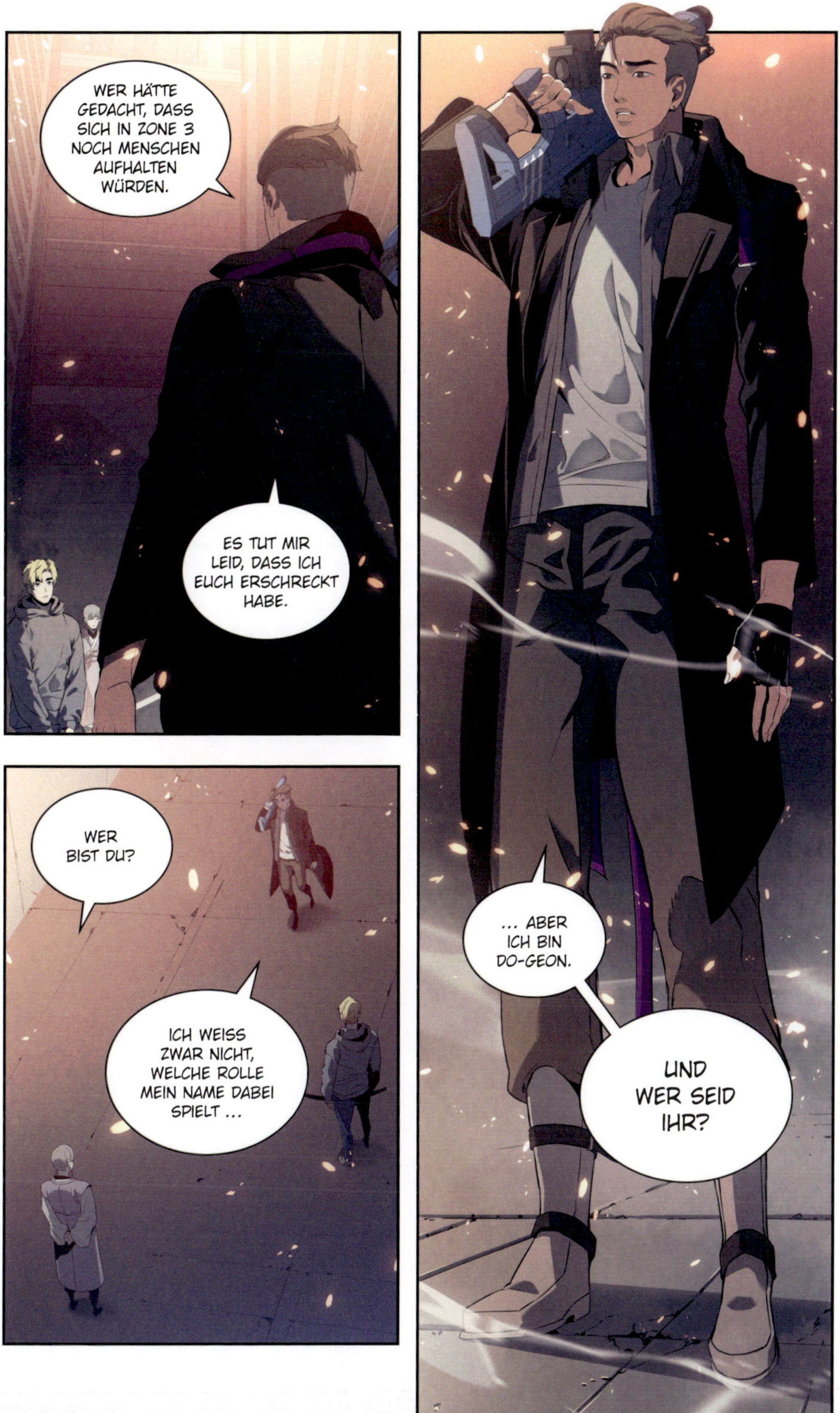
WER HÄTTE GEDACHT, DASS SICH IN ZONE 3 NOCH MENSCHEN AUFHALTEN WÜRDEN.
ES TUT MIR LEID, DASS ICH EUCH ERSCHRECKT HABE.
WER BIST DU?
ICH WEISS ZWAR NICHT, WELCHE ROLLE MEIN NAME DABEI SPIELT …
… ABER ICH BIN DO-GEON.
UND WER SEID IHR?

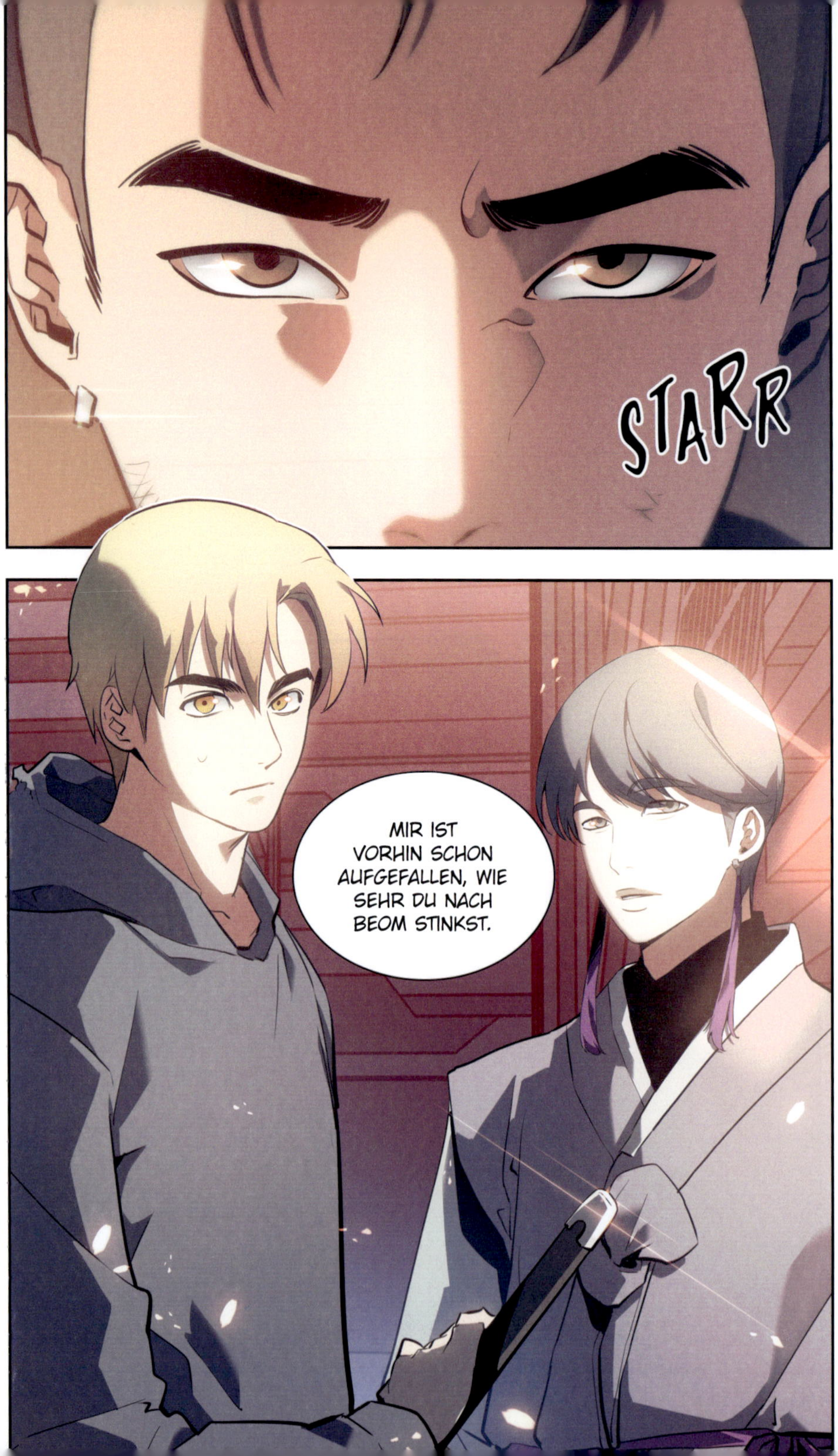
STARR
MIR IST VORHIN SCHON AUFGEFALLEN, WIE SEHR DU NACH BEOM STINKST.

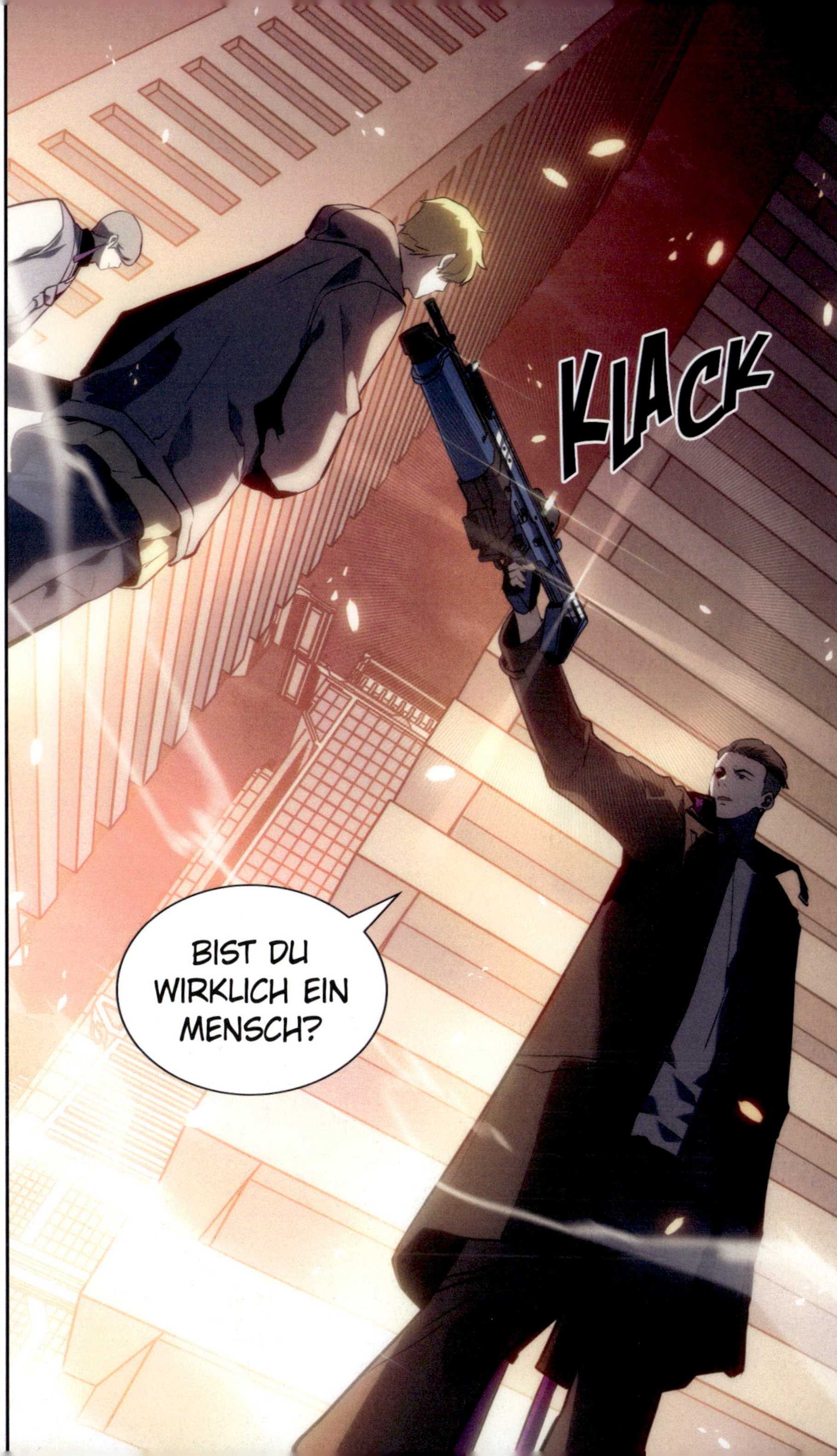
KLACK
BIST DU WIRKLICH EIN MENSCH?

ANHANG

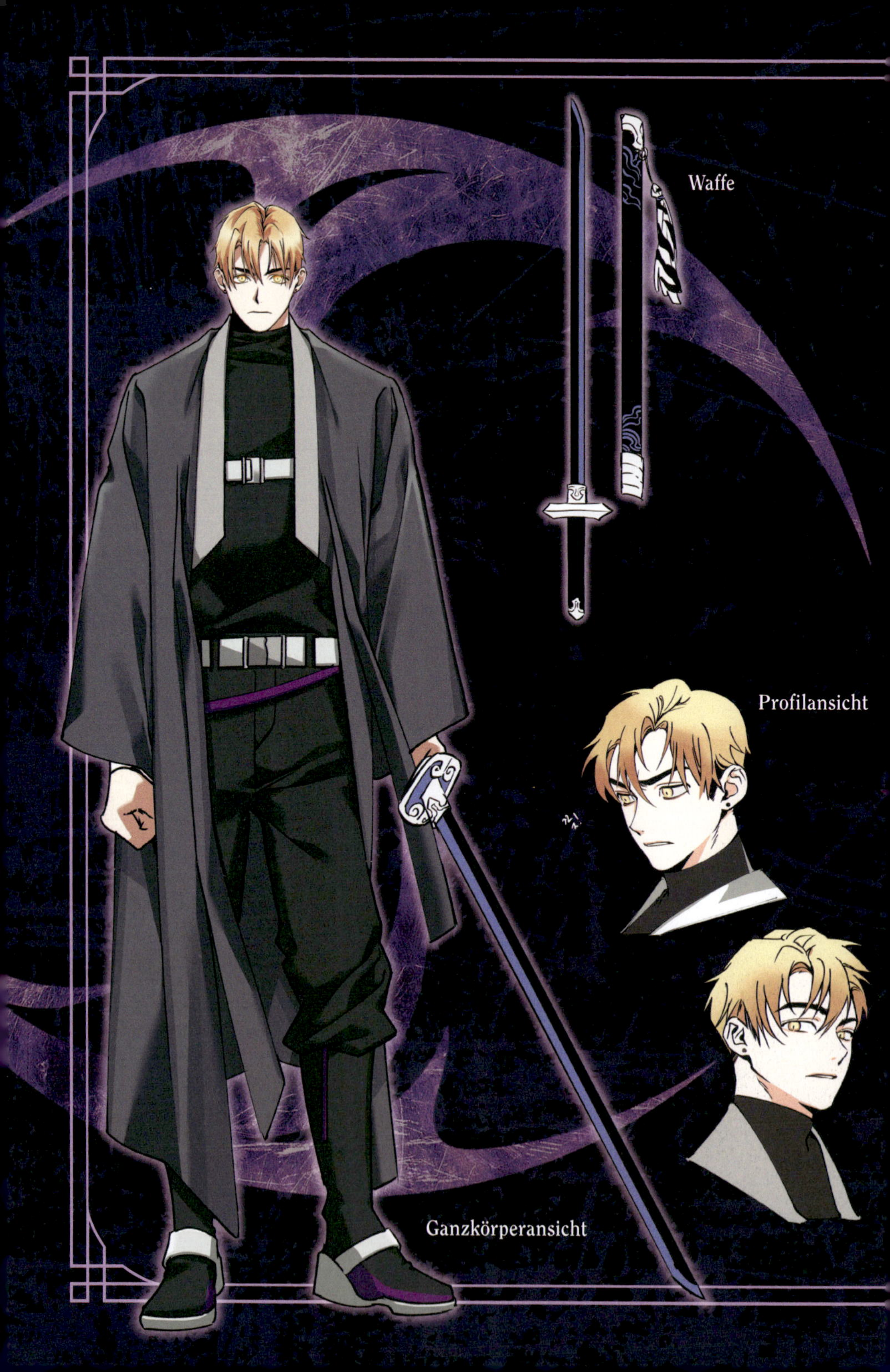
Waffe
Profilansicht
Ganzkörperansicht

ZEHA

„Mit einem Menschen als Mutter und einem Beom als Vater, vereint ZEHA die Eigenschaften beider Gattungen in sich. Aber das Geheimnis um seine Geburt offenbart sich ZEHA erst, als er von einem Beom angegriffen wird – und der Schock darüber sitzt tief. Noch dazu ist ein hohes Kopfgeld auf die Beom ausgesetzt, weshalb sich die Menschen mächtig ins Zeug legen, um sie zur Strecke zu bringen. Wenn ZEHA selbst Jagd auf die Beom macht, bedient er sich seiner Tigerkräfte. Gleichzeitig muss er aber darauf achten, dass niemand seine wahre Identität aufdeckt. Das macht die Situation für ihn umso kniffliger."

–Jung Kook

EXKLUSIVES COVER ARTWORK VON DUBU (REDICE STUDIO)

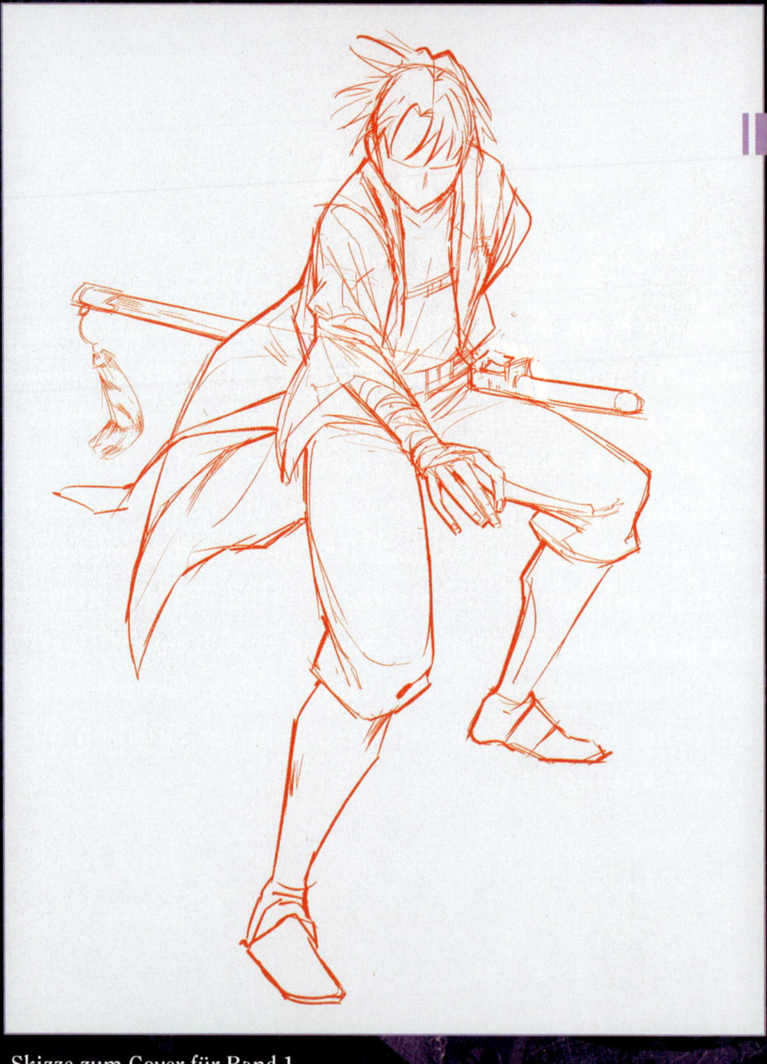

Skizze zum Cover für Band 1

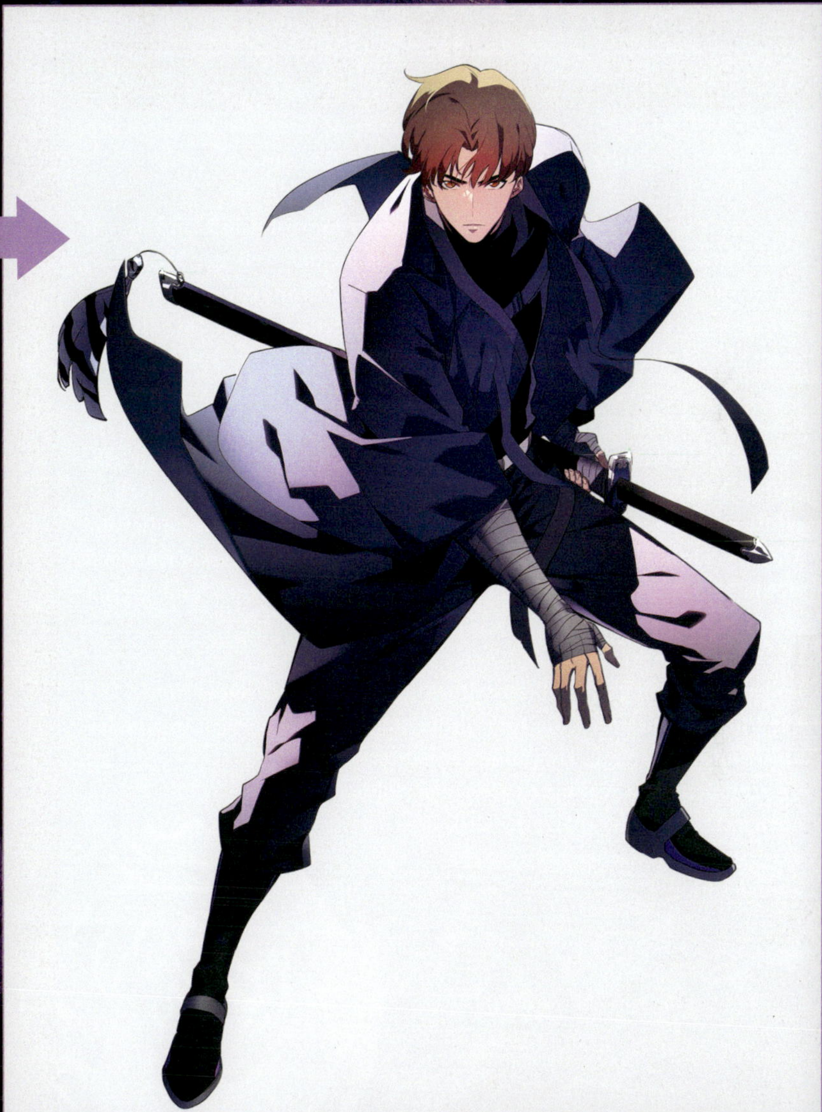

Reinzeichnung für Band 1

DER DANGUN-MYTHOS

In *7FATES: CHAKHO* wird der uralte Mythos der koreanischen Reichsgründung aufgegriffen: die Legende von Dangun.

Sie erzählt von Hwanin, dem Herrscher des Himmelsreiches, und dessen Sohn Hwanung, der einst großes Interesse an der Welt der Menschen hegte. Mit der Erlaubnis seines Vaters und in Begleitung einer Schar treuer Gefolgsleute, brach Hwanung eines Tages zur Erde auf, um die göttliche Stadt SIN-SI zu gründen.

Kaum war Hwanung in die irdische Sphäre hinabgestiegen, richteten ein Tiger und ein Bär ihre Gebete an ihn. Beide erhofften sich, alsbald in leibhaftige Menschen verwandelt zu werden. Doch anstatt ihren Wunsch zu erfüllen, stellte ihnen der göttliche Herrscher von SIN-SI eine mühevolle Aufgabe: Einhundert Tage sollten der Tiger und der Bär in einer finsteren Höhle verbringen und sich ausschließlich von Knoblauch und Beifuß ernähren.

Im Laufe der Zeit gab der Tiger schließlich auf und verließ die Höhle. Der Bär hingegen meisterte die Feuerprobe und verwandelte sich in eine bezaubernde junge Frau. Hwanung vermählte sich mit ihr und gemeinsam zeugten sie einen Sohn namens Dangun, der später der Gründer des ersten koreanischen Königreichs werden sollte.

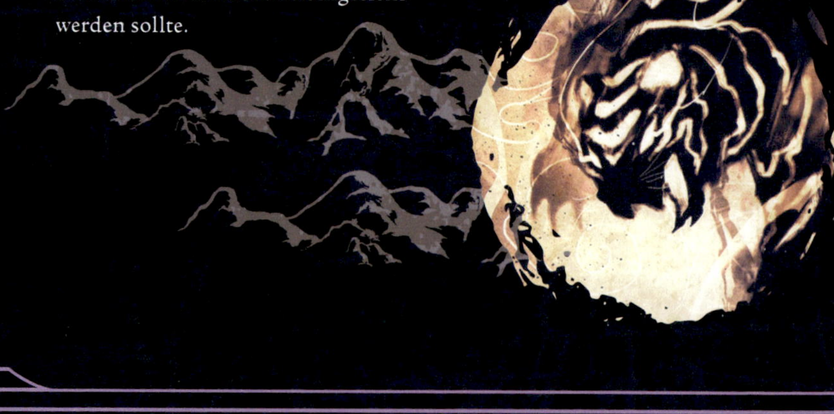

DER URSPRUNG DES NAMENS CHAKHO

Der Name von TEAM CHAKHO geht auf die Gruppierung „Chakhogapsa“ zurück, die während der Joseon-Dynastie Jagd auf Tiger machte.

Im modernen Korea sind sie nahezu ausgestorben, doch einst durchstreiften große Raubtiere – vorwiegend Tiger – die majestätischen Berglandschaften der koreanischen Halbinsel. Jahr für Jahr wurden mehrere hundert Tigerangriffe verzeichnet, und die Menschen lebten in ständiger Angst vor den wilden Bestien. Besonders riskant war der Handel in den Bergen.

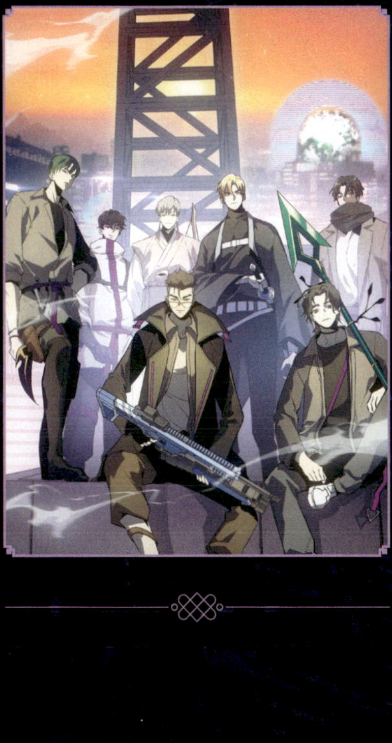

Um das Volk besser zu schützen, bildete die Regierung von Joseon sogenannte „Chakhogapsa“ aus – tapfere Soldaten, die auf das Aufspüren und die Jagd von Tigern spezialisiert waren. Sie wurden in Gebiete entsandt, in denen es besonders hohe Tigeraufkommen gab und gemäß der Anzahl der erlegten Beute entlohnt. Im späten 15. Jahrhundert zählte die Regierung über 400 Chakhogapsa. Doch als Feuerwaffen und groß angelegte Treibjagden Einzug in Korea hielten, wurden die Dienste der traditionellen Tigerjäger allmählich überflüssig.

ERLÄUTERUNGEN ZUR ÜBERSETZUNG

SEITE 9 ✦ DER 16. JANUAR DES TRADITIONELLEN MONDKALENDERS

Gemäß dem koreanischen Brauchtum wandern am 16. Januar Geister und böse Seelen in der irdischen Welt umher – gestärkt durch die Macht des Vollmondes, der am Vorabend den Himmel erleuchtet. Einst vermieden es die Menschen, sich an diesem Tag im Freien aufzuhalten. Stattdessen vollzogen sie allerhand Rituale, um das Böse abzuwehren. In der heutigen Zeit ist dieser jahrhundertealte Aberglaube jedoch nahezu in Vergessenheit geraten.

SEITE 10 ✦ DIE BEOM

„Beom“ ist der koreanische Begriff für große Raubkatzen, insbesondere Tiger.

SEITE 33 ✦ DER BERG INWANG

Der Berg Inwang, der sich über der südkoreanischen Hauptstadt Seoul erhebt, ging mit seinen furchtsamen Tigerangriffen in die Annalen ein. Über Jahrhunderte hinweg versetzten Tiger die Bewohner der Hauptstadt in Angst und Schrecken. Gelegentlich kam es vor, dass sie sogar bis in den Königspalast vordrangen.

SEITE 70 ✦ DIE GOM

„Gom“ ist der koreanische Begriff für „Bär“.

SEITE 92 ✦ DIE SÜDKOREANISCHE WÄHRUNGSEINHEIT WON

Der Wechselkurs schwankt zwar täglich, doch 1.000 Südkoreanische Won entsprechen in etwa 70 Cent.

manhwa 만화 cult

Fantasy | 13+

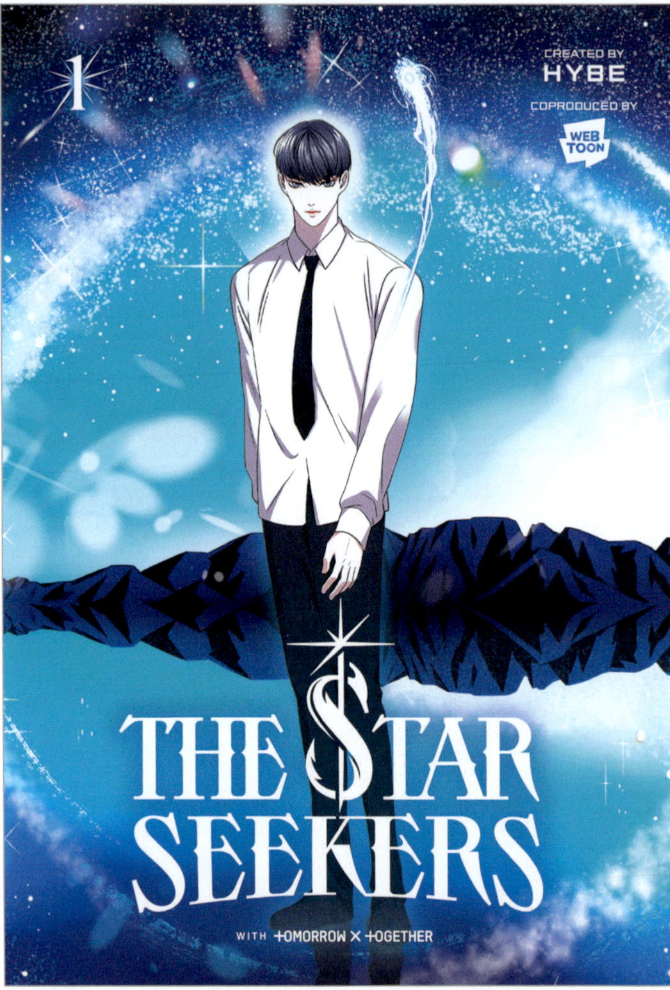

THE STAR SEEKERS mit TOMORROW X TOGETHER

HYBE | WEBTOON

In einer Welt, in der Musik und Magie untrennbar miteinander verwoben sind, kämpft die fünfköpfige K-Pop-Gruppe Star One unermüdlich um einen Platz auf der großen Bühne. Aber ihre Melodien verhallen ungehört – denn als Idols ohne magische Begabung und ohne eine treue Fangemeinde, stehen sie stets im Schatten glanzvoller Acts. Als sie jedoch während eines Auftritts von einer terroristischen Gruppierung angegriffen werden, nimmt ihr Leben eine dramatische Wende. In dem verzweifelten Versuch, seine Gruppenmitglieder vor den skrupellosen Attentätern zu beschützen, entfesselt Leader Soule eine seltene Magie. Und diese könnte das Schicksal der gesamten Menschheit besiegeln …

manhwa 만화 cult

Fantasy | 13+

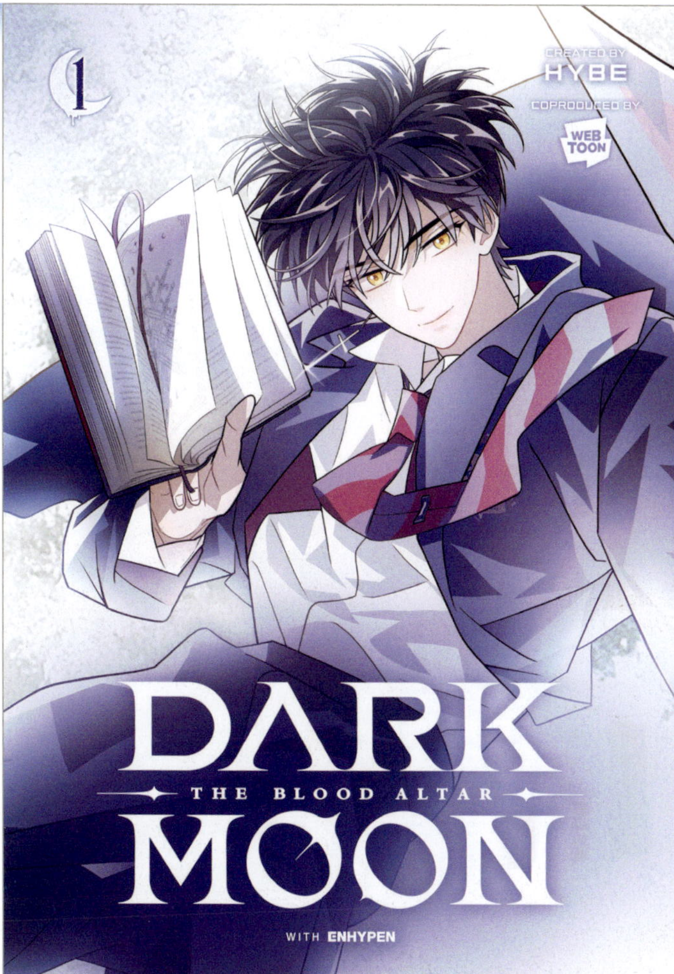

DARK MOON: THE BLOOD ALTAR mit ENHYPEN

HYBE | WEBTOON

Die altehrwürdigen Mauern der Decelis-Nachtakademie in Riverfield sind das Zuhause zahlreicher Oberschüler. Unter ihnen befinden sich sieben attraktive Jungs, die ihre wahre Natur im schützenden Schleier der Dunkelheit verborgen halten und darauf bedacht sind, ein möglichst unauffälliges Leben zu führen. Doch als die quirlige Sooha an die Akademie versetzt wird, gerät die Welt von Heli und seinen sechs Brüdern gehörig aus den Fugen. Keiner von ihnen kann sich der magischen Anziehungskraft der neuen Schülerin entziehen – und keiner von ihnen ahnt, dass auch sie ein dunkles Geheimnis hütet …

7FATES CHAKHO WITH BTS

CREATED BY HYBE

Übersetzung: WEBTOON Lettering: Elke Epple

Based on the webcomic series 7FATES: CHAKHO published and edited by WEBTOON
German translation ©2022 HYBE
German translation rights arranged by Wattpad WEBTOON Studios Inc.

Art by REDICE STUDIO
Designed by IZE PRESS

1. Auflage, 2024
Deutsche Ausgabe/German Edition
© Cross Cult Entertainment GmbH & Co. Publishing KG
Manhwa Cult, Ludwigsburg 2024
Verlagsleitung: Andreas Mergenthaler & Luciana Bawidamann

Redaktion & Lektorat: Denise Hedrich
Korrektorat: Stefanie Ritter
Grafik/Produktionsleitung: Elke Epple
Druck: Silber Druck oHG, Lohfelden

Print-ISBN: 978-3-98949-016-1

www.manhwa-cult.de